生活因阅读而精彩

生活因阅读而精彩

| 中国文脉系列 |

真名士，自风流
竹林七贤传

苏河 著

中国华侨出版社

图书在版编目(CIP)数据

真名士,自风流:竹林七贤传 / 苏河著. —北京:中国华侨出版社,2014.6

(中国文脉系列)

ISBN 978-7-5113-4735-0

Ⅰ.①真… Ⅱ.①苏… Ⅲ.①竹林七贤-列传 Ⅳ.①K825.6

中国版本图书馆 CIP 数据核字(2014)第120428 号

真名士,自风流:竹林七贤传

| 著 者 / 苏 河 |
| 责任编辑 / 荼 蘼 |
| 责任校对 / 志 刚 |
| 经 销 / 新华书店 |
| 开 本 / 787 毫米×1092 毫米 1/16 印张/18 字数/249 千字 |
| 印 刷 / 北京军迪印刷有限责任公司 |
| 版 次 / 2014 年 8 月第 1 版 2020 年 5 月第 2 次印刷 |
| 书 号 / ISBN 978-7-5113-4735-0 |
| 定 价 / 60.00 元 |

中国华侨出版社 北京市朝阳区静安里 26 号通成达大厦 3 层 邮编:100028

法律顾问:陈鹰律师事务所

编辑部:(010)64443056 64443979

发行部:(010)64443051 传真:(010)64439708

网址:www.oveaschin.com

E-mail:oveaschin@sina.com

前言

遥远的追忆

　　一时代有一时代之风潮，一时代有一时代之文学，一时代有一时代之风流人物，每个时代是那么的相似，又是如此的不同。提到盛唐，非李杜莫属；说起大宋，就会想起苏轼、辛弃疾；若是谈到魏晋，自然就是竹林七贤了。他们是如此的另类，他们是如此的放浪，他们是如此的不羁。他们的大胆，让今天的人为之侧目；他们的际遇，让今天的人为之扼腕；他们的独特，让今天的人为之敬佩。他们就是魏晋最亮的那几颗星，照亮了黑暗的天空。

　　陈留阮籍、谯国嵇康、河内山涛、沛国刘伶、河内向秀、陈留阮咸、琅琊王戎，这七个名字，单独拎出一个就能闪闪发光，更何况是放在一起。这样的一群人，他们聚集在一起，穿梭在竹林之间，前行于山阳之上，肆无忌惮地饮酒、放歌、赋诗、长啸，不理会世俗的规则，执意打破腐朽的戒律，他们要发出属于这个时代的自己的声音！他们更新了当时的文坛，刷新了当时的思想，影响了当时的政局……

他们让世人如此仰望，人人想要成为他们，努力地效仿他们，可是人人却又成不了他们。他们是独一无二的，是另类随性的，正是因为勇敢地做回了自己，释放了被压抑的心灵，每个人的生命才显得如此的流光溢彩，精彩纷呈！

如此鲜活的人格显现出来的魅力让后人无比地敬仰他们，尊称他们为大贤，将他们放在他们弃之如敝屣的宝座上，可是却忘了在竹林七贤的精神中，他们就是要毅然决然地去掉身上贴着的各种标签，高喊着个人的觉醒，呼吁着个性的解放！

不妨让我们忘了之前人的评价，去近一些，再更近一些，在一个个动人的故事中，一篇篇精美的文章中，一幅幅的人生画卷中，去努力地还原他们这样一群个性鲜明之人当时的样子，他们当时为什么会选择这样一条看似潇洒实则艰辛的人生之路。明了了个人的人生轨迹，才能知晓由此折射出的时代之变化、历史之沧桑，才能更好地还原出那个遥远的时代。如此，我们才真正地懂了他们。

目录
Contents

第一章 / 礼崩乐坏，时无英雄

  第一节 籍习儒学，志在用世 003

  第二节 明帝托孤，曹马始争 008

  第三节 何晏谈玄，名士不羁 013

  第四节 时不我与，隐居乡里 018

  第五节 初次征召，奏记表志 022

  第六节 河内拜访，相见恨晚 027

第二章 / 知音始遇，交游山阳

  第一节 叔夜性真，籍涛叹服 033

  第二节 嗣宗迷惘，不吝指教 038

  第三节 嵇康打铁，向秀鼓风 043

  第四节 浮华洛阳，正始改制 046

  第五节 司马观望，韬光养晦 051

  第六节 竹林由性，乐游山阳 056

第三章 / 玄学盛行，声无哀乐

第一节　竹林清谈，推崇自然　　063

第二节　乐礼之争，音乐独胜　　068

第三节　阮咸擅音，刘伶好酒　　073

第四节　叔夜入洛，嗣宗二仕　　078

第五节　病免尚书，七贤聚至　　083

第六节　曹爽专权，司马称病　　088

第四章 / 竹林之游，谈玄论道

第一节　阮籍三仕，山涛隐退　　097

第二节　李胜探病，司马智答　　102

第三节　正始衰落，竹林崛起　　108

第四节　饮酒弹琴，名士达观　　113

第五节　由儒到玄，舍老入庄　　117

第六节　山雨欲来，风雨满楼　　122

第五章 / 高平陵变，名士凋零

第一节　皇帝谒陵，司马谋变　　129

第二节　曹爽被黜，末路将临　　134

第三节　铁手屠戮，血雨腥风　　140

第四节　嘉平改号，危机四伏　　143

第五节　临终交接，子承父业　　149

第六节　文人痛殇，竹林迷惘　　154

第六章 / 政客征贤，杨朱涕路

第一节　山涛仕马，人各有志　　　161

第二节　以髦代芳，夏侯赴死　　　166

第三节　钟会试探，王戎应召　　　171

第四节　毌文之乱，司马暴亡　　　176

第五节　上任东平，转任校尉　　　181

第六节　轻狂态度，痛苦人生　　　186

第七章 / 贤者避世，独善其身

第一节　曹髦论政，诸葛造反　　　193

第二节　叔夜抄经，山涛举荐　　　199

第三节　大人隐市，飘然欲仙　　　205

第四节　少年气概，鱼死网破　　　210

第五节　黑白颠倒，名士悲慨　　　215

第六节　绝交山涛，文以明志　　　220

第八章 / 广陵绝响，竹林无游

第一节　兄弟失和，累及叔夜　　　227

第二节　忧愤牢内，从容刑场　　　232

第三节　三千同哭，广陵散绝　　　237

第四节　向秀思旧，阮籍劝进　　　242

第五节　仙人归去，竹林寥落　　　247

第六节　机关算尽，反误性命　　　252

第九章　风云四起，魏晋禅让

第一节	以晋代魏，曹奂禅让	259
第二节	心灰意懒，进退维谷	262
第三节	功名尘土，宦海沉浮	267
第四节	死不悔改，纵情达观	269
第五节	醉生梦死，杜康指点	271
第六节	风流人物，大江东去	275

第一章

礼崩乐坏,时无英雄

阮瑀因病不幸去世，留下孤儿寡母过活。没有了父亲的阮籍，每日刻苦勤奋，终于长大成人，却生不逢时，好不容易等来生命中的第一次征召，却发现原来自己并不适合官场。愁闷的他外出游历，寻访高人。而此时的朝堂上，何晏为首的浮华公子政治上得势，一时风头无两……

第一节 籍习儒学，志在用世

阮瑀浑身无力地躺在床上，被病痛折磨得消瘦的双颊已经深深地陷了下去，只有呼哧呼哧的粗重的喘气声证明他还活着，他已经病得很久了，在这个床上也躺了太久。天色已晚，四周昏暗，屋子正中，一支炽热燃烧的红烛照亮了这个空间，却照不穿阮夫人心中的伤痛。阮瑀昏昏沉沉地睡着，不时响起的低低的啜泣声惊醒了他，他努力的瞪大了浑浊的双眼，床前坐着双眼通红的妻子和稚嫩懵懂的儿子，正悲伤地看着他。

阮瑀在心中叹了口气，挥手把儿子招到了身前。

"爹爹，你快起来啊，春天就要到了，你还说要带孩儿去骑马踏青呢？"小小的阮籍天真地说道，他还不明白父亲的病痛意味着什么，也不知道父亲即将要离去的事实。

阮夫人轻轻地拉开了小阮籍，强颜欢笑道："等你爹爹好了，就陪你玩儿好不好。你先和刘妈下去，自己玩儿一会儿。"

屋子重新恢复了寂静，阮夫人呆呆地看着自己曾经意气风发的丈夫，如今是这等模样就心酸不已，又想到丈夫死了，自己一个妇道人家带着孩子要怎么办呀，泪水就止不住地流了下来。

"好啦，夫人，别哭啦。孩子们还小，我这早早一去，还要靠着你带大他们，无论如何，你也要保重身体啊。"阮瑀轻声安慰着夫人，短短的几句话已经累得他快要喘不上来气。他的儿子阮籍不过只有三岁啊，已经能够流利地讲话，学着大人的样子读书游戏，上天为何不能再给他点儿时间，看着儿子长大成人呢？

"夫人，你知道的，我是活不长啦。我阮瑀这一生也算是没有白过，我见识过最好的学问，师从过最棒的老师，听过最动听的音乐，品尝过最美的好酒，交过最知心的朋友。除了不能再陪你们，我没有任何的遗憾。"

真的没有任何遗憾吗？阮瑀少有才名，出身非凡，阮家是当时有名的世族，家风廉正，尊奉儒学，对于算是"篡逆"的曹操不屑一顾。可曹操看中了阮瑀的才华，有意启用，在经过了一段不合作之后，阮瑀终于还是屈服了，很快他就成了曹操的笔杆子，不少文采飞扬的文字均出自他的笔下。这样的日子，阮瑀过得并不快乐，虽然颇得曹操重视，可是遗失了心中的理想，勉强做了不喜欢的事情，只有他自己知道，夜深人静之时，是有多么的失意。可是，时间慢慢流逝，他又觉得曹操确实是个人才，跟着这样的人，也算是没有浪费一生。

阮瑀长叹了口气，在心中想道，算了，都是将死之人了，再想这些做什么呢？

"元瑜，你有什么遗言？"曹丕心事重重，他素来欣赏阮瑀的才华，那篇与东吴交涉的《为曹公作书与孙权》，至今让曹丕印象深刻，天地不仁啊！

"子桓，你我相交数年，素日一起放歌纵酒，好不快活！你是知道我的，我的愿望无非也就是能一直过上这样的太平日子。可惜终究是看不到，我就要先走一步了。实不相瞒，我当初并非心甘情愿的辅助曹公，实怪他搅得天下大乱，战争四起。后来我终于想通了，天下若不平定，哪有什么安稳的日子过，子桓，我只求你能助主公完成霸业，也不枉我这一生的追随啦。"

曹丕点点头，弥留之际，阮瑀还心怀天下，这果真是大丈夫的胸襟和气度。"放心吧，元瑜，我会的。"

终于，建安十七年（公元212年），建安七子之一的阮瑀因瘟疫离开了人世。

这一年的冬天，对于阮籍母子分外的冷了几分。阮瑀的过世让孤儿寡母在这个乱世中更加凄苦。

阮夫人对着还很稚嫩的儿子时常泪流满面，作为家里的顶梁柱，丈夫的匆匆离去虽然让日常生活陷入了危机，靠着阮氏家族的接济和阮籍大伯的照顾还算是可以勉强度日。但是，丈夫离去留下的空白却不是那么容易填补的，没有了父亲的指导，阮籍和他的哥哥只有靠着平时同族人的指点学习，但是好在阮籍虽然年幼，却很是刻苦，且年幼就显露出不一样的才学，让阮夫人心中很是安慰。

"夫人，世子亲自来府上探望了。"下人急匆匆地来报告。阮夫人一阵惊喜，没有想到曹丕还会特意来探望他们母子。一阵慌乱之中，曹丕走了进来，同来的还有阮瑀生前的文友王粲。二人稍稍坐了一会儿，询问了她和孩子的情况，曹丕哀叹了一声，想起当时的至交好友如今却是天人两隔，不由得心中感慨，就让手下拿出笔墨纸砚，随即作赋一首。

阮瑀的妻子虽只是女流之辈，但因为跟随丈夫耳濡目染，也有些基本的文学素养。看到这首模仿自己语气的赋而格外感叹：像曹丕这样的人中龙凤，居然能如此悲悯她这样一个平凡妇人。此赋名为《寡妇赋》，曹丕在序中说："陈留阮元瑜与我有旧交，我们关系甚好，可是他薄命早亡，每每想到他留下的遗孤，未尝不怆然伤心，所以写了这篇赋，来叙述其妻子悲苦之情……"

尚且年幼的阮籍看到这一幕，心中有了极大的触动。他已经模糊地知道了父亲的去世对自己意味着什么，而这位世子对他们的关怀在他的心中打下了深深的烙印，激起了他对曹魏的好感之心。

曹丕看到睁着大眼睛看着自己的阮籍，亲切地把他叫到身前："这个一定就是小阮籍了。"

阮籍点了点头，这位大人物的风姿已经完全折服了他。

"阮籍，我是你父亲的好朋友。你父亲虽然不在了，但是我会一直照拂你们的。无论你将来想要做什么，我都会帮助你。"曹丕许诺道。

"我要治国安邦，建功立业！"阮籍声音响亮地答道。

曹丕愣了一下，没有想到这个奶声奶气的小孩竟有如此抱负！

"好好好，果然是虎父无犬子！我等着！"曹丕欣慰地说道。

就这样，靠着曹氏家族的体恤和本族亲眷的照顾，阮籍一天天地成长了起来。父亲的早逝铸就了他坚强的个性、坚韧的品质，他的母亲不负丈夫所托，用无私的爱抚养着他长大成人，教给他可贵的品质，给他讲述阮瑀生前的高贵品格，逸闻趣事，告诉他阮氏家族的清正品格，廉洁家风。

八岁时，阮籍已经可以出口成章，儒家典籍莫不精通，对于音律也十分拿手。这其中有良好的家学修养，与生俱来的聪明伶俐，但是更重要的是阮籍自身努力的结果。在母亲和伯父的精心教导之下，他以惊人的速度攫取着一切知识，他心中怀着一股渴望，这种渴望支撑着他，鞭策着他！

"昔年十四五，志尚好诗书。被褐怀珠玉，颜闵相与期……"（《咏怀十五首》），从这首阮籍后来写的咏怀诗中可以看到他的成长足迹。儿时话语已转化为少年抱负，他认真地钻研儒学，最爱的颜回和闵损是孔子的得意门生，儒家信条在他的生命中扎根发芽，成为他的人生坐标。或许竹林七贤的放浪形骸更契合于道家的闲适恣意，但是在阮籍的生命中，至少在他的年轻时期，儒家的入世救人的情怀才是他真正的归宿。他的心中时刻不忘的是曹氏子桓留在他心中的形象，那是这位君王离他最近的一次，也为他的幼年启蒙打开了一扇再也关不上的大门。

除了用功读书，阮籍始终也没有忘记另外一件事情，那就是击剑。在《咏怀六十一首》中，他这样写道："少年学击剑，妙技过曲城。英风截云霓，超世发奇声。"可见，少年阮籍还是一位击剑高手。长剑在手，阮籍感到周身的血液都在沸腾，想到当年孔孟圣人为实现自己的政治理想而百折不回，他更有一种宝剑在手，必为世所用的豪气和达观。他在御剑的过程中，会听族兄提起那些有名的剑客，"以善击刺学用剑，立名天下"的齐曲城侯，"少时好读书，学击剑。"的司马相如。这些赫赫有名的英雄人物，更让小阮籍倍受鼓舞，他幻想着有朝一日能够像这些知名的剑客一样称王拜将。

能文能武的阮籍一天天长大了，如今已经是如风的少年郎，风华正茂，雄心壮志如雨后春笋般疯长，仗剑走江湖，扫尽不平事，匡扶社稷，这都是少年才会有的豪气冲天。他终于可以名正言顺地走出去，他要走，走到社会，走到庙堂，施展自己多年的抱负，赢得身前身后名！

第二节 明帝托孤，曹马始争

踌躇满志的阮籍怀抱满腔的热血，带着满身的修为准备去做一番惊天大事业。已经准备好了的青年蓄势待发，可是当他抬起头再次看向这曹魏的天空时，现实无情地给了这个青年狠狠的一击，天变了！

当年仰慕已久的曹丕已经去世了很久，落魄不堪、没了昔日辉煌的阮家早已被豪门世家抛到了脑后，根本没有人还记得阮瑀当年的辉煌，在那个时代，没有人的引荐，想要出人头地，着实不是一件容易的事情。

陡然发现了现实和理想的落差，阮籍的心中郁闷不已，多年的准备没有了用武之地，这对于这个满腔热血的青年是个很大的打击。阮籍变了，他开始有些愤世嫉俗起来。

"贤侄，明天跟伯父出去一趟。"这天晚上，阮谌特意来找阮籍。

"是，伯父。"阮籍恭敬地答道。父亲去世之后，这位大伯对自己家里接济不少，虽然平时严厉了一些，但是阮籍知道那是为了自己好。

第二天，两人起了个大早，来到东郡拜见兖州刺史王昶。熟人相见自然分外热情，酒过三巡，王昶也知道阮谌来的目的，于是熟络地问道："这个想必就是贤弟的贤侄阮籍了，真是一表人才啊！"

"哈哈，正是阮籍。别看我这个侄子年纪尚幼，可是我们家里有名的神童，八岁的时候就能出口成章，又精通音律，善于舞剑。来，贤侄，给你王伯伯赋诗一首，让他给你点评一二。"

阮籍木着一张脸，冷淡地说道："对不起，伯父，侄儿今天不想赋诗。"阮谌愣了一下，王昶急忙接过了话茬，说道："没关系，没关系，以后定有机会欣赏贤侄的佳作。贤弟，来来，咱俩好久不见了，今天定要痛饮几杯。"

对比二人的热络交谈，阮籍始终独自坐在一旁，一言不发。日落之时，阮谌告别了王昶，带着阮籍回到了家。一路上，阮谌止不住地叹气，他终于没有忍住，说道："嗣宗，你今天是怎么回事儿，你不知道我是特意带你去结识些贵人，好为你的仕途铺路吗？你今天这个态度，就是你有再大的才华，也没有人愿意用你啊！你知道你王伯伯怎么说你吗，说你少年老成，连他都看不透你！"

阮籍低着头，握紧了手，幼年丧父加上连年困顿的生活早已使他变得性情孤傲，不善言辞。深默一阵之后，他才说道："我知道伯父的用意。我只是不习惯这样的引荐方式。伯父，只要我有才华，不愁没有人来结交我！"

阮谌看着他倔强的脸，突然不忍心再说什么，只是又叹了口气，还是说道："我知道你的性格，我也无意多怪你。伯父知道你有才华，你想治世报国，但是隐忍不用，是没有人欣赏你的。其实只要能够实现你的人生抱负，能够让这大魏国变成太平盛世，人民能够安居乐业，用什么方式又有什么关系呢？"

深夜，坐在书桌前，就着昏黄的灯光，阮籍再一次翻看着父亲的这首《驾出北郭门行》。

驾出北郭门，马樊不肯驰。

下车步踟蹰，仰折枯杨枝。

顾闻丘林中，噭噭有悲啼。

借问啼者出，何为乃如斯。

亲母舍我殁，后母憎孤儿。

饥寒无衣食，举动鞭捶施。

骨消肌肉尽，体若枯树皮。

藏我空室中，父还不能知。

上冢察故处，存亡永别离。

亲母何可见，泪下声正嘶。

弃我于此间，穷厄岂有赀。

传告后代人，以此为明规。

读到动情之处，他不禁放下了书，想起了白天的事情。他的心里困惑了，自己到底该怎么办呢？难道就这样隐忍着自己的真性情，和那些无所事事，只知道吃喝玩乐的世家公子每日厮混在一起以求得成名的机会？可这样的话，那还是真的自己吗？

巨大的焦灼感在这个青年的心里发酵着，他渴望着建功立业，治国安邦，但是不愿违背本性的执念一直束缚着他。怎么办？怎么办？不知不觉间，阮籍已经泪流满面，书页被眼泪打湿，透过烛光印到了他的心里，他好像看到了父亲的笑脸，似乎在安慰自己：这没有什么，勇敢的孩子，去努力吧。定了定神，看着父亲慈祥的眼神，最终，他下定了决心。

阮籍真是一个不走运的人。时代好像一直在戏弄他，在他的幼年时期，曹丕在他心中留下的印迹已经给他种下了救世的火种，但是又用无情的现实一遍遍地浇熄。在他的整个青年时期，他和那些他鄙视的公子贵哥保持着交往，混迹其中，一面鄙视着他们的所作所为，眼神中满是嘲弄，同时也更不肯放过自己，为这样的自己感到羞愧。无可奈何的感情撕扯着他的灵魂，让他的精神渐渐变得更加敏感，一点点的事情带来的痛苦被他无限地放大，无情地去鞭打着他的灵魂。阮籍越来越有名，越来越多的人知道，陈留有个阮籍，有才华有见识。可是他的不快乐和痛苦也在成倍地增加，几乎要把他溺死其中。每当痛苦袭来的时候，阮籍只能拿起心爱的酒杯，在酒香中麻痹自己，同时也在提醒自己，不忘初衷！

时间一天天地过去，这样的日子过了一年又一年，公元239年，一件大事发生了。曹丕的儿子，魏明帝曹叡忽然病死，传位于年仅八岁的养子曹芳。

司马懿沉着脸走出了皇宫，耳边还回响着弥留之际的魏明帝的话语。就知道三日之内连下五道急诏召自己回京没什么好事儿。可是万万没有想到正当壮年的曹叡会突然身染重病，这不正是老天给自己的机会嘛！但是想到魏明帝的死前托孤，司马懿的脸色又沉了几分。

"父亲，皇帝对您讲什么了？"司马昭看着父亲严肃的表情，小心翼翼地在旁问道。

司马懿冷哼了一声，说道："皇帝驾崩前还颤巍巍地拉着我的手说'我现在病得很重，怕是好不了啦，以后的事情就交给你了，你和曹爽一同辅佐少主。我能够见到你，就没有什么遗憾了！'真是皇恩浩荡啊！"

司马昭连忙接道："皇上情深义重，我们定不负所托。"

司马懿转向了司马昭，定定地看了他一会儿，才说道："是啊，皇上都拿着这个大帽子压在我头上了，我自然不会辜负圣上所托，只是你说这曹爽何德何能呢，跟我平起平坐，他有这个本事吗？何况他这个人看着老实谨慎的，不知道背后是个什么样子呢，皇帝就敢托孤于他！好啦，准备一下，好好迎接新皇帝吧。你爹我已经侍奉过三代皇帝了，这新的当然也得好好地侍奉不是?"

公元240年，曹芳继位的第一个元年，魏朝正式迈入了"正始"年间。"正始"这个年号的到来，像一张无形的大手，把众人卷入了一个奇异的年代，众人的命运开始发生难以预料的改变。

这一年，阮籍已满三十，正是而立之年。他还在伺机寻求着做官的机会，可没有料到朝堂之上早已是乌烟瘴气、危机四伏。曹爽因曹叡的遗言有了与权倾朝野的司马懿平起平坐的机会，自然喜不自胜，他指使自己的亲信给小皇帝上表，给司马懿封了个"太傅"的虚职，而把"录尚书事"这个掌握实权的职位拿到了自己手中。司马懿恨得牙痒痒，却又无可奈何。眼前的局势不利于他做些什么，只能打落了牙往肚子里吞，努力维持着相安无事的假象。但是一触即发的局势还是使得人人自危，一时之间，曹魏的安定在这两位大臣的争斗中岌岌可危。

第三节 何晏谈玄，名士不羁

自古以来，文人与庙堂的羁绊就是解不开的结。文人希望进入庙堂实现自己一生的抱负，庙堂也需要不断地拉拢文人，为维护自身的庄严添砖加瓦。因此，朝廷的争斗自然而然地对名士有着不可逃脱的影响。曹爽大权到手之后就开始培植自己的势力，扩大自身的影响，期望在和司马氏的斗争中赢得先机。于是，很快地，靠着曹爽的提拔，一群名士前赴后继地踏上了历史的舞台。正是正始年间，于是人们称这群人为正始名士，此时，他们是天之骄子，是时尚的引领者，文人心中的精神领袖，集万千宠爱于一身，全天下人的目光都集中在他们身上。他们迎来了时代赋予他们的机会，可是没有人知道当一个机遇到来的时候它是否会给你带来好运抑或是恶果，但是，当机遇摆在面前的时候，又有多少人能抵挡住这种诱惑呢？当多少年的辛苦努力开始有了成功的迹象，谁还会管后果是好还是坏呢？

这群满腹才华的风流俊士，意气风发地紧随曹爽之后，何晏、王弼、夏侯玄……无一不风流倜傥，率直随性。这是一群浮华的公子哥。要说他们有大的治国之才，估计阮籍第一个就要跳出来高声表达他的不同意，但是要说他们一无是处，只知道跟着曹爽吃喝玩乐、游戏人间，那也有失公允，戴了有色眼镜看人。对于曹魏的变化，这群天生就有着政治敏感的公子哥不可能没有感知到，他们也在困惑为什么作为国之根基的儒学渐渐地失去了自身的统治地位，国家到底应该走向何方，个人又该在这乱世之中如何能像当年的建安之声一样发出属于他们的嘹亮的高亢的不屈服的正始之音。

每个人都在关心着，每个人都在讨论着。于是，一个奇怪的现象出现了，在司马懿和曹爽如火如荼的政治争斗中，有这样一群年轻人，他们讨论国家的前途，关心自己的理想，他们努力地发挥着自己的聪明才智，想要参与到国家社稷之中，他们要努力摆脱前时代的窠臼，为这个属于他们的时代找到真正的救世良方。那么，他们找到了什么呢？

没错，正是在后来统治了整个魏晋时期思想的玄学。什么是玄学？其实就是以道家思想为主，融合了儒家思想的一种新的哲学思想。既然儒学在魏朝已经如明日黄花，毫无用处，何不拿与它相对的道家思想来试上一试呢？但是这群自小受到儒家正统思想教育的名门子弟又不可能完全地抛弃他们的基础，索性就混在一起，管用就行。就这样，有了这帮人的引导，玄学很快的传播于曹魏大地，流传于士大夫之中，成为新的风尚，影响魏晋几百年。

在谈玄之人中，有一个人不可不提，那就是被称为"谈玄第一人"的何晏。何晏风姿如何，今天已经不可考，但是参看历史记载，仍可遥想一二。曹操对其喜爱有加，将尊贵的女儿下嫁与他，若是能琴瑟和鸣，倒也是一对恩爱夫妻，可是何晏哪里是这种安分的人，成日的饮酒作乐，特别是他又发明了一种据说能养生的"五石散"，这种神神道道的东西吃完之后飘飘欲仙，神志不清，竟然风靡了当时的士大夫阶层，人人以服药自得，也算是一件奇事了！

先不论何晏的种种事迹，单看他的玄学思想，倒是代表了当时的京城一派的思想。他立论以为天地万物皆以无为本，无创造了一切，有是依靠了无才有了存在的意义。这种想法无疑是大胆的，打破了儒家安身立命的基础，把一切都归到了无这个混沌之中，一切也就失去了意义。自古以来一以贯之的君君臣臣尊卑传统一下子失去了意义，个人成了自己的主宰。且不说何晏的主张是否能够站得住脚，在中国封建统治占据着主导地位，个人完全被集体压制的那个时代，何晏的主张可以视为中国历史上第一次人性的觉醒，被鲁迅称为"人的自觉"的时代，备受推崇。

在这场时代大讨论中，阮籍又是何种态度呢？阮籍翻看着眼前的这篇文章，那是刘劭的《乐论》。文中传统的儒家思想见诸笔端，认为要发挥音乐的教化作用，才能维持国本，维护正统。阮籍勉强按捺住心中的起伏，不禁想到这不正是自己心中念念不忘的吗？十年的冷板凳或许已经浇灭了阮籍心中最初的浪漫幻想，但是那一股热情却从未消退，隐藏在他内心深处，一有机会就蠢蠢欲动。情难自已，他执笔写下了自己第一部传世之作《乐论》，"礼乐正而天下平"，遥相呼应刘劭的观点。只是他没有想到，这一次他真的出名了！

这一日天气甚好，风轻云淡，阮籍正坐在院子里享受这难得的好天气，突然一阵急促的脚步声打断了他的平静，睁眼一看，正是自己的侄子阮咸。

"叔父，你还有好心情在这休息呢，快看看这篇夏侯玄的文章吧，人家可是直接辩驳你了！"阮咸急匆匆地说道。

"急什么，待我看看。"话虽这样说，阮籍心中还是有些焦急，夏侯玄是曹爽身边的红人，何晏之党，有名的玄学之士，世家贵族，阮籍很想看看这位名人是如何评价自己文章的，是不是和自己站在相同的立场上。

接过阮咸手中的文章，刚看到篇名《辩乐论》，阮籍的心思就有种不好的直觉。果然夏侯玄的这篇文章毫不客气，阮籍维护儒家传统的观点和他们"道家是本、儒家是末"的观点大相径庭，他毫不留情地质问阮籍"昔伏羲氏因时兴利,教民田渔,天下归之,时则有网罟之歌;神农继之,教民食谷,时则有丰年之咏"，音乐就应该是音乐本身的事情，与国运哪有半点关系！阮籍叹了口气，看来他们的政治理想真是差别甚大。阮籍清楚地知道，夏侯玄反对的并非阮籍他本人，而是借了自己当个靶子，反对儒学罢了，难道心心念念的儒学正统在这个世界真的无立足之地了吗？

"叔父，您要不要写篇文章回击一下？"阮咸一脸的跃跃欲试，满脸掩饰不住的兴奋。

阮籍好笑地看着他，自己的这个侄子还真是不稳重啊，怪不得大哥老是教训他，随即说道："写什么啊，政治理想不同，再写也是打口水仗而已。阮咸，你一定也看了这篇文章吧？"

阮咸不好意思地笑着说道："夏侯玄是当今名士，我自然好奇……"

"那你说说，这个夏侯玄说得有没有道理？"

"实不相瞒，叔父，我还真的觉得夏侯玄说得甚是有理。我于音律也略通一二，按我自身的体验，照我看来，这音乐和人心中的感情大有关系，人心中欢喜，所奏之乐自然如春日繁花，夏日清凉；人心中悲戚，所奏之乐那就是秋日凄凉，冬日寒冻了。《乐记》中不也是说'凡音之起，由人心生也。人心之动，物使之然也。'嘛。音乐只是音乐而已，会让天下太平什么的，我还真是不敢苟同。"阮咸直言不讳地说道。

阮籍不由得愣了。夏侯玄的辩驳给他带来了冲击，他清楚地看到儒学根基在这个时代逐渐地被人抛弃、批判。这个国家所发生的种种怪事已经不再能够单独地用儒家学说来统治人心，特别是曹魏的建立，名义上是汉献帝的禅让，可明眼人都知道那是曹家从汉室手中抢过来的江山，自此之后，作为儒家伦理核心的"忠"字其实已经成为曹魏的禁忌。阮籍也很清楚地知道儒家思想于治国已经不合时宜，再守着儒家的伦理纲常只会惹人嘲笑而已。再看看自己的侄子，这一辈的年轻人对于玄学思想的迷恋，对于修仙求道的狂热，对于名士风度的仰慕，在他们的心中，还有多少人是真正地想着去恪守儒家的清规戒律呢？

"叔父，您没事儿吧？"阮咸担心地问道，叔父脸色看起来不大好。

阮籍勉强地笑了笑，说道："没事儿。贤侄，你看，今日天空高远，花繁树茂，怎么就没有能够容纳我的地方来欣赏这大好美景呢？"

"怎么会呢，叔父，景色就在我们眼前，随时都可以看到啊。"阮咸迷惑地问道。

"呵呵，不一样的。好了，我有点累了，你先出去吧。"

看着阮咸出去的背影，阮籍在心中暗暗地下定了决心，既然无自己的容身之处，那不如另辟蹊径吧。

第四节 时不我与，隐居乡里

端坐在书桌前好久，阮籍缓缓地打开了放在面前的《论语》，读到孔子称赞颜回之处，"一箪食，一瓢饮，在陋巷，人不堪其忧，回也不改其乐。贤哉回也！"再也无法读下去，阮籍叹了口气，放下了书本，他的心中沉甸甸的，快要把他压得喘不过来气。

那场意见相左的争论已经过去几个月了，这几个月以来，阮籍的名声水涨船高，已经人尽皆知了，陈留阮籍这四个字在众人的心目中已经不再是一个普通的名士，虽然比不上争论另一方夏侯玄的名气大，阮籍也开始崭露头角，被人看作是名士了。阮籍发现，自己梦想得到的东西，现在通过自己的名气，有了可以实现的机会，但渴望已久的开心却没有同时到来。相比于当年的年少勇武，阮籍清楚地意识到自己已经到了而立之年，少时意气遭遇到了中年困境，阮籍觉得自己身上的包袱前所未有地沉重。压在身上的担子让他明白，可以意气用事的时候原来早已经过去，他开始认真地思考着自己的前途，国家的运势，大时代的环境。这是与他的生存切实攸关的，丝毫马虎不得。这几个月，他似乎一朝之间恢复到了少年时期的沉默寡言，选择了一心一意隐居乡间，足不出户，不再随意出门去找以前一同厮混的那群公子哥们。

"嗣宗，怎么回事儿，外面人人都说你名气大了，现在都请不动你了。"阮武走了进来。

阮籍放下了手中的酒杯，笑着说道："堂哥，原来是你来了。快快，同饮几杯。嗨，管他外面的人说什么，我们喝我们的。"

阮武不动声色地皱了下眉头，这十年他清楚地看着这个满腹才华的表弟如何郁郁不得志，但是他从来没有放弃过自己的坚持，怎么现在开始成名了，却看着比以前更不高兴呢，就连酒都比以前喝得更多了。

"嗣宗，你心里有什么不痛快，不妨跟我说说。"

"呵呵，堂哥，你真的想听？"阮籍已经有了几分醉意，他不禁哈哈大笑起来，"算了，说这些干什么，走，咱们去舞剑，我的剑术当年还是你教的呢，看看我这些年有没有胜过你！"说罢就摇摇晃晃地要去执剑。

阮武一把拉住了他，叹着气把他送到了床上，走了出去。

躺在床上的阮籍慢慢地睁开了眼睛，看着头顶的天花板，烛影朦朦胧胧地打在天花板上，一片混沌，恰如他此刻的心情。

夏侯玄给他的打击竟然远远的比他想象中的还要大。他虽然性情孤傲，但并不是一个小气的人，不会因为别人的几句批评就一蹶不振，虽然不少人支持夏侯玄，但是相应的，支持他的人也并不少，况且他也因此获得声名，并不是一件坏事。阮籍真正害怕的恰恰在于夏侯玄强调的玄学思想给他带来的冲击。

"昔年十四五，志尚好诗书。被褐怀珠玉，颜闵相与期"，儒家思想在他的心中已经根深蒂固，每每读到自己钟爱的颜回和闵损依然觉得令人高山仰止，感动不已。在他整个青少年时期，他一直接受的都是这样的教育，儒家思想不仅影响着做人、做事、做学问的态度，更是渗透在他生活中的方方面面。而现在，这种思想却被人毫不留情地拿出来批判，而他现在竟然觉得这种批判并不是没有道理！如果玄学真的于救世有用的话，用它又何妨呢！

阮籍觉得自己的人生观经历了一次颠覆，这几个月他闭门不出，苦思冥想。如果说他刚开始选择隐居家中，是觉得自己和外面的京洛一派的思想大相径庭，而现在这帮人的思想代表着未来的趋势，自己和他们是志不同道不合，就没有必要再纠缠在一起。可是他慢慢地觉得，自己思想上开了一道缝隙，越是想要捂住越是更想要看看外面的太阳，阮籍渐渐地变了。

其实，这恰恰证明了阮籍的伟大之处。伟大的人物都有一颗痛苦的灵魂。他们不会故步自封，把自己困在某一个地方，而是怀着一颗好奇的心，去发现这个世界上的新鲜之物，去接受不同思想之间的碰撞。这个过程也许是痛苦的，但是扩张的思想和灵魂却能让他们提高对世界的感悟，从而获得更远大的见解，见识不一样的人生风景。阮籍正是如此，当玄学思想撞上了他一直坚持的儒学思想的时候，阮籍敏锐地察觉到了时代的变化，他意识到的是儒学的过时和玄学的适时，因此，他虽然痛苦，但是灵魂深处还是生出了一种深深的渴望，去了解这个新生事物。

连续思考了数月之后，阮籍虽然更加消瘦了，整个人看上去却更加的清隽，一双眼睛明亮得像是要发光，吸引着众人的视线。阮武看到他这副样子，不由得放下了心，说道："你前阵子真是让人担心，现在看着你的样子还不错，我就放心了。"

"我知道前阵子让你们担心了，真是惭愧。"阮籍笑着道歉。

"现在可以和我说说是怎么回事儿了吧？"

"堂兄，你是我的知己和老师，我自然愿意和你一吐心声。走，去我院里，我那里有好酒等着与你共饮呢。"阮籍盛情邀请着阮武。

二人一道在院子里摆上好酒、美食，欣赏着院内风景，好不畅快！阮籍也并不隐瞒这一阵子的痛苦和纠结，向阮武一一道来。

听了阮籍的话语，阮武摇了摇头，说道："哎，其实，贤弟，不是为兄夸你，你一直都是做大学问的人，你说的这些纠结我也有所感受，但是体悟起来就比你差远了，就是糊里糊涂地过着日子而已。你要是为官的话，定能定国安邦。"

"堂兄，这话就是太看得起我阮籍了，世人皆道我痴，只有你懂我，所以我跟你能倾诉心声。可是堂兄，虽然我能够做到跟随时代的脚步，不断地思索着用新思想去救国的可能性，可是纵使有再大的才能又能怎么样呢，这世道，想必你也看得明白，想要过太平的日子，难啊！既然时不我与，干脆就在这小小的一方土地里待着，倒也是悠游自在！"

此时，齐王曹芳刚登基不过一、二载而已，曹爽和司马懿的斗争却越发地激烈了。司马懿被曹爽抢占了先机，自己只得到了"太傅"虚名，自然怒在心头，时不时地就要暗中挑起争端，借此打击曹爽的势力。而这群靠了曹爽提拔上来的正始名士正是大肆挥洒自身才华之时，洋洋得意的背后，并没有注意到一双黑手已经伸到了他们的背后，时刻蠢蠢欲动准备撕掉他们的保护伞，将他们一网打尽。不得不说，在透析时势方面，阮籍的眼光无比的精准。心中的儒家思想已经过时，现实也不利于出世做官，索性就这样在陈留做一尾快活的游鱼吧！

第五节 初次征召，奏记表志

就在阮籍安心居于陈留，心安理得地过着他的隐居生活之时，一纸征召书信打破了他的平静生活。那是公元242年的7月。阮籍第一次被征召。那场早已被他抛到了脑后的辩论，还在给他的名声持续加温，渐渐地就传到了蒋济的耳朵里，魏国新任太尉蒋济向属下王默证实了阮籍这人确实很有才名，于是点名征召阮籍做自己的顾问。蒋济是魏国有名的老臣，和司马懿一样，属于四朝元老，按说被这样的人看上，阮籍飞黄腾达的时刻就要来了！

可是阮籍并不这么想，接过蒋济的征召书，他眉头紧紧地皱在一起。如果说放在以前，他肯定毫不犹豫地答应了，并赶快收拾行李准备上任，可是现在，他已经不会再这么想了。这几个月来的仔细思索加上时势的动荡渐渐地淡去了他的做官之心。但是就这样放过这次做官的机会吗？阮籍似乎又有点不甘心。

桌上的红烛燃了又灭，熄了又点，太阳徐徐落下，又冉冉升起。一夜过去了。阮籍迈步出了书房，对夫人说道："我要亲自去一趟洛阳。"

蒋济听说阮籍亲自来到了洛阳，心里很是高兴，看来就是这位全国闻名的大名士对自己的征召也很是重视嘛，看，这不是来了嘛，可是等了很久，蒋济也没有看到这位传说中的名士的身影，倒是接到了一封阮籍亲手写就的《奏记》。原来，阮籍确实去了洛阳，但是只到了洛阳城外的都亭，就没有再往前走了，而是托人把信呈给了蒋济，自己就拍拍屁股走人了。阮籍的文采自不用说，当然是词采斐然，并且因为是一封拒绝人的信件，写的更是情深意切，委婉动人。

《奏记》中这样写道："籍死罪死罪！伏惟明公，以含一之德，据上台之位。群英翘首，俊贤抗足……籍无邹、卜之德，而有其陋……方将耕于东皋之阳，输黍稷之税，以避当涂者之路。负薪疲病，足力不强。补吏之召，非所克堪……"阮籍在信中先是将蒋济大大称赞了一番，然后又说自己没有什么大的德行，才华也不够，倒是缺点有不少。平生也就是想在田里耕耕地，种种田，没有什么大的志向，并且还体弱多病，手脚不便，这做官的差事实在是干不了，还是算了吧。

阮籍心中是这样盘算的，自己写了这么一封诚恳的书信，为了表示对蒋济的尊重，又亲自把信送到了洛阳附近，应该也算是够礼数了。可是没想到，蒋济看到这封信的时候勃然大怒，他没有想到这个小子这么不识抬举，竟然敢拒绝自己，不甘心的蒋济派人在洛阳找了一圈，没有想到阮籍竟然真的回去了。没有办法，蒋济只好把王默狠狠地骂了一通，怪其找了这样的一个人让自己丢了面子。王默一看，蒋济生气了，一颗心就开始七上八下，跳个不停，于是提笔给阮籍写了一封劝慰的信，让他早日过来。

阮籍看着王默写给自己的书信，心中的不安分再次起了涟漪。经过一番痛苦的挣扎，他好不容易拒绝了蒋济的征召，可是看着王默的书信，他再一次动摇了，看来这个蒋济还是很看重自己的嘛，但是时局这样混乱，真的合适吗？想到这里，阮籍拿着书信，找到了自己的伯父阮谌。

"伯父，我之前拒绝了蒋大人的征召，现在王默来书信催我了，我想听听伯父的意见。"阮籍恭敬地说道。

阮谌拿起王默的书信看了看，说道："王默是怕蒋济怪罪他，所以给你写信催你。阮籍，其实你开始拒绝了蒋济，我就觉得挺奇怪的。你不是一直都有济世的抱负吗？我还记得当年我让阮武教你舞剑的时候，你的英姿勃发，恣意张扬。怎么如今机会给你了，你却反而拒绝了呢？这不是你一直想要的吗?"

阮籍沉默了一会儿，说道："伯父，时代已经大不一样了，我担心我会很不合时宜。并且局势混乱，现在朝廷之上的争斗想必您比我更加清楚，我实在不想去蹚这趟浑水。"

阮谌看着阮籍，半晌才点了点头说道："是啊，你现在已经三十多岁了，我怎么还老是拿十几岁的时候来看你，既然你不想去那就算了吧。蒋济虽然现在不高兴，过一阵子，应该就没什么了。但是，阮籍，我还想说一句，朝廷争斗哪个时候没有呢，即使在太平盛世，只要你身在朝廷之上，就免不了你争我斗，现在虽然局势混乱，但是也没有乱到不可收拾的程度，照我的意思，抓住机会总比放过要好。"

阮籍回到了自己屋子，想着伯父对他说的话，他知道伯父是为了自己好，想让自己出人头地，他的心又开始动了起来，不如就听伯父的，抓住机会，去试一试？可是……阮籍的目光无意间落在了一件熟悉的物品上，正是自己平日翻看的父亲的作品，当翻到《驾出北郭门行》时，阮籍不由得想起了当日的心情，同样的困惑浮现在他的眼前，这一次又该如何选择呢？

七月的骄阳炽热如火，一如阮籍的心情，他正式接受了蒋济的征召，来到了都城洛阳。长居陈留的阮籍并没有很多的来京机会，洛阳的繁华景象令其大开眼界，但是比起洛阳名士的落落大方，阮籍依然风度翩翩，丝毫没有落于下风。相反，比起洛阳名士整日地声色犬马、纸醉金迷的生活，终日长居山里，与山林做伴的阮籍身上的气质更加的清新，气度更加不凡。蒋济一看阮籍儒雅的外表，有礼的言行，心中不胜欢喜，顿生亲近之心，觉得自己真是看对人了，连忙派人给阮籍安排好了衣食住行，没有一点点的亏待。

转眼之间，阮籍来到蒋济府中已有一月之多。平日也没有什么大事，无非是陪着蒋济吃吃喝喝，说些人文掌故、历史事迹之类的话来调剂一下席间的气氛。这样的日子可以说是安逸的，可是阮籍却越过越是苦闷。这跟他预想的日子完全不同，其实在来之前他已经预料到，这一趟洛阳之行可能会不合自己心意，但是他没有预料到，会这样令他生厌。原本以为蒋济是太尉，掌管着军国大事，定有机会一起商谈国家大事，讨论四方形势，可是只有终日的饮酒作乐。饮酒？哼！阮籍心想，我在哪里不可以喝呢，为何偏偏要跑到洛阳来，和这帮装腔作势的文人在一起说着口不由心的废话！渐渐地，阮籍开始装病闭门不出，躲在自己的屋子里，即使是蒋济派人来邀请他，他也是找理由推脱，十次里只去一两次而已。他心中已经打定了主意，再待几个月，等蒋济对自己的兴趣消退了，就找个借口辞了，回家去。

"阮老爷，太尉大人晚上在桂花台设宴，邀您一同赏花作诗。"蒋济又派手下来邀请阮籍了。

"劳烦跟太尉大人讲一声，阮籍今日身体不大舒服，怕是不能作陪了。"阮籍灌了一口酒，隔着门答道。

"您已经有好几日不曾答应太尉大人的邀约了，阮大人，这样我们小的也很为难，您就去一次吧。"门外的小卒劝道。

过了半晌，传来了阮籍的回答："我晚上会出席的。"

太尉蒋济的宴席自然是高朋满座，洛阳名士汇聚一堂，阮籍来的时候已经开席，看到阮籍的身影出现，蒋济连忙热情地招呼着阮籍来自己桌坐下。阮籍淡然一笑，也不道谢就坐下了。蒋济的心中已是不喜，这个阮籍平时让他参加宴席也不来，来了又是这副做派，真是不给面子。鼻子又闻到淡淡的酒味，正是从阮籍身上传来，心中更是不悦了。

"嗣宗，怎么没来之前，就先喝上了，大家一道共饮不是更好吗？"蒋济话语之中有几分不高兴。

阮籍哈哈笑了几声，说道："阮籍乃区区小人一名，实在是上不了台面。索性先自己喝上几杯压压惊，微醉之余才有胆量和太尉大人一道共饮啊。"

"嗣宗，你这是什么意思，我平时可有惊吓于你？"蒋济再也不掩饰自己的不悦。

身边的人连忙打起了圆场，说道："还是俗话说得好'八月桂花香'，还没怎么喝呢，这满园的早桂都要把我熏醉了。都说嗣宗兄诗作甚佳，何不赋诗一首献给太尉呢？"

"怕是我的诗做出来也不会合太尉大人的心意，还是算了吧。"

"你！"

"小人身体不适，先告辞了。"一躬到地，阮籍走了出去。

这日之后，阮籍称病不出，不久之后，他就向蒋济提出了要回乡。这次蒋济没有再说什么，也没有挽留之意，而是爽快地同意了。或许他也看得出来，阮籍不甘心居于人下，不好驾驭。

就这样，阮籍结束了自己的第一次出仕，回到了陈留。无可否认，阮籍有政治热情，不然不会再三思量之后最终还是答应了蒋济的征召，只是，这一次的出仕也让他更加清楚地认清了自己，认清了时势。不是说有了政治热情就有了不顾一切能够投身其中的力量，有的时候一个人的性格对于人的一生的影响不可估量。阮籍是一个孤傲的人，他毫不世故，当他发现现实中蒋济的征召和自己想的不一样的时候，他的性格完全不能做到圆融灵通，待在蒋济周围，继续寻找机会，而是迫不及待地要抽身离去，回到自己的天地。并且这段时间在洛阳的生活也让他更真切地体会到政治空气的紧张，蒋济在司马懿和曹爽之中的游移不定，也让阮籍感到不安定。他以为蒋济会坚定地选择站在曹氏家族这一边，但是蒋济和司马懿多年的交情，也让阮籍看不清楚蒋济的立场，这对于阮籍这位坚定的拥曹派都是不安定的因素，索性，归去来兮。

第六节 河内拜访，相见恨晚

阮籍经过了第一次失败的出仕，意识到自己或许是真的不适合官场，倒是也没有垂头丧气、一蹶不振，而是四处游历，拜访高人，过着潇洒不羁的生活。只是这种不羁背后的痛苦，外人却没有看到。人人只知道阮籍酷爱一人驾车随性出游，走到哪里算哪里，走累了就随意地躺下歇息，欣赏四周风景，实在是潇洒无比。但是当行至穷途末路之时，眼前只有无尽的悬崖，阮籍的眼泪再也忍不住了，长歌当哭。当穷途末路之时，真的没有办法了吗？无声的啜泣变成大声号啕，惊飞了林中栖鸟，不忍心听这失意人血的控诉。哭累了就站起身来，换另外一条路，就这样，阮籍内心的伤痛靠着这种极端的抒发消解的方式慢慢地平静下来，一路信马由缰地来到了昔日楚汉争霸最激烈的广武山，当年的著名战场早已是断壁残垣，凄风阵阵，荒草迷离，登高远眺之际，他不禁慨叹："时无英雄，使竖子成名！"

"英雄"是谁？"竖子"又是谁？阮籍来到的是当年的楚汉争霸之地，自然感慨的是楚汉之事。从字面理解也就是，那个时候没有英雄出世，反而让刘邦、项羽这种人物出了名。但是，站在历史古迹面前，感慨发出的时候，从来都不只是为了那一时候的事情，而是带着对现实世事的不满与寄托。阮籍在感慨刘邦和项羽的背后，又何尝不是在说当今的司马懿和曹爽呢，他们两个的相互争斗，让朝廷变得乌烟瘴气，从来都是为了一己私利，哪里真正是为那曹魏江山、黎民百姓着想。阮籍虽在各处闲游，看似悠闲，一颗心却从未安歇过，深深的忧虑感淹没了他。

这一日，阮籍来到了河内郡，河内，在阮籍的生命中是一块性灵之地，在这里，他遇到了他生命中的两个至交好友，一个是嵇康，而另一个便是山涛。

山涛，字巨源，河内怀县人。早年丧父，家虽贫，但是少年时期即有器量，卓尔不群。四十岁出仕为河内主簿。他虽然没有阮籍和嵇康的才智情趣，但是为人很有器量，温和有礼，却也有二人比不上的气度。这种气度的炼成或许有山涛自身不凡的资质，但是更重要的是生活中的磨砺给了他这种褒奖。山涛虽然和阮籍一样都是早年丧父，但是不同于阮籍还有曹植和本家的帮衬，山涛家里是真正的一贫如洗。在贫寒的环境中，山涛少了阮籍身上的傲气，多的是被人赞叹的"器量"。凭着这股"器量"，他忍耐过了漫长的籍籍无名的岁月，忍耐过了忍饥挨饿的穷苦日子，寻找着出仕的机会。也正是因了这份"器量"，他身上始终有一种温润的气质在，让人一见他就觉得此人是一个温和的好人，有着吸引人的魅力。

阮籍也不例外，一见面就对其欣赏不已，山涛见到这位闻名全国的陈留名士更是心中暗喜。两人一见如故，阮籍就留在了河内和山涛相伴，二人趣味相投，整日讨论不休，感情也更是日益深厚。

山涛对阮籍说道："没想到几日交谈，你我二人的许多见解都很一致，和贤弟真是相见恨晚。"

阮籍笑道："山巨源果然名不虚传！我这一路寻访名士，说实话很是失望，一路所见都是沽名钓誉之人，高人还真没有遇到几个，倒是有不少的粗鄙小人伪装英雄，实在是让人痛恨，幸亏还能得见贤兄，才能不虚此行啊！"

"嗣宗快别这样讲,真是折杀我了。我才是有幸能够见到你……算了,咱们就不讲什么客套话了,互相拍马屁也不是你我当做之事。但是,嗣宗,说句实在的,你那篇《乐论》我是很赞同的。"

"巨源兄快别提那篇文章了,我正后悔呢。我这是结结实实地维护了一把儒家思想,和现今提倡的玄学那是大相径庭了。巨源兄不是一直嗜读老庄吗?怎么会……"阮籍忙说道。

山涛不慌不忙地说道:"嗜读老庄,爱好玄学,那只是我个人的选择。我羡慕老庄的闲适悠闲,向往那样的人生境界,但是这和我的政治理想并不相冲突。就我来看,儒家思想才更适合作为治国之本呢。"

"可是儒学在今天就治国来讲,我看并没有多大的功效啊。"阮籍疑惑地问道。

"那是因为现在时局并不太平,一旦国家稳定,治国还是需要儒家思想的。毕竟儒家思想的凝聚力对一个国家来说才是最好的,而老庄的飘逸其实并不适合。"山涛肯定地说道。

"哎,甭管什么是更好的,我现在对做官可是避之唯恐不及。我实在是不适合,就我看来,巨源兄才是真正的国之栋梁,将来肯定能位列高官。"阮籍的眼睛是犀利的,日后,这位河内山涛位列三公,算是竹林七贤中结局最好的一位。

"嗣宗,虽说我不知道你为什么辞掉蒋太尉身边的职位,但是依我看,机不可失,时不再来,只要有机会的话,抓住才好啊。"山涛语重心长地说道。

"巨源兄和我伯父说的话是一样的,但是我是真的不适合,就不往前凑了。"阮籍摇头说道。

阮籍和山涛是不一样的。虽说阮籍一直都受儒家思想的教导,但是在为人处世上阮籍更倾向于道家的随性肆意,不符合他本性的事情,他更愿意的是放弃,而不是勉强应付,惹得自己和别人都不开心。而山涛的性格更接近于儒家的温柔敦厚,更能够让人亲近。二人虽性格不同,但是这种差异感丝毫没有影

029

响二人之间的交往，相近的政治理想反而使二人更加贴近。

这日，山涛兴冲冲地来找阮籍，说道："嗣宗，河内山阳有一名士，叫嵇康，他终日隐居在竹林里，每日弹琴吟诗，不问世事，脱俗飘逸。不如我们一同前去拜访。"

"我也久闻嵇康大名，有意去拜访。巨源兄的想法与我不谋而合。希望此人不会让我们失望啊。"阮籍高兴地答道。

二人一拍即合，择日即启程。这日的天气正好，晴空万里无云，林中微风习习，令人心情愉悦，阮籍与山涛一同走在小路上，两旁的山花也正开得烂漫。周边立满了青翠挺拔的竹子，轻风吹得竹叶婆娑，伴有竹木的清香飘来。正当二人惬意前行，沉浸在大自然中时，一阵琴声突然传了过来。阮籍心中一惊：好美妙的琴声！只听那如歌的琴声，如春风绿过田野，如雨笋落壳竹林；如蛙声应和，似拍岸涛声；仿佛黑夜里亮出一轮明月，皎洁光明遍布山林；又如孩童们追逐嬉戏，与这周遭的美景都融为了一体。阮籍与山涛不自觉中停下了脚步，静静聆听，心中暗自称叹。一曲终了，二人才回过神来，四目相对，不由得默契地点了点头：想必这美妙的琴声就出自这竹林主人之手吧。

二人更加迫不及待起来，一起加快了脚步，很快到了一间草屋旁，苔痕上阶绿，草色入帘青，极其大方典雅。屋子前一棵柳树正长得枝繁叶茂，柳叶染绿了整个院落。柳树下却放着一张古琴，琴前端坐着一个人。只见他素朴至极，仅身着一件粗布衣裳，再无其他配饰。虽是男儿却肤白如玉，身形高大，四肢修长，气质脱俗，双目更是不染尘埃，如一潭秋水般清澈，蔚然而深秀。果如人之所言："肃肃如松下风，高而徐引"。此人正是隐居此地的名士——嵇康。

第二章

知音始遇,交游山阳

阮籍一路驾车来到了河内山阳，在那里遇到了生命中的两个至交好友——同列竹林七贤的山涛和嵇康。三人在竹林之中，每日饮酒谈论，日子过得很是悠闲，在嵇康的影响之下，阮籍也开始学习玄学。

第一节 叔夜性真，籍涛叹服

嵇康，字叔夜，谯郡铚县人。幼年丧父，家贫如洗。母亲带着三个孩子辛苦地过活，嵇康是家里最小的，上面还有两个哥哥。他的大哥勤劳忠厚，整日辛苦地挣钱，供两个弟弟读书，但是不幸英年早逝。在嵇康的诗文中零星可见对这位大哥的缅怀之情。至于他的二哥嵇喜，倒是一路顺遂，顺风顺水，早年从军，很快就出人头地，功劳加身。嵇喜对这个最小的弟弟也是关心爱护，尽了兄长的责任。但是，对于他的二哥，嵇康就不像对大哥那样尊重。他觉得嵇喜没有点超凡脱俗的气质，而是俗人一个，只知道汲汲于世俗。同样地，嵇喜也觉得弟弟整日寻仙问药，不干正事，于是，就写诗劝诫他"达人与物化，无俗不可安"。意思就是说真正超脱的人，是不会在乎环境的俗或者雅，因此不必刻意避世，应该参与世事，顺时而动。兄弟二人虽一门所出，但是在人生态度上，倒是做了完全不同的选择，人生结局自然也不一样。

嵇康虽然没了父亲，但是在两位哥哥的庇护之下，过得倒也不差。就这样，在铚县，嵇康度过了自己人生的前二十年。二十年中，他在自由的环境中长大，幼年丧父，虽是惨事一桩，但是因了这种经历，他又获得了充分的自由，可以任意地学习想知道的事物，没有太多的束缚。于是，在这样的环境中，一颗自由的灵魂形成了，他摆脱了人世间的功利琐屑，向往于大自然的恣意随性。二十岁这一年，嵇康索性离开了铚县，开始各处游历，不久之后他来到了山阳，从此踏上了人生新的旅程，在这里开始了新的际遇。

山阳，并不是一个平常的地方。昔年，汉献帝曾流放于此。曹丕大权在握，废掉汉献帝之后，并没有将其杀掉，而是迁到山阳，从此，汉献帝终老于此。并且山阳附近有苏门山，那是传说中修仙得道的地方，无数修仙之人在此得成夙愿，嵇康是好仙之人，自然青睐此地。况且，这里距离都城洛阳很近，无数名士在此聚集，大家平时无事在此高谈阔论，谈玄论道，正是一个好去处。

来到了山阳，嵇康就像鱼儿看到了大海，他那颗自由的灵魂好像找到了心的归宿，从此，他在此安营扎寨，安心地居住了下来，渐渐地，他开始声名鹊起，人人都知道山阳有一个身高八尺，才高八斗的大才子，他天性纯真，性情不羁，真正是第一等的风流名士，出世的高人。这时的嵇康不过二十来岁，年龄上来说还只是一个不够成熟的青年人而已，但是天才就是如此，不能以年龄来妄论之。况且嵇康是有真才实学的，他少年时期就勤奋用功，饱读诗书，诗文歌赋更是无一不通，尤为擅长弹琴。嵇康的琴声如何，今日已是遥不可想，或许那残余的《广陵散》能够得其一二，但是丝毫不会逊色于孔子听了赞不绝口的"三月不知肉味"的韶音。天分加上后天的勤奋，嵇康的出世注定要在魏晋历史中留下浓墨重彩的一笔，让世人牢牢记住这位旷世的奇人。

嵇康抬眼正看到前来拜访的二人，刚起身，二人已疾步走到面前。嵇康扫视了一眼面前的两人。二人都年长于他，其中较年轻的气度非凡，另一个亦是稳重有加，均是气度不凡。三人目光相对，彼此都觉得对方是真诚之人，心中顿生亲近之感。短短几秒，三人的心似乎就已拉近了不少。

这是公元244年，魏齐王曹芳正始五年，嵇康、阮籍、山涛三人终于在山阳相遇。

山涛对嵇康作了一揖："久闻先生大名，今日与阮籍一同特地前来拜访。"嵇康慌忙回了一礼，放声大笑，爽朗之声传遍院落，说道："二位远道而来，嵇康不胜欢喜，不妨先痛饮几杯，我们边喝边谈。"阮籍与山涛喜不自胜，二人也都是好酒之徒，正合心意，于是不约而同哈哈大笑起来，连声说好，已毫无拘束之感。

嵇康从屋内拿出一坛酒、三个酒杯，三人席地而坐，置身于大自然之间，流连于酒香之中。几杯酒入肚，三人更加开怀，一边畅饮一边聊了起来。阮籍边喝酒边说："早就听闻山阳嵇康才貌出众，超凡脱俗，今日一睹真是有幸。叔夜真是好眼光，挑了这么一块宝地，这四周的景色如此迷人，能够在这大自然之间纵酒言欢，真是让人忘却了世间的烦恼啊。也难怪初见贤弟的时候就觉得气质不凡，定是这山水的滋润啊。"感慨之间，阮籍的眼神随着柳枝的舞动忽远忽近。山涛不禁点头附和道："是啊，有这么一个上好的去处，难怪嵇康贤弟流连于此，不愿出仕。"

嵇康放下酒杯，看向远处，那是洛阳的方向："是啊，我二十岁的时候离开家乡，四处游历，来到这山阳，看到这么一片竹林，心中已经知道这就是我的家了。真的在这里住下之后，一点都没让我失望。天天清晨绕着这竹林走上一圈，觉得整个人都要成仙了。反正啊，我是舍不得这竹林了，让我去哪儿我都不愿意。况且，如今政权纷争，与其在仕途中摇摆倒不如到大自然中去体味老庄的思想，尽情喝酒、写诗、弹琴，与志同道合之人一同交游、谈论。也省得在政治中摇摆，不知道什么时候就丢了性命，我是不适合那样的生活。"他笑着看向阮籍、山涛，"现在的日子，才是我想要的自由呢！就如这自在的柳枝，风来我舞，风去我静。"阮籍听到嵇康所言，心中激动不已，大感相见恨晚。他连连点头："贤弟所言正是我心中所想，你我虽年岁不相符，但心中所向往的却是一样的生活,你的话正说到我的心坎里了,来,非与贤弟痛饮几杯不可!"山涛也举起了手中的酒杯,三人酒杯相碰,又一次哈哈大笑起来。

喝到尽兴处,山涛瞥见古琴,便开口道:"早就听闻先生之《广陵散》可绕梁三日不识肉味,不知今日我们可有耳福一听呢?"《广陵散》即古时的《聂政刺韩王曲》,乐音弥漫的是对侠士聂政的击节赞赏。当今世上也唯有嵇康可弹奏此曲,两人在来时路上听过他高超的琴技之后,就更期盼听到这千古名曲了。

嵇康颔首,一饮而尽,取来古琴盘腿坐下。指尖挥动于琴弦间,如流水般清澈的古音便穿越千古倾泻于院落之中。但很快琴声开始激昂,铿锵有力,极具穿透之力。两人好似置身于古战场,纷披灿烂,戈矛纵横。这时天空偶有飞鸿,闻此古音忽地扑棱棱凌空而上,似沾染了嵇康琴声之豪迈,也要一跃于晴空之间,展鸿鹄之志!一曲结束,二人静默良久,久久无法回神。良久,阮籍和山涛才似刚醒过来,抚掌大笑,直叹今生能闻此曲而无憾矣。

不知不觉,夕阳已西下,三人相聚已有一天。此时天色已晚,但是三人还是觉得酒意未尽,还想继续痛饮上几杯。嵇康许久未见到如此合他心意的朋友,也不想让二人走,于是诚意劝二人留宿。当晚,阮籍与山涛便留在了这竹林之中。三人觥筹交错,把酒言欢,直至深夜。

第二日,又是一个明媚的艳阳天,嵇康带着二人爬上了更高的地方,俯瞰竹林,又别有一番风景。这灿烂的天气里有酒有朋友,有山有水有美景,真是人生一大乐事。阮籍心里对这自由浪漫的竹林更添了一份向往,甚至有点不舍得离开了。

很快来到了一处空旷的地方,视野开阔。嵇康拿出随身携带的酒壶,三人坐下,又一同喝起酒来。不远处有清泉叮咚叮咚,似乎可以听到流水冲刷过石子的声响。头顶又有杜鹃婉转啼鸣,引来唱和无数。更有杯中酒香相伴,引人心醉。阮籍不禁脱口而出："这番情景，真正是天人合一啊！"三人喝酒吟诗，真是快哉。

那几日，他们或在竹林间游玩，或弹琴咏怀，或高谈阔论。此时，阮籍心中已暗暗下定决心，要留在此，与嵇康为伴。他已不仅仅是被这远离世俗的美景所吸引，嵇康对老庄哲学的深好，对自然的理解，还有他那不悲不喜的气度，恣意豪放的情怀无一不吸引着阮籍，相见恨晚之情让他不舍得离开。

几日后，山涛作为河内主簿，不得不离开这片竹林，回到了河内的居所。而阮籍留在了竹林之间和嵇康做伴。

第二节 嗣宗迷惘，不吝指教

转眼之间，阮籍在竹林之中已有月余。这一个月来，阮籍觉得这是他自成年以来过得最舒心的一段日子，他感到很幸运，遇到了嵇康这样的人生知己。曾经的伯牙子期，高山流水遇知音的故事他一直以为只存在于书中，可是，嵇康的出现让他感受到了原来世上真的有谪仙一样的人物。每天，在这片竹林中，阮籍和嵇康喝酒对诗，世间所有的烦恼通通消失不见，只有眼前的快乐无比的真实，这样的日子，阮籍愿永远沉醉其中，可是，随着时间的流逝，阮籍的心又开始躁动不安起来，他的情绪一天天的不安起来，他也不知道为什么又开始烦躁起来，难道这世上终究是没有一片净土可以安顿自己那颗浮躁的心吗？看来，告别的时候又要到来了，是时候该驾车去找新的路途了。

这天，阮籍和嵇康漫步于竹林之中，阮籍几次欲言又止，他想开口向嵇康告别了，但是离开这样的日子他又有些舍不得，特别是好不容易遇到了这样的知己，心中犹豫不决，不知道该如何选择。

嵇康看了阮籍一眼，笑着说道："嗣宗兄，春季快要结束了，这春日的林间美景今年怕是没有欣赏的机会了，我们今日何不就在此间消磨一日，来提前祭悼这即将逝去的景色?"

阮籍抬头看了眼远处的风景,春日繁花已成凋落之态,夏日的空气隐秘地袭来,空气中逐渐地燥热起来。

"是啊,夏日就要来了。"阮籍下定了决心,说道,"叔夜,恐怕我也要告辞了。"

嵇康笑着说道:"嗣宗兄,这次又要驾车去向何方?"

阮籍微微有些愣神,半晌方说道:"我也不知,走到哪里算哪里吧。"

"那若是走到了绝路呢?"嵇康接着追问。

阮籍转过了头看向嵇康,说道:"叔夜是不是有什么话要对我讲?"

嵇康微微一笑,说道:"我听说阮嗣宗每驾车出游,走向绝路之时,长歌当哭,天地为之动容。嗣宗兄,你我相处已有月余,我开始看到你时,只见你是如此的落落大方,气度不凡,正是一等一的超凡之人。可是,后来我发现你并不如你的外表表现得那么洒脱,可是这天地间有什么烦心之事,不妨讲给我听听?"

阮籍苦笑了一声,说道:"只怕我是让你失望了。我根本就不是什么洒脱之人,只是一个什么都放不下的庸俗之人罢了。"

嵇康摇了摇头,说道:"不,嗣宗兄确是我生平所见之人中一等一的人物。我相信自己的眼光。我虽不知道你心中的痛苦,但是也可猜出个大概。"

"愿听叔夜指教。"

"嗣宗兄,你还是放不下当今的政局吧。如今曹马相争,时局混乱,各方只想着自己的利益,真心为国家、百姓打算的只怕寥寥,一帮跳梁小丑上蹿下跳,可惜了国之栋梁。而你虽有治国之才,但是我观察你的性格,只怕是并不适合官场上的尔虞我诈,那与你的本性不和。心系国家,可是什么都做不来,只能眼睁睁地看着,嗣宗兄,我理解这种痛苦。"

阮籍激动地握住了嵇康的手,说道:"贤弟果然是我的知己。我心中所想,与你说的并无差别。不错,我就是在痛苦这个。没有想到,贤弟也是心中有国家,并不是完全的寄情山水。"

嵇康笑着说道:"我记挂国家是真,寄情山水也是真,并不相冲突。世人皆知,我独独钟情于老庄玄学,以为学习了这老庄玄学便是要死守着山水自然,不可入世,不能踏入世间一步了。我却不这样认为,玄学给我的是一份心灵上的自由,而不是地域上的自由,有了这份心灵自由,我处在这世间任何一处,都像是在大自然之中一样的悠游自在,所以,在哪里又有什么关系呢。再说,我毕竟是生活在这片土地上,属于这个国家,我不得不去关心这个国家的种种。即使是老子,他也关心着如何去让他的国家变得更加好。嗣宗,我可以理解你的痛苦,但是照我看来,你应该做的是去化解这种痛苦,驾车畅游只是一时的缓解,如果一直怀抱着这种痛苦,做人的快乐都要被你全部抹杀啦,阮兄不妨像我一样,试着去学习看看这玄学,它自有其精妙之处,说不定就能给你的心灵找到安顿之处呢。"

阮籍听得有些痴了,他心中有些蠢蠢欲动,去学习那种老庄玄学,便可能会寻得一份自由的灵魂,摆脱缠绕自己许久的痛苦之情。当时和夏侯玄的那场争论又隐隐地浮现在他的脑中,那时便觉得这玄学也有它的妙处,现在听了嵇康的话,阮籍真的心动了,他突然很想去了解一下玄学。

"看来这玄学的伟大之处,我还是认识的不够。好,叔夜,我就不走了,索性留在这竹林之中,跟着你学习学习这玄学。"

"不敢不敢,阮兄聪明过人,他日领悟必在我之上。"

两人相视一笑,阮籍觉得心中的包袱不由得放轻了一些,整个人都轻松了起来。说来也巧,山涛、阮籍和嵇康三人都是经历过早年丧父,自然会多了一份惺惺相惜之情,有了共同的话题。但是虽然经历相似,三个人的性格却又是南辕北辙。山涛最是敦厚,比二人都要坎坷的生活让他多了一份宽容,他不会去计较什么，更多的是承受，对待生活的不如意，他不会像阮籍那样激愤，也不会像嵇康那样的浑不在意，三个人中，他大概是最接近常人的。而阮籍和嵇康各有性格，阮籍从小通读儒家书籍，满脑报国之志，长大后郁郁不得志，性格孤傲冷僻，他又是最不放过自己的，心中的痛苦可想而知。而嵇康从小最不耐烦读的正是儒家经典，最合心意的正是道家经典，因此，三人之中，要真选自然洒脱之人，无疑正是嵇康。

　　阮籍继续留在了这竹林之中，开始潜心地研究起了玄学。学了二十年的儒家经典，一朝要抛到脑后，回炉重造，对于这位儒家的忠实弟子来说并不是一件容易的事情，但是有了嵇康这位很好的导师，阮籍的学玄之路也不觉得怎么痛苦，反而是嵇康的启发能时不时地给他一些灵感，二人思想碰撞出的火花，也让嵇康感叹阮籍确实是位学术上的人才。从此之后，魏晋的玄学名士中，阮籍当仁不让地占据了一席之地。

　　二人日日在屋中参玄，时不时地就要写写文章，相互品鉴一番，这日，嵇康拿着自己写的一篇文章来到了阮籍的屋中，说道："嗣宗兄，这是我新作的文章，给我指点一二。"

　　阮籍连忙接了过来，说道："叔夜的散文天下有名，今日可以一饱眼福了。"

　　阮籍手中拿的这篇文章，正是不仅流传于当时，更是闻名后世的《养生论》。在这篇文章中，嵇康论述了养生的必要性与重要性，主张内在的修养和外在的身体都同样重要，其中尤以内在修养为重；提出养生应从小的毛病看出大的问题，才能未雨绸缪，防微杜渐；同时要求养生要有耐力，持之以恒，并提出了一些具体养生途径。这篇文章文采斐然，论述透彻。虽然是养生这样偏于说理性的文字，嵇康依然可以写得不乏味枯燥，反而让人看后觉得满目清爽，也真是有才之人！

　　阮籍通读遍全文，在心中对嵇康的崇拜不由得又上升了一个台阶，文字清新不俗，说理也不因袭前人，而是自己的亲身体验，不禁拍案叫绝："贤弟这篇文章写得真是要胜过凡人不知几何呀。"

嵇康连连摆手，说道："哪里，平时的游戏之作罢了。"

"叔夜莫要谦虚，这种文字一出我可算是服了。叔夜，你年纪比我还要小上很多，怎么对于养生有这么深刻的体会？"阮籍好奇地问道。

"嗣宗兄别怪我啰唆，这都是参玄的体验。我相信世间万物都是互通的，于参玄的感悟附着到平时养生之上，自然感受良多。"

阮籍赞同地点了点头，说道："这一段时间跟贤弟参玄以来已经是收获良多，可是看到贤弟的这篇文章，才知道这玄学之大、之深，我以前真是井底之蛙了。"

看了嵇康的这篇文章，阮籍更是安心地在竹林住了下来，接着钻研起了玄学。这日，山涛得空来竹林探访他，看到阮籍不禁一愣，随即笑着说道："看来嗣宗在这竹林之中很是适宜啊。"

"何出此言，我与平日有什么不一样吗？"

"初见嗣宗的时候，虽然也是潇洒不羁，但是总像是带着满腹的心事，现在才觉得你整个人都放松了不少，身上多了几分平和之气。"山涛笑着解释道。

"呵呵，我自己也是这样觉得，心思比以前倒是平静了许多，自从跟着叔夜研习玄学，真是受益良多。巨源兄，你没有看到叔夜的那篇《养生论》，写的真是精彩绝伦。"

"是吗，好文章当然是大家一起品鉴，快走，我已经等等不及了。"

阮籍带着山涛去见了嵇康，看到那篇《养生论》之后，山涛赞不绝口。很快经他之口，文章广为人知，嵇康更是名声大噪，人人都知道山阳有个谈玄厉害之人，一时之间，拜访之人更是络绎不绝。但是真贤士毕竟凤毛麟角，大多数人只是徒有虚名，没有几个真正懂得养生之道的，见多了沽名钓誉之人，嵇康一日日地不耐烦起来。

第三节 嵇康打铁，向秀鼓风

如果说嵇康是山阳盟主，人人聚集在他的周围，那么山涛更像是一个联络员，因为他，很多人才能聚集在嵇康周围。就在嵇康越来越失望的时候，山涛带着一个人拜访了他。此人正是向秀。

向秀，字子期，河内怀县人。祖上是大地主，后因战乱争落魄，到了向秀一代，虽然家境已大不如前，但是仍然衣食富足，不用为生计操心，向秀平时就对黄老玄学大感兴趣，尤为偏爱庄子，性格平和沉稳，心境洞明澄净。少年时就以文章秀逸闻名乡里，在山里讲学的时候为山涛所知，两人遂成莫逆之交。

嵇康的《养生论》流传开之后，向秀就一直很是仰慕，想去拜访这位高人，跟他在养生的问题上探讨一番。当向秀向山涛说出他的心愿时，山涛很是得意地说道："我前一段刚好去拜访过他。"

向秀连忙问道："巨源兄，怎么样，能写出这等文章的人一定很是不俗吧？"

山涛笑着说道："那是自然。叔夜站立之时就像林间飒飒青松一样笔直，醉卧之时就像山间溪水流过的玉石一样纯净。哎，简直令人心醉神迷，结识这样的人，才算是不枉此生啊。"

向秀遥想了这样的风姿，更加的急不可耐，连连说道："那还等什么，咱们快去吧。"

怀着一颗向往的心，向秀跟着山涛来到了嵇康隐居的竹林之中。可是，眼前所见之景还是让他吓了一跳。只见，一个身材修长的男人裸着上身，挥舞着大锤向着已经烧红得刀具砸了下去，汗水从他的脸上流了下来，面上的表情坚硬刚强，屋中的火烧的正旺，一时之间，星火四溅，火光堂堂。向秀没有看错，这个人正是嵇康。如果说阮籍初见的嵇康是其飘逸的一面，那么向秀就是看到了嵇康的另外一面。嵇康的另外一个身份是铁匠，这也正是他不拘礼法的另一面。嵇康的父亲是国家官员，虽说官职低微，但是好歹也是国家公职人员，嵇康也算是出身于官宦之家。按理说嵇康是不会去打铁的，但是他偏偏不按常理出牌，打铁除了有维持生存所需的作用之外，最重要的是嵇康喜欢。在他的心中没有所谓的儒家礼法的束缚，任何的事物在他的眼中也就没有了贵贱之分，打铁自然可以和朗朗的读书声相比肩、相媲美。伴随着啪啪的铁锤敲击铁块的声音，他看着一块一块的炽热的铁块慢慢地冷却，褪去了通红，重回本色乌黑，于是，重新烧火、锻打、冷却，终于，变成了锋利的刀具，锋芒毕露，辛苦的劳作似乎都变得诗意起来。

嵇康看到了跟在山涛后面的向秀，衣着考究，心中已经不悦了起来，他已经接待了太多的自称懂得养生之道的平庸之人，向秀这时在他的眼中也不过是庸人一个。初始的惊讶一过，向秀马上就平静了下来，他感到自己是遇上了高人。喜读老庄的他自然也懂得其中的精髓，不受外物所累，没有想到，在这里遇上了像老庄一样的风流人物，不管外界是什么眼光，自在地做自己的事情，这才是真正的逍遥游啊！

一直等到嵇康造好了铁具，向秀才走上前介绍了自己，拿出了自己写的文章《难养生论》，是对《养生论》的一些困惑和反驳。看了向秀的文章，嵇康这时才知道眼前这个比自己还小的年轻人并非徒有虚名之辈，心中不由后悔，嵇康一向交游广泛，对朋友推心置腹，实在是最近被打扰太多，才颇有不爽。两人一见如故，彻夜长谈，向秀的反驳也刺激着嵇康深入的思考，后来又写出《答难养生论》。这几篇文章不仅对养生学上有贡献，文中对精神、思虑的探讨更是玄学思想上的精髓。

可以说，向秀的到来，嵇康才算是找到了真正意义上的谈玄的伙伴。山涛对玄学的态度很是暧昧，可有可无，一直不是很深刻。而嵇康只是刚刚接触，整个人还在宗儒还是学玄之间摇摆不定，并不能经常给参玄已经很深刻的嵇康很大的启发。而向秀恰恰弥补了这个空白，两人都是少时已经开始修习老庄玄学，都已经有了很深的理解。

向秀很快地也在这竹林之中居住了下来，二人时常结伴而行，整日攀谈不休，感情日渐深厚。嵇康打铁之时，向秀就在一旁鼓风，这也形成了竹林之间的一道奇景！试想在几千年前，有这样两位名士，不畏世人的眼光，从事着被人视为下贱的劳作，在打铁中，他们感受着劳动的快乐，从劳动中体悟着人生的哲理，提高着自身修为。也许打铁这项劳作不像吹箫、弹琴那样更加符合文人雅士士大夫阶层的高雅气息，但是在这二人眼中，万物并无贵贱，那么打铁又和吹箫弹琴有什么区别呢？只可惜，自古以来，无数的人附庸风雅，喜欢阳春白雪的事物，鄙视下里巴人的玩意儿，却哪里知道世间万物本就平等，并无高低之别，只是你戴了有色眼镜去看，也就有了不同的色彩。修为高低而已。几百年后，伯牙子期终于再不用遗憾找不到他们精神上的后继者了，嵇康和向秀，这一对精神知己，完全当得起那一曲悠久绵长的高山流水。

在向秀的引荐之下，嵇康又认识了吕安。吕安虽然不是竹林七贤之一，但是与他们交游密切，并且其人性情放纵，论洒脱完全不输于嵇康，颇具竹林精神。于是，在竹林中，世人敬仰不已的这些大名士们或长啸或打铁，或吟诗或作赋，让人欣羡不已。

第四节 浮华洛阳，正始改制

此时的洛阳，司马懿和曹爽经过了第一轮的较量，暂时以曹爽的胜利告终。曹爽眼看着大权在握，马不停蹄地开始扶持自己的势力，可是，曹爽又是一个自大的人，绣花枕头一个，没有多大的脑袋还想办更大的事儿，典型的野心大而实力不足。当年明帝托孤的时候，为了制衡势力如日中天的司马懿，于是拉上了当时看上去还算是可靠的曹爽，可是他万万没有料到的是自己看走了眼，以为曹爽是治国良将，其实徒有其表而已。

有了权力之后，曹爽迫不及待地安插亲信、排斥异己，前文所说的何晏、夏侯玄等人纷纷在这时走到了前台，来到了曹爽麾下，政治上逐渐把持了朝政，而在文化上，也发起了玄学运动，打击儒家传统，希望用玄学思想作为治国基础，以此打击士族阶层，其实是打击以司马懿为代表的士族大户。

这帮人掌握了朝政之后，一时风头无两，放眼朝廷，司马氏的人已经被挤压的几乎望不到，放眼看去占据朝堂的都是自己的心腹。曹爽自觉已经大权在握，再加上皇帝此时还小，又觉得曹爽既然是先皇所托之人，又是属于曹家宗室，对曹爽自然是无比信赖，言听计从，一时之间，曹爽俨然已经成了洛阳头一号人物。跟着曹爽的这群洛阳浮华公子也有了说话的权利，于是事不宜迟，很快说动了曹爽，开始了历史上有名的"正始改制"。

何为"正始改制"？其实就是用何晏他们提倡的玄学思想来治理国家。这个时候，虽然玄学思想在魏国蒸蒸日上，人人以谈玄为豪，但是作为国之根基的仍然是儒家思想，士大夫所受到的正统教育，书院里所教授的仍然是孔孟之道。而"正始改制"正是要从根本上推翻儒家，从国家机器的层面上确立玄学的正统地位。

曹爽阵营的中坚力量夏侯玄以玄学"无为而治"的理念作为指导思想，正式提出了"正始改制"。夏侯一族是曹魏家族的有力助手，自曹操时期，就跟着一起打天下，等曹丕成了皇帝之后，夏侯一族自然也是风光无比，位高权重，是拥曹一派的中坚力量。夏侯玄作为夏侯一族这一辈中的杰出人物，很有真才实干，文采出众，治理国家上也是一把好手。

他具体推出了三大措施：调整选拔官员的标准，扩大吏部的权力；精简国家机构和政府官员；简化官场繁复制度，简化官员排场等。第一条无疑大大地增加了曹爽的权力，因为何晏被曹爽任命为吏部尚书。而剩下两条正是以道家思想为主体的玄学的治国核心"无为而治"的典型体现。这三大措施的提出完全没有任何的问题，就连司马懿一派也找不出任何的毛病。但是好的思想的提出并不能保证完全地执行，特别是当这帮正始谈玄名士真正的开始接触了权力之后，事情的发展已经不能朝着他们预期的方向而去。并且正如阮籍所料到的那样，这帮正始名士整日大谈官场理论，真到了事情的落实上，他们并没有表现出太多的才能。

首先在个人作风上，"正始改制"提出的简化官员排场是积极向上的，可以减少国库开销，增加财政结余。可是这项改革的发起者曹爽和何晏却完全不按照此制度执行，反而整日饮酒作乐，胡作非为，生活浮华奢靡，甚至曹爽的起居排场不亚于皇上。上行下效，居上位者都不以身作则，下面的人自然也就不会把这项规则放在心上，自然的这项改革也就成了空文。特别是他们看中了国库中的东西就毫不顾忌地往自己家里拿，完全是把国家的财产当成了个人所有。

其次在官场制度上，其实想要随意地变革并不是那么容易的。官场历来是战场，甚至是一个更为残酷的战场，官场上各项制度的制定无一不是各方利益相互权衡的结果，随随便便的一句话就想改掉它，自然会激起朝臣的反对，而曹爽一派显然是把这项改动想得过于简单，手段又不够圆融，一时之间，反对人居多，赞同者寥寥，就连曹爽阵营内部也出现了分歧。

综合来看，"正始改制"其实并不是成功的，这其中有施政者的才能方面的不足，也有顽固势力的阻挠。但是，"正始改制"的意义是很重要的。它最起码反映了这帮浮华公子们政治上的理想和抱负，他们希望用他们的玄学来修复这个其实已经千疮百孔的国家，实现自己的人生抱负。可是，改革从来都不是一件容易的事情，为了改革，历史上发生过的无数的流血牺牲事件都值得深思和反省，这绝不是暂时地掌握了朝政就可以成功的事情，它需要天时地利人和，这群浮华公子他们欠缺的还太多。

"正始改制"并没有取得预期的结果，反而反对的声音越来越大，曹爽正在焦头烂额之际，邓飏和李胜来到了曹爽府上。

"侯爷，最近司马氏屡立战功，侯爷何不乘机征伐蜀汉，借此建立军功，也好堵住世人之口。"

曹爽皱着的眉头松了一下，说道："这倒是个主意，最近朝中反对'正始改制'的声音日盛，我要是攻下了蜀汉，倒是也可以挽回失去的声望。"

公元244年（正始五年），曹爽西至长安，不听司马懿劝阻，任命夏侯玄为征西将军，开始了讨蜀之战。夏侯玄当年和阮籍辩论音乐的作用，便让阮籍无话可说。他提出的"正始改制"的措施即使是司马懿也是交口称赞。在军事上，夏侯氏本来就是世家，更是无遑多让。曹爽虽然是个草包，但他手下聚集的这帮人中还是有不少真才实学之人。曹爽假节都督雍、凉州诸军事，率领六、七万大军从斜谷入蜀，可是错估了军需，所备之物根本不能应付行军需要，令当地和军队都缺乏物资和粮食。物资的匮乏已经失掉了先机，如果能够速战速决，也还是有回旋之地，可是蜀汉军又先一步占据山岭，逼得曹爽寸步难行。

"侯爷，如今战事很是不利，我们不如先撤军吧，来日方长，定可卷土重来。"参军杨伟和夏侯玄苦苦劝道。

"侯爷，现在我们还有机会，不可如此草率退兵！"参军邓飏力主继续进军。

"侯爷，如今我们已经物资匮乏，前方又被费祎占据，根本动弹不得，再耗下去只会损失更重！"夏侯玄愤怒地说道。

曹爽坐在营帐里一言不发，他虽然很想立上一功，彻底打击司马氏的气焰，可是就目前的情势看来，并不有利于他，还是早早撤退的好。

"别吵了！通知下去，明日拔营！"

邓飏还想再说什么，看到对面杨伟愤怒的眼神，终于还是没有说出口。

就这样，曹爽灰溜溜地结束了此次的伐蜀之行。结果就在撤退的时候，蜀军事先在魏军的行军路线上安排了埋伏，一番激战之后，魏军死伤无数，好不容易逃回了洛阳，付出的代价着实惨重，国家储备消耗了不少，结果是输了个底朝天。本以为这次战争可以挽回"正始改制"失去的人心，岂料惨败的结局让人们更加的怨声载道，大量的物资被耗费，更多的士兵在这场战役中失去了性命，一时之间，曹爽的声望跌到了谷底。

"皇上，此次武安侯出兵伐蜀，结果死伤无数，黎民百姓怨声载道，是不是该让武安侯给大家个解释？"朝廷之上，司马懿首先发难。

"自古打仗就是如此。胜败乃兵家常事。即使太傅您料事如神，不也有过打败仗的时候。"曹爽不甘示弱地回道。他虽然也觉得此次打败仗甚是羞愧，可是面对司马懿那是万万不可失了颜面。

"武安侯说的没错，老朽当年也是打了不少败仗的。"司马懿淡淡一笑，接着说道，"想来武安侯也是求胜心切才会出错的，日后追回今日所失就好。"

"有劳太傅操心，我曹爽日后定会生擒费祎，让他尝尝今日我之痛苦！"曹爽恨恨地说道。

朝廷之上，群臣寂寂，只听得到二人的说话声，大家看着这两个当今曹魏最有权势的男人的你一言我一语，虽然没有说什么，心里对曹爽的不满又上升了一层。

下朝之后，司马师跟在司马懿的后面，小声地问道："父亲今日为何不对那曹爽兴师问罪，反而示弱了呢？"

"连你都这么看吗，儿子？"司马懿转过头来看着司马师。

"儿子不懂，望父亲指点。"司马师恭恭敬敬地说道，父亲这样做一定有他的理由。

"今番曹爽出兵伐蜀，损失如此惨重，可是你看他今日在朝堂之上，没有丝毫的忏悔之情，还是如此的气焰嚣张，大家肯定在心里会对他有想法的。"司马懿慢慢地说道，"我今日激他一激，他就上钩了，真是不负我所望啊。"

"父亲高明。"

"好了，儿子，既然有人不想咱在这朝廷之上，咱就在下面好好的韬光养晦吧。"

第五节 司马观望，韬光养晦

没错，面对曹爽一派的打击，司马懿选择了韬光养晦，蛰伏伺机在暗中慢慢地扶植自己的势力。司马懿是四朝元老，又蒙先帝托孤，相当于摄政王一类的人物，地位自然尊崇无比，可是面对曹爽千方百计地刁难，倒也能在面儿上做到无动于衷，退步忍让，不能不说是心机深沉，修为了得。

司马懿，字仲达，河内郡温县孝敬里人。史书中曾赞誉他"少有奇节，聪明多大略，博学洽闻，伏膺儒教"。从史书对他的评价中可以看出司马懿这人毫无疑问是有真才实学的，当年的明帝托孤有借此要挟他的意思，但是也确实是看上了他的才能，觉得他是个人物。曹爽和司马懿就像天平的两端，若是能够相互制衡，还是可以保得曹魏江山稳定。可是曹爽前期还能谨慎自持，在曹芳继位不久就开始野心膨胀，对权力的欲望使得他越来越骄奢淫逸，骄傲自大，渐渐地开始排除异己，妄想着一家独大。曹爽的势力越来越大，自然会挤压到司马懿的势力，天平的两端就会开始失衡，争斗也就不可避免地发生了。司马懿为人心机甚深，他是能够跟诸葛亮一较高下的人物，自然无人可以读到他的心思。至于司马懿是不是有想自己做皇帝的野心，后世已经不能够知道，但是毫无疑问，这个人绝对是一个能够在乱世中翻云覆雨的人物。

在他还在曹操门下的时候，就能够让曹操一边不满意他的"狼狈之相"，一边又怜惜着他的雄豪之志。何为"狼狈之相"？这是相面的术语之一，就是在肩头不动的情况下，头能转180度，而狼与狗都是能够转180度回头看的动物，相传有此面相之人，皆是狼心狗肺，心术不正。又传有此面相之人，乃有帝王之志。曹操门下可谓是人才济济，曹操本人又心胸狭窄，被认为有"狼狈之相"还能放着不杀，可见司马懿的厉害之处。逐渐地司马懿不仅赢得了曹操的信任，而且曹丕对他甚是依赖，在政事上和军事上对其言听计从，司马懿越来越劳苦功高。曹丕去世的时候，就让司马懿、曹真、陈群三人辅助明帝曹睿，在曹睿去世之时，又让其辅助齐王曹芳。

对于这样的一个人物，曹爽这个连两把刷子都没有的草包，自己还没有好好地掂量清楚有多大的能力，就开始冒冒失失地去触司马懿的霉头，整日想着怎么去扳倒他，架空他的权力。

老谋深算的司马懿岂会看不出这个愣头青的计谋，干脆就开始观望起来，看看曹爽到底能折腾出什么来。于是，就在曹爽"正始改制"的时候，司马懿主动请兵出战，在军事方面好好地发挥了一下自己的才能。

公元241年（正始二年）4月，吴国的孙权分兵四路攻打魏国，分别派卫将军全琮率军数万出淮南，威北将军诸葛恪攻六安，前将军朱然攻樊城，大将军诸葛瑾攻柤中。一时之间，曹魏局势紧张了起来，朝堂之上，众人议论纷纷，意见不一，多数人认为吴国这么远的来进攻，肯定粮草补给不足，不如等着他们物资耗尽，自己主动撤军，到时候就可以不费吹灰之力破敌。就在此际，司马懿主动请缨，出兵迎战。

"太傅如此心焦，不顾朝臣的意见，我看并不妥吧。"此时的曹爽对待司马懿还有几分尊敬，言语之中客气之词颇多。

司马懿忙道："如今皇帝继位不久，边城就受敌人侵扰，我们如果不出兵而是安坐庙堂之上，不仅边境会骚动不安，影响稳定，而且百姓会心存疑惑，认为我们没有能力抗击敌方，保家卫国，如此一来，必定会对皇室大失信心，这是社稷的大忧患啊。"

不久之后，司马懿亲自带兵迎战吴军，很快就凭着丰富的军事经验，歼灭吴军万余人，夺取船舰物资甚多，赢得一场漂亮的战役。

大胜之后，皇帝增司马懿食郾、临颍，前后共四县，食邑万户，子弟十一人皆封列侯。眼见司马懿功勋德望日渐盛大，曹爽心中颇为不忿，然而司马懿的态度却更加谦恭，曹爽一时也无话可说。司马懿不仅自己谦虚谨慎，并且常常告诫子弟们说："俗话说'月满则亏，水满则溢'。盛和满是道家所忌讳的，春夏秋冬尚且要往返推移。事物发展到极点就要衰退，一定要减了再减，这样才可以避免祸事的发生啊！"

韬光养晦的司马懿小心谨慎做人，在政事上极少发表意见，在军事上却始终没有放手。吴国派诸葛恪驻兵宛城，边人深受其害。公元243年（正始四年），司马懿要率兵攻之，群臣照样议论纷纷，提出一大堆意见，以为诸葛恪这次粮草丰裕，我方孤军深入，到时候吴国的援军到来，我方人马进退失据，讨不到半点便宜。司马懿却说："吴军所擅长的是水战，今日我攻其城，自然会有对策。吴军如果真的用其所长，弃城奔走，这是我们预期的目的，城池就收复了。而吴军如果敢固守城池，冬天的时候船不能行，救兵必定弃船到陆地相救，这就要进行他们不擅长的陆战，这对我们是有利的。"

带着满朝大臣的反对，这年九月，司马懿以六十岁的高龄出征。军队到达前线之后，果然如司马懿所料，诸葛恪弃城而走。这次战役更是漂亮，司马懿几乎不费一兵一卒就赢了，胜利的消息传到了朝里，众人纷纷夸赞不已，司马懿的威望又上一层。

这边曹爽自然怒气冲冲，"正始改制"让他焦头烂额，死对头又威望日盛，于是就有了邓飏的建议和那场永远载入史册的败仗。吃了这场败仗的曹爽正如司马懿所料，并没有收敛，反而越发地想要和司马懿一较高下，彻底压倒对方的气势。

公元245年（正始六年），八月，曹爽废弃中垒、中坚营，命令其弟曹羲统领两营兵众。

"武安侯，这么随意地撤去中垒、中坚营，怕是不合祖制吧？"司马懿阻止道。

"朝廷颁布的立法中说要精简国家机构，节省开支，太傅当时不也是很赞同的吗？怎么真到要实际行动的时候就不是这样了呢？"曹爽断然拒绝了司马懿的建议。

公元246年（正始七年），正月，吴兵侵入柤中，数以万计的百姓为躲避吴兵，北渡沔水。两人又开始意见不合起来。

"沔南和敌军距离太近，假如百姓奔还，必定引来吴兵，应该让他们暂时留在北方。"司马懿说道。

曹爽却持反对意见，他说："现在不能坚守沔南，留下百姓，他日百姓越聚越多，当如何？这不是长久之策。"

"凡物置之安地则安。危地则危。故兵书曰'成败，形也；安危，势也'。如果吴军以二万人断沔水，三万人与沔南诸军相持，万人陆攻柤中，将何以救之？"

司马懿的意思是东吴擅长的是水战，汉水之南作为孙权的用武之地不如果断舍弃，留着也是无益之处，还白白地耗费了兵力，还不如专心经营汉水以北。东吴不敢离水作战，这必然会暴露他们的不足，而他不敢来，则我们再无防御之忧，假以时日，我们国富力强，吞并它的日子也就不远了。曹爽最终没有听取司马懿的建议，驱赶河南逃难百姓。后来，吴兵果然击破柤中，魏国因此失去了上万名百姓。

"父亲，您不是一直都跟我们说要韬光养晦，低调行事，怎么最近开始直斥曹爽，表达自己的态度了呢？"司马师问道。

确实，自从曹爽斜谷之战大败之后，司马懿虽然还是像以前那么低调，但是态度还是略微有些改变，多次直斥曹爽之非。上面两次，就是直接表达自己的不满。

司马懿笑了一下，说道："我这么做自然有原因的。多反对几次，才能让人知道曹爽到底是个多蠢的草包，再说，再不发声，朝廷之上，就没人知道你的存在啦，必要时候，也是要露个脸的。"

"父亲英明。"司马师和司马昭连连叹服。

而此时的曹爽想必对司马懿也有了更排斥的心理，即使司马懿说的对，他也会找茬，挑毛病，一定不会听，他所要做的就是要让所有的人都知道，魏国的大权只操控在他的手里，司马懿不过是他手下败将而已。这样一来曹爽越发不得人心，看起来占尽上风，其实已经落入了司马懿给他设的圈套，在朝廷之上，面对司马懿和曹爽的争斗，本来选择居中、不偏不倚的大臣们渐渐地开始选择站在了司马氏一边，而曹爽和他带领的浮华公子声望日下。可是曹爽根本没有察觉，还是终日饮酒作乐，越发的胡作非为。

第六节 竹林由性，乐游山阳

朝廷之上的争斗你来我往，激烈非常，山阳群贤倒是闲情逸致，畅快无比。此时竹林七贤中的核心人物阮籍、嵇康、山涛以及向秀已经聚集在了一起，开始发出正始之音，成为一代新的风向标的竹林力量正式地集结了起来，向着时代发出了他们的呼喊！

"由性"是这群人最大的特点。何为"由性"？按照字面的理解就是由着自己的性子随心所欲，做自己想做的事情。中国自古以来的儒家教育就是要把人禁锢到一个框架里面，按照一定的标准来做人、行事，即使"随心所欲"，也要做到"不逾矩"。竹林之人的所作所为恰恰打破了这一规矩，他们不再按所谓的世俗礼法行事，在他们的心中，所谓的礼法都是真正的虚伪之人用来掩饰自己的工具，这些虚伪的人自己遵守这些规则不够，还会用一些大道理来绑架别人，最后让这世间之人都变得和他们一样。如果每个人都是一样，这样又有什么意思呢，人们失去了真正的个性，哪里比得上做真正的自己来得痛快！

其实，这种"由性"观念追根溯源，在建安之人身上就有所体现。时代一旦动荡，战争频现，人的生命在乱世之中就像风中的芦苇一样显得格外的脆弱，不知道明朝起来是否还可以看见太阳升起落下，如此境况之下，人对待生命的态度自然也就格外地洒脱。与其反复纠结，不如抓住有限的时间，多去做一些想做的事情。而到了曹丕，他更是一位"由性"的君王，他的好友，也是建安七子之一的王粲去世了，曹丕非常伤心。在凭吊王粲的时候，曹丕想起来王粲生前喜爱听驴叫，于是就对着满屋悼唁的宾客说王粲平时最喜爱的是听驴叫，现在他不在了，我们一起来学驴叫祭奠他吧。于是，就出现了这样一个滑稽的场景，在庄严的祭奠场合，一群人在学驴叫，以纪念他们死去的朋友。可见，曹丕是一个多么不拘小节的人。到了正始名士，如何晏、夏侯玄等人，也是很有个性，不再去死板地遵从过往的那一套。现在的竹林众人，更是将"由性"发扬光大，不仅在理论上给其寻找依据，更是在行动上切切实实地践行着它。

此时的阮籍已经成为竹林常客，间或才会回家探视一番，竹林不仅有美酒，有美景，有好友，更重要的是这里已经成为他的精神家园。如果说陈留是他的第一故乡，竹林俨然已经是他的另外一块故土。他在这里脱胎换骨。认识阮籍的人发现，阮籍发生了很大的变化，曾经研习儒学、志在用世的忠实的儒家卫道者突然摇身一变，简直和以前判若两人，成了道家的推崇者，做事由性随意，再没有丝毫的儒家行事的规矩之气。

有这样一个故事：一个平常的日子，一户人家正在给不幸染病去世的女儿举办葬礼，正当合家哀痛的时候，突然跑过来一个身份高贵之人，对着棺材痛哭流涕，哀痛不已。主人家很是困惑，连忙拉住询问，却发现此人正是阮籍。原来，他和这家女儿并没有什么关系，完全不认识，只是听说这家的女儿相貌秀美，姿态秀雅，文采出众，于是特意来凭吊一番。这在当时是大不合规矩的，但是阮籍却是丝毫不在意，他只是觉得这样美好的女孩就这样早早地离开了人世，真是对美的一种伤害。在他的心中，并没有性别概念的束缚，是个男子也是一样的，他重视的是"美好"，伤心的是"美好"的短暂，不能在这世上存留。这正是最真的性情，它不因性别、身份、地位、财富有所转移，正是心底最纯净之人才做得出的事情。千年之后，贾宝玉哀吊金陵十二钗的凋零，应是一样的心思。若是阮籍得知，定要视宝玉为知己。

这就是现在的阮籍，坦坦荡荡，干干净净。当年在入世和出世之间摇摆痛苦的阮籍如今在老庄玄学中找到了精神上的慰藉，比起以往，毫无疑问，他的眼界又更加的开阔了一些，他的心灵不只是再局限于做官，他开始能够体察更细微的事物，在小的格局中看到大的世界。这样的阮籍是更可爱的，去除了心上的包袱，整个人身上更多了人性的味道。即使他再驾车出游，当走到绝路之时，他也能够淡然一笑，转身回去，因为他知道，现在他有了一帮懂得他的竹林之友，他不再是寂寞地自说自话，有人开始懂得，在这个世上这是多么的难得。

其实，人的一生最幸福的莫过于在世上转了一遭之后，回头发现能够有几个志同道合的朋友，跟你虽然萍水相逢，可是像是自从见得那一眼开始就知道了，他是懂你的，你们是一路人，所以你的旅途并不会寂寞孤单。这是最难求得的。

阮籍是幸运的，嵇康也是幸运的。二十岁那一年离开家乡，来到山阳，潜心修仙求神。以为寂寞的探寻路上原来从来就不缺乏的是同道中人。有阮籍，气度不凡、满腹经纶，虽痛心儒学易主，玄学当道，仍能够抛开个人偏见，去除心理芥蒂，跟着学习玄学之道，惊叹老庄哲学的博大精深；有向秀，少有才智，喜读老庄，弱冠少年却无遑多让，坦然争论，好学善辩，是天下第一等知音；还有山涛，为人至情至性，见识广博，器量过人，听他讲述官场趣事逸闻，最是爽快。有了这样一帮朋友，还有何所求呢？

遥想当年竹林之中，四个人坐在一起，左阮籍，右嵇康，东向秀，西山涛，清风徐来，柳条轻摇，水波不兴，他们或谈玄，或长啸，或饮酒。这是怎样一种美好的场景，无法参与到这段历史的后人们，只能凭空去遥想，在心中一遍遍地勾画出他们的风姿。或许借着山涛那位真性情的夫人之眼，我们也能窥探一二。山涛夫人韩氏觉得山涛与竹林中人格外投缘，交情深厚，于是问他怎么回事，山涛自然把他的朋友们好好称赞了一番，并且不客气地说眼下能做他的朋友的，就只有竹林之友当得起了。这话就更激起韩氏的好奇心。此女也甚是奇特，直接对丈夫说想看看他们。有一天，嵇康和阮籍来山涛家做客，韩氏就劝山涛将两个人留下来住宿，并给他们准备了好酒好肉。然后，他们三人在一起纵情畅饮，谈天说地，韩氏呢，特意把自己家隔壁屋子的墙钻了个洞，一直看他们到东方既白。后来，当山涛问起韩氏的观看感受时，韩氏坦直地对他说："你呀，你呀，才智情趣比他们差远了！不过以你的见识与气度和他们交朋友，还差不多可以比肩！"山涛倒也不生气，而是很高兴自己还是有能够胜过他们的地方。

这样一群人，他们踏遍了山阳的每一条路，看过了山阳的每一条河流，看过山阳最美的月、最美的云，兴之所至，随意席地而坐，开始畅谈。说到酣处，当然也免不了会有争论，可是谁也不会放在心上，过了这段之后，大家还是好友。这是一段最美好的时光，此时他们一心避世，只想流连山林，纵情怡乐，历史中的波折、朝堂之上的争斗似乎都离得他们格外的远。时空刻意隔开了一个单间，把他们保护在里面，远离了尘世的喧嚣。

对比此时竹林的宁静，京城洛阳的浮华公子似乎没有这么好的运气。日渐失败的改革措施让他们的名声大跌，原本的"名士"称号更像是一个讽刺。特别是何晏，他是"谈玄第一人"，再加上他是有名的美男子，自然应是头号清雅之人，可惜此人行事和他的主张大相径庭，玄学包括立言与行事两个方面，并多以立言玄妙，行事雅远为玄远旷达。何晏或许立言方面能够做到玄妙，可在行事上最是为人诟病，他最是仗势专政，是个热衷名利之人，并且淫荡好色，贪慕钱财。"水满则溢，月满则亏"，他们的玄学主张也渐渐地在达到了鼎盛之后开始走下坡路了，而在竹林之中，一帮新兴的玄学名士开始勇于提出自己对于玄学新的理解，渐渐地，人们的视线开始转移到了山阳竹林之人中。山阳竹林之人逐渐声名鹊起，原本就很有名气的阮籍名声更加显赫，而嵇康的名气也开始走出山阳，随着与阮籍相交，渐渐地传到了洛阳。这两位山阳的"精神支柱"在洛阳城中已是人人皆知。玄学变革即将发生，由他们带来的新的玄学风尚正蓄势待发。

第三章

玄学盛行,声无哀乐

在嵇康的带领下，竹林之人提出了自己对玄学的理解，就是"越名教而任自然"。竹林的名气越来越大，阮籍被第二次征召，嵇康也惊艳了洛阳人。此时，竹林七贤齐至，大家齐游山阳，悠闲自在。

第一节 竹林清谈，推崇自然

一股新的玄学思潮，开始在洛阳流行开来，比起刚开始的时候，已经又是另一番景象。洛阳城内的名士，人人都以能够谈玄论道自傲。玄学兴起于东汉末年，那时统治集团分裂，社会矛盾日益尖锐。意识形态上占据统治地位的儒家思想开始动摇，东汉末年流行的今文学说和谶纬神学内容贫乏且荒诞不经，丝毫无助于社会政治问题的解决，传统的价值体系开始崩溃。在这样的社会背景之下，玄学思想开始悄然兴起，"自然"、"无为"的老庄思想开始流行起来，人们为了避免惹祸上身，同时也是在探索着用另外一种思想来救治国家。到了建安时期，建安名士们思想颇为复杂，他们身上既有着反儒家传统的精神，推崇黄老，受老庄思想影响，崇尚纵情旷达。但是另一方面，他们身上又有着很深的儒家传统根基，建功立业是他们的梦想。承袭了建安传统的正始名士们，在他们的身上，想要抛开儒家思想对他们的影响，完全用道家思想来取而代之，但是又不甘心完全的舍弃，于是想出了治理社会要以道家的自然无为为本，以儒家的名教为末。这其实就是何晏、王弼提出的"名教出于道家"说。于是，在正始年间，随着曹爽的掌权，在正始名士的提倡下，玄学开始了全面的盛行。

而谈玄要怎么谈呢？这就是清谈。何为清谈？清谈不是我们认为的一群人坐在一起随便聊聊天，拉拉家长里短，而是有一套严密的规矩，不但讲究辞藻的华丽，而且还要讲求语调的优美。今天我们看到的两个知识界的人士争论得脸红脖子粗，甚至要在某处约架的情景在魏晋时期可是不会见到的，因为人在清谈的时候还要讲究风度之美。可见，清谈不但要求言辞，还有人的姿势仪态。清谈通常有三种形式：一种是由一个人主讲，这个人通常是大师级人物，在玄学方面的造诣是得到公认的，深得众人钦佩。遇到这样的大人物，大家坐在下面倾听就可。第二种方式也是用得最多的方式，是两个人论辩。旁边有欣赏聆听的观众，两个人辩论的时候，一方先提出自己的观点，另一方反驳，精彩的辩驳会持续几十回合。第三种是几个人共同讨论，各抒己见。而清谈还要有两个基本要素，一是求理，二是娱乐。清谈自然是有针对性地对一个还没有定论的问题进行探讨，在清谈的过程中，伴随着讨论的深入，对问题的认知也就上升了一个层次，达到了理论的高度，这就是求理。同时，这种求理的过程又不会枯燥，相互辩论的时候，众人时常口吐妙言，并且姿态优雅，很是赏心悦目。因此，这种清谈的场面具有很强观赏性，特别是当两个人都是有名的大家，他们在互相辩论的时候剑拔弩张，你来我往，周围的人听得那叫一个过瘾，简直是如痴如醉。

清谈在正始名士何晏等人中很是流行，竹林中人自然也不会落后。特别是嵇康和向秀，那是清谈大师，两人都是自幼研习老庄，说起来自然是头头是道，有的时候别人都不一定能听懂他们两个在说什么，但是就是觉得很是厉害。还有山涛虽然心里的最深处装的是儒家经世致用那一套，但是老庄的飘逸散淡他也是发自内心的喜爱，因此清谈起来他也是不落人后。至于阮籍，天才般的人物，在周围人的熏陶之下，很快就不落人后，成为谈玄大师。

清谈和玄学相辅相成，相得益彰。玄学的兴起促使着清谈之风的发展，清谈又反过来促使着玄学的进一步发展，许多问题越辩越明，在这样的氛围之中，玄学理论进一步的完善。对于这样的清谈之风气，后世史学家多有批评，认为"清谈误国"，清谈的都是一些不着边际，假大空的道理，对于救世治国并无多大的功用。不可否认，玄学清谈的大多数都是玄而又玄的偏哲学的问题，带有很重的思辨性质，让人觉得费解难懂。但是玄学清谈却有着更深一层的含义，它关注的是人自身的问题，人是为什么来到这个世界，又应该怎样在这个世界上生存。可以说，直到魏晋时期，因了这批玄学家的推动，人们有了摆脱家、国的意识，才转过头来看看作为一个独立的个人自己在这个世界上是如何的存在。因此，魏晋清谈无疑是很重要的，魏晋时期被称之为"人的自觉"的时代，它功不可没。

随着谈玄的深入，竹林一派渐渐地不满意洛阳正始一派何晏、王弼等人提出的"名教出于道家"说，转而主张"越名教而任自然"，强烈反对儒家的名教，驳斥何、王二人的"贵无论"。"名教"指的自然是儒家所提倡的伦理纲常，"自然"指的是人或事物的本性或天性。"越名教而任自然"也就是说抛弃儒家的伦理纲常，任由天性自由地发展。

何晏等提出的理论已经是很具有反叛精神，嵇康等提出的"越名教而任自然"则更具有反叛精神。千百年来，已经完全统治了中国人思想的儒家教条，嵇康轻轻松松地提出要抛到脑后，任其自由发展。

阮籍拿着嵇康写的《释私论》，当看到"矜尚不存乎心，故能越名教而任自然；情不系于所欲，故能审贵贱而通物情"时，眉头不由得皱了一下。阮籍的思想虽然已经经历了一个很大的跳跃，但是骨子里还是带着对儒家思想的留恋，看到如此嚣张的句子，心里还是有些接受不了。

嵇康敏锐地察觉了阮籍的情绪，笑着问道："嗣宗兄，我写的可有什么问题？"

阮籍也不隐瞒自己的想法，说道："叔夜，你这个想法真是厉害，儒家名教这是彻底被你驱逐出去了。可是儒家真的就没有一点作用了吗？"

"旁人我肯定懒得解释，嗣宗于我不同，我自当好好解释与你。"

"愿听其详。"阮籍诚恳地说道。

"在我看来，名教所规范的纲领伦常完全就是少数人有意为之制定出来的规范，要求大多数的人去遵守，如果这些规则是好的，那自然是没有问题的。可是，这些纲领根本就是违背了人性，或者是一些别有用心的人为了一己私利拿一些所谓的大道理去压人。实话说，我眼中的孔子也不过是这样的一个人而已。所以，我主张完全地抛弃名教纲领。"

"那社会发展肯定需要一定的制度来约束百姓、教化百姓啊，完全抛掉了怕也是不妥吧？"阮籍困惑地说道。

"所以我提出了'任自然'。在你们的眼中，或许百姓是需要被教化的，在我看来则是完全不用，只要不去人为地约束他们，给他们制定一套套的虚伪的规则，他们完全有能力在大自然中汲取天地精华自由自在的，按照他们想成为的样子去成长。"嵇康坚定地说道。

没错，这就是嵇康的想法，也是竹林精神的精髓。在竹林众人中，嵇康怕是其中最纯粹的一个，也是最坚持老庄玄学的一个人。正是因为如此，他才能够彻底地跳出儒家思想的范围，以一种完全不同的思想去肯定人的自主性。把千百年困在条条框框中的人们解放出来，摆脱理性的束缚，重新回到大自然中，释放天性，重建与大自然的最亲密的联系。

听了嵇康的解释，阮籍没有再说什么，嵇康也不以为意，他知道阮籍可能暂时不会接受，但是他相信，自己的这个知己最后还是会站在自己这一边的，只是迟早的问题而已。他转身去找了向秀，向秀和他在玄学上的思考更志同道合，两人也更容易探讨。

阮籍还在思考着这个问题，山涛来到了他的面前，问道："怎么了，想什么这么认真呀？"

阮籍把事情给他说了一遍，问道："巨源兄，你是怎么认为的呢？你也和叔夜一样，也觉得儒家的礼法完全不可用了吗？"

山涛摇了摇头，坐了下来，说道："嗣宗，你是知道我的，我之前就跟你说过，若论治世之用，还是要靠儒家思想。道家虽好，那是对于个人的修身养性。我虽然和你们在此竹林之中交游快活，可是实不相瞒，我的志向还是在于做官，只有做官才能实现我的抱负。所以，对于叔夜的说法，我只能够欣赏，但是我是万万做不到的。"山涛的态度很是坦诚，丝毫不掩饰自己对做官的渴望。其实国家还是需要山涛这样的人才，如果人人都像嵇康那样的洒脱，对于国家治理来说还是一件麻烦的事情。但是反过来说又有几个人能够做到嵇康那样，所以，嵇康注定是独一无二的。

阮籍想着山涛和嵇康不同的态度，心中又开始摇摆不定起来。如果说山涛和嵇康是两个极端，阮籍就是一个中间值，一个极端矛盾的人，他就像个砝码，不知道应该加在天平的哪一端。他想着自己来到竹林之后的生活，觉得前三十年从来没有过这样痛快的日子，而这种日子恰是在嵇康带他领略了玄学思想，给他沉重的思想包袱松绑之后才换来的。

想到此处，阮籍心中的天平开始向着嵇康倾斜了，他站了起来，向着嵇康的屋子走了过去。

第二节 乐礼之争，音乐独胜

嵇康和向秀此刻正坐在屋子里聊天，看到阮籍走了过来，他笑了笑，说道："看来嗣宗兄心里是想通了。"

阮籍叹了一口气，坐了下来说道："要说想通了还是有点勉强。毕竟我学习儒学这么多年，一朝完全弃之不理心中还是不忍。但是，这一段时间，自从跟你们在一起之后，我是真心觉得日子过得痛快。算了，人生在世，快乐最重要，既然如此，管它什么规矩礼法！"

"是啊，人生当及时行乐，嗣宗兄能够想通这个，我们就自叹不如了。哈哈，巨源兄要是知道我们如此狂放，怕是要在心里妒忌了。"嵇康笑着调侃道。

"唉，不会的，巨源兄为人最是有器量，自然会宽厚待我们。"向秀笑着说道。

竹林众人因共同的兴趣、爱好聚集在其中，纵情畅游，一起论诗作赋，但是他们之间并不是没有分歧。可是他们并不会因为彼此之间的分歧，产生很大的隔阂，相反却能够相互理解。那是因为大家都是真性情之人。例如山涛的志向在于做官，竹林众人虽然淡泊名利，但是也没有因此就鄙视他，认为他不是同路之人。而山涛内心深处虽遵从儒家教条，面对这群放浪形骸的竹林朋友也没有丝毫的不理解。他们懂得彼此之间的长处，相互尊重。

嵇康接着说道："嗣宗兄，刚好你来，前一段时间议论纷纷的关于声乐的那场讨论，其实我也写了一篇文章，正好拿给你看看。"

阮籍接过来一看，正是那篇《声无哀乐论》。《声无哀乐论》是嵇康颇负盛名的一篇著作，看似在讨论音乐问题，其实关涉很多哲学、政治、思想上的问题，文章写得精彩纷呈，对后世影响甚为深远。《声无哀乐论》是针对阮籍和夏侯玄引发的那一场关于音乐的辩论而写的，据说嵇康的这篇文章一出，世人皆惊，以后再出来的相关的讨论再也无人能够与其相提并论，它的问世，等于说终结了这场讨论。嵇康在这篇文章中到底说了什么呢？这篇洋洋洒洒近万言的文字采用的是魏晋清谈的时候最喜欢用的二人诘难的形式，一主一客相互辩论，问题在辩论中越来越明了，最后证明观点，归结起来讲了两点：

首先就是"声无哀乐"。意思就是音乐本身没有欢乐和悲哀，音乐是一种客观存在，而感情则纯粹主观，所谓"心之与声，明为二物"，二者并无因果联系。这个观点自然要有人跳出来反驳的，音乐是音乐家弹奏出来的，音乐家是活的生物，怎么可能会无悲无喜呢？简直不能理解。自古以来，一直强调的就是音乐是从内心散发出来的，内心有了感情，付诸音乐之上，音乐就有了感情。可是，嵇康却不这样认为，嵇康本人就是个著名的音乐家，他提出这番理论自然有他的理由。他认为音乐就是一个单独的存在，它本身是没有什么感情的，和音乐家没有关系，和社会也没有什么关系。其实，嵇康的观点就是要表明音乐是一个独立的存在。他拿酒举了个例子，喝醉酒的人有的会很高兴，可是有的人会很愤怒或者伤心，这跟酒没有什么关系，只是喝酒之人的心情投注在其中，因此在喝酒之后就有了不同的反应。这样的话，你就不能说是酒引起了这样的情绪，是人引起了不同的情绪。音乐也是一样的道理，音乐是无关悲喜的，并没有什么情感特征。嵇康提出的"声无哀乐"的观点直到几千年之后，依然在争论不休，它涉及音乐的本质问题，音乐的本质属于纯美的艺术范畴，它的感染力在于旋律散发的和谐性，给予听者和谐、美妙的心灵上的美感。除此之外，别无其他。

嵇康关于音乐讨论的另一个结论就是音乐到底有没有教化作用。这其实就牵扯到音乐的政治功用的问题。且看一向淡薄官场的嵇康是怎么看待音乐的教化作用的。阮籍在《乐论》中称赞音乐的教化作用，而夏侯玄在《辩乐论》中则是给予了彻底的否定，而嵇康则是在两人中间做了一个调和。他是如何调和的呢？首先他反对了阮籍传统一派的观点，音乐对于国家的安稳其实并没有多大的功用，靠音乐来教化百姓不太靠谱，在这里，嵇康其实维护了自己提出的"声无哀乐"的观点，否认音乐的教化作用，回归音乐的本质；同时他又反对了夏侯玄的激进一派所认为音乐任何功用都没有的观点，音乐还是有些功用的，这种功用不是像儒家吹嘘的那样的神乎其神，好像只靠着音乐就可以让百姓知礼行善，整个国家就富强起来。而是发挥音乐给人以和谐、舒服的感觉，这样百姓听了不觉得烦躁、刺耳，其实也就达到了音乐的功用。嵇康的这种结论还是从音乐自身出发的，他充分尊重了音乐自身的独立性，这是从美学意义上重新发现的音乐，十分具有超前意义。

不得不说，嵇康是非常的厉害，再加上后来的刘伶、阮咸、王戎组成的竹林七贤中，唯独阮籍和嵇康名气最大，地位最高，正是由于二人能够写出一篇篇文采华丽且有思想深度的文章，他们的文学才华、气度修养在文字中跳动着光芒，照亮了魏晋时期的文化上空！

阮籍一字一句认真地读着嵇康的这篇大作，心情格外复杂。在这场关于音乐的讨论之中，看似大家在讨论音乐的功用，其实不过是借音乐来发挥对治国的看法，音乐到底是不是应该成为政治服务的工具，对于这一点，阮籍很是清楚，所以，在和夏侯玄的意见分歧争辩中，他没有再继续下去，因为二人代表着不同的观点，再争下去也没有什么意义。可是，看了嵇康的文章，他才感到一种深深的无力感。在嵇康的著作中，他其实和夏侯玄一样，都否认了儒家强行灌输的音乐教化功能，但是他又比夏侯玄更高一层的在于，他看到了音乐自身具有的独立性，这在美学意义上是一件大事，这意味着音乐作为一门独立的学科可以正式地成立起来。

阮籍再一次感到儒家学说的衰落，这种深深的失落感自从来到竹林之中，就一直在冲击着他的心灵，最初的阵痛感逐渐消逝之后，玄学的博大精深一次次地冲激着他的灵魂，可是现在看到这篇文章之后阮籍的心灵再次地不是滋味起来。他无比清楚地感知到儒家辉煌的过去，而嵇康超一流的思想和眼界又一次地震惊着他，原来问题还可以这么思考，不用拘泥于政治的眼光，而是可以完全跳出来，从事物本身出发来进行探讨，这样才会更有意义。阮籍不断地慨叹着，他的心中五味杂陈，他一边伤感着自己信仰的失去，一边又庆幸着自己际遇的奇妙，遇到了嵇康这样的人才。

阮籍长叹了一口气，说道："叔夜，看了你的这篇文章，我真是无话可说了。当年和夏侯先生的那场论争，我是知道两人路途不同，没什么好争辩的，心中却对于他的观点有些不以为然，直到看了你的文章，我才知道，这场论争是真的可以终结了，以后再出的文章无人能及你。我们两个谁都不如你。我是甘拜下风了。"

嵇康摇头说道："嗣宗兄千万别这么说。你们两个其实是音乐和礼法之争，音乐到底要不要为政治服务的问题。我想的却是音乐为什么一定要为政治服务呢？音乐它应该是一个独立的东西，它有它自身存在的价值，不应该受人们的摆布，而只有人顺应了它，我觉得才能奏出和谐之乐。"

"是啊，今日我才知道，原来问题也可以这么看。"阮籍连连点头，心中很是赞叹。

回到了陈留家中,坐在书房内,阮籍又拿出嵇康的《声无哀乐论》,研读了起来。

"叔父,看什么呢?这么专注,我走进来都没发现。"一个人走了进来问道。

阮籍抬眼一看,正是自己的侄子阮咸。阮咸很是喜欢阮籍这个叔父,听说他回来了,马上就来寻他。阮籍想起阮咸也是个音乐高手,招招手说道:"来,看看这篇文章,写的怎么样?"

阮咸接了过来,认真地读了起来,表情越来越激动,半晌方叹道:"这是何方人士,叔父定要介绍给我。我原本以为叔父已经是第一等洒脱风流人士,看了这篇佳作,真是不好意思,叔父,您在我心中要被比下去了。"

阮籍笑骂道:"你这个小子!这人比我还要小个十几岁呢,我看比你也大不了多少,但是你啊,你看看你,最近怕是又闹出不少事端吧!你父亲又来跟我抱怨了,说是我带坏了你呢!"

"唉,叔父,别人不了解我,您还不知道我吗。我一向不在意世人的眼光,爱怎么说怎么说去,随他们高兴。至于父亲,他一直都是不满意我的,爱怎么样怎么样呢。这人到底是谁啊?"阮咸毫不在意地说道。

"罢了,我现在对儒家的那套也很是厌烦,哪能再拿那一套约束你呢。这人啊,是我在竹林交游中遇到的,叫嵇康,论才学性情,无人可以比肩。"

"啊,原来是嵇康,我知道此人,才华横溢,又能得到叔父如此赞叹的定非凡人。"阮咸兴奋地说道,"看来,叔父定要带我去竹林交游一番了!"

"嗯,我也正有此意,你们两个正好可以切磋切磋。"

第三节 阮咸擅音，刘伶好酒

阮咸，字仲容，陈留人士，与阮籍并称"大小阮"，生平最是放浪不羁，尤其精通音律，有一种古代琵琶即以"阮咸"为名，可见他在音乐上的成就很不一般。

如果说阮籍在三十岁接触了玄学之后，在家族之中才是一个异类般的存在，那么阮咸在阮家一开始就是一个叛逆之人，他从小就对儒学不太醉心，相反总是会做出一些违背儒家教条的事情。关于他的事迹流传下来的不多，但是从以下两件就可以窥探他的性情。

《晋书·阮咸传》中，有一个"阮咸曝裈"的故事。阮家虽是个大家族，其中也是有富有贫。富户居村北，贫者居村南。阮咸是阮籍哥哥的儿子，他们这一大家虽然很有名气，但是算不上富户，也居住在村子南面。古时候，每年雨季过后，屋子里面就会潮湿发霉，于是就会选在七月七日这天把衣服拿出去晒晒，见见太阳。每到这一天，住在村北面的阮家富户晾晒的衣服那叫一个花团锦簇，恨不得把家里所有的好衣服都给亮出来，显示自己的财力。而村南面的贫穷之人衣服就很是穷酸可怜了，看到同是本家，北面的那么富贵，就更不好意思拿出来晾晒了。可是，阮咸不管这一套，把自己的粗布破裤头直接拿出来晾晒一番，人人皆为之惊讶，问之，阮咸直接答道"未能免俗，聊复尔耳！"这句话的意思是说，既然都要随着风俗习惯在这一天晾晒衣服，那我就拿个裤头随便晾晾吧。晒衣服本是一件正常的事情，可是渐渐地竟然变成了一种炫富的举动，阮咸是很看不惯的。于是，索性把自己的裤头拿出来晾晒，裤头是人的贴身之物，一般不会随便地拿出来让人见到，可是阮咸偏不这样认为，南边富户不是在炫富吗，那我索性让你知道什么是真正的炫！

还有一次，阮家子弟聚在一起喝酒。喝到高兴之处，大家纷纷舍弃了小酒杯，换了大的盆子喝了起来，图个痛快。一时之间，众人兴奋不已，都有些醉醺醺的，飘飘然起来，酒香飘满了整个院子。这个时候，不知道是谁家的一头猪跑了过来，许是闻到了酒香，就把头伸进盆子里喝了起来。众人见此，纷纷不悦，觉得一场好好的聚会就这样被一头猪给毁掉了。而阮咸又开始让众人大跌眼镜起来，他竟然也把头伸进了盆子，趴在地上，和猪一起有滋有味地喝了起来。这可是真正的惊讶了众人！一般喝酒还是讲究酒友的，中国不是有句古话嘛，说是"酒逢知己千杯少，话不投机半句多"，阮咸这下可好，直接和猪喝了起来，这不是把猪当朋友，或者说把自己当猪了吗？这事传到了阮籍的耳朵里，连阮籍都不太高兴，把他训了一顿。其实，在阮咸的眼中，大概是只看到了酒，至于和谁喝那就不是需要考虑的事情了！

由此来看，阮咸的惊世骇俗、行为癫狂注定是要属于竹林的，在这里，他才能够找到真正的精神寄托。隔了几天，阮籍就带着阮咸来到了竹林之中，拜会了嵇康众人。走在竹林之中的阮咸连连赞叹，景色宜人，就连空气中似乎都飘荡着自由的味道，阮咸深深地吸了一口空气，闭上眼睛说道："叔父，您真是太小气了，这种好地方现在才带我来。"

阮籍笑着说道："这种话等你见到嵇康再说吧。"

"快走，我已经迫不及待了。"阮咸加快了脚步。

远处传来了打铁的声音，那似乎是嵇康遥遥的欢迎声，阮咸看到了一个人正在打铁，脸上的汗水一个劲地向下淌，而另一个人正在鼓风，二人皆神情安闲，气度不凡。

"怎么样，叔父并没有骗你吧？"

阮咸点了点头，心中激动不已，那是遇到同路之人的激动。竹林之友又多了一名，正是阮咸。阮咸尤为擅长琵琶，而嵇康擅长弹琴，二人在音乐方面志同道合，一日，听嵇康抚完琴后，阮咸叹道："真绝音也！这首《广陵散》叔夜弹来更添气势，不知何处得来此曲子？"

"哪里来的很重要吗？"嵇康不以为意地说道，"只愿此曲不要埋没我手中就好。"

"怎么会，怕世间再无人比叔夜兄更擅此曲了。"阮咸诚心地说道。

"哪里。我想再听一次仲容的《三峡流泉》，听来只觉得置身其中，神游不已。"嵇康说道。

其实，琵琶是一种登不上大雅之堂的乐器，它是从胡人那里传过来的，在市井之中流行的一种乐器。而阮咸却独独偏爱这种乐器，可见他已经是不拘小节，拿这种乐器去和嵇康的古琴相伴，而古琴却是一个隐秘的，属于私人的贵重乐器，阮咸并未觉得有何不妥，嵇康也不以为意，大概在他们的心中，乐器只是乐器而已，哪有什么高下之分。琵琶，声音清脆、饱满，很有活力，恰恰契合了阮咸这个少年的气质，两相映衬，相得益彰。

和他的叔叔阮籍一样，阮咸也彻底爱上了这片竹林，正式成为竹林七贤之一。而同时，还有一个人也闯进了人们的视野，那就是刘伶。

刘伶，字伯伦，魏晋时期沛国人。生卒年不详，年岁大概在阮籍与嵇康之间。在竹林七贤之中，刘伶是社会地位最低的，估计出身贫寒，比山涛家境还要略差一筹，所以史书上、野史中通通没有关于他家族的记述。但是刘伶的外貌却是颇引人注目，并不是像阮籍和嵇康那样因为俊美出名，而是因为丑。

史书上有记载，刘伶身高仅仅一百四十厘米，且相貌奇丑无比，史书特意用了"丑陋"二字来形容其外貌，这样特意的强调，想来确实有点不堪入目。大约由于这样的外貌和家世，刘伶为人沉默寡言，不关世情，不喜欢热闹，但是他又有为人洒脱、不拘小节的一面，倒也是个性情中人。

竹林中人莫不爱酒，比如阮咸，那是能够和猪共饮一盆酒的人，可是估计和这个刘伶一比，怕是也要大巫见小巫了。他经常乘着鹿车，手里抱着一壶酒，命令仆人提着锄头跟在车子的后面跑。为什么非要仆人拎着锄头相随呢？刘伶自有自己的一番解释，他是这样说的："如果我在车上喝的醉死了，你便就地把我掩埋了吧。"喝得置生命于不顾，放浪形骸由此可见。

还有一次，他的酒瘾又发作得很厉害，便要求妻子拿酒过来，妻子很是生气，丈夫白天也喝晚上也喝，自己活活就是嫁个酒鬼，于是痛哭流涕，边摔酒壶边说道："你已经喝成这样了，对身体百害而无一益，为什么不能狠下心来戒掉呢？"刘伶看着摔碎的酒壶，连忙说道："你不要再摔了，我答应你就是了。但是我要戒酒的话，需要先祷告神明，说与神明知道，这样才能显得我的心诚，你去给我准备酒肉供奉给神明，这样的话，才能成功。"妻子听了之后，顿时擦干了眼泪，想着丈夫这次这么上进，连忙高高兴兴地去准备了。备好了之后，刘伶把酒肉供在神桌前，跪下来祝告说："天生刘伶，以酒为名；一饮一斛，五斗解酲。妇人之言，慎不可听。"意思就是说有刘伶这个人，天生就是个酒鬼。一次要喝一斛，喝了五斛之后才会清醒。妇人说的话啊，那是千万不能听的。说完，径直取过奉给神明的酒肉自己吃喝起来，结果自然又喝得大醉了。真是让人哭笑不得。

这样的刘伶，在别人的眼中自然是怪胎一个，可是把他放在竹林之中却又显得很是正常。史书中，刘伶怎么加入的竹林七贤并没有详细记载，只是说他与阮籍和嵇康相识，甚是投缘，遂加入其中。大概是刘伶闻得阮籍和嵇康大名，前去拜访，相谈之下，发现彼此之间对酒是爱得深沉，就成了好友。

竹林七贤中六贤已经聚齐，众人闲来无事，饮酒谈玄作赋，随意地席地而坐，就开始高谈阔论，什么法则规矩在竹林之中那是完全找不到的，想怎么样就怎么样。这是一个个性肆意张扬的地方，没有什么人会束缚你，会指责你，你怎么舒服怎么来，所以，这自然也是一个让真性情之人趋之若鹜的地方，让虚伪的道学家痛心疾首的地位，但是这一切对于竹林之人来说，他们都是不会放在心上的。

第四节 叔夜入洛，嗣宗二仕

公元 246 年（正始七年），对于嵇康来说，这是个特别的年份。就在这一年，他真正的名动京城，名满天下！在山阳竹林交游之中，他的名气越来越大，不可避免地传到了京城，人人都知道了山阳之中，有一隐士居其中，风姿绰约，不可捉摸。

有了名气，很快地就会有人相邀。来拜访嵇康的人络绎不绝，邀请他来洛阳的人也从不间断。嵇康的心里其实也在好奇着，山阳虽好，但是毕竟还是比较的小，而要想结识更多的名士，作为都城的人才济济的洛阳那是绝对不能够错过的。怀揣着这样的想法，嵇康真的来到了洛阳。

虽说人们都知道嵇康应该是天下第一等风流人物的样子，可是，当洛阳城的人真正看到他的时候，人们还是忍不住地在心里赞叹，天下竟然有这样的人物！只见那人身材颀长，气质高雅，飘飘似天上谪仙，浑然不食人间烟火。没错，这就是真正名士拥有的风度！见惯了洛阳浮华公子奢侈做派的人们俨然遇到了一阵清风，那是和浮华公子们不一样的感觉，就这样，仅凭这周身的气度，嵇康已经折服了洛阳的士大夫阶层。

除了修身养性给嵇康带来的与众不同的气质，真才实学让他能够真正地被人重视。当他拿出和向秀讨论之后，又修改过的《养生论》以及那篇竹林之人钟爱不已的《声无哀乐论》的时候，洛阳城的人们再次的惊呆了。

此时，玄学已经大行其道，玄学中的养生问题人们自然关注不已，现在嵇康可以说是正对准他们的胃口，京城的士大夫们如饥似渴地读着嵇康的文章。嵇康彻底的火了，对于当时掌握着文化资源的士大夫们来说，赢得了他们的认同，嵇康很轻易地在洛阳站住了脚。就在这个时候，另外一桩喜事砸到了嵇康的头上。他要和魏朝宗室曹林的女儿，曹操的孙女长乐亭主结婚了。这桩婚姻的结合，在历史上一直引人议论不休。史书上一直语焉不详，而名人除了他们的作品，其实一举一动都在吸引着人们的眼球，引起人们的注意。所以，对于嵇康这桩有些莫名其妙的婚姻众人一直议论纷纷。

那是嵇康刚来到洛阳不久的事情。按理说嵇康虽然很有名气，但是家族其实并不显赫，父亲早逝，只有二哥嵇喜在仕途上算是顺风顺水，但是仅仅靠着自己的哥哥，嵇康就能成为皇亲国戚？想必答案一定是否定的。所以说，真正的原因还是在于嵇康本人。可是嵇康凭借着什么叫人高看一眼呢？他除了满腹经纶，并无雄厚的政治资本啊。历史上对此一直很是困惑，其实这也不是不能理解的。

嵇康虽然是刚到洛阳，但是已经赢得了大批知识分子的认同。在那个年代，知识分子就是精英阶层，就是国之栋梁，也是涉及国家走向，决定一个国家是否能够兴盛的人物，特别是在那个封建时代，更是如此。因此，对于知识分子，特别是嵇康这样的知识分子中的领军人物，将来一定是会对政权有所影响的人，那更是必须要拉拢的。而要想拉拢像嵇康这样的人物，仅仅凭着名利、地位并不足以让他动心，大概只有世间最纯情之物才能够打动他吧，那就是爱情。

在嵇康留下的作品中，虽多才华横溢之篇，可是对于他的这位夫人的描绘，却并没有只言片语。而在史书的记载中，这段婚姻也是并没有过多地记述，只写了这位夫人给嵇康生下了两个孩子，仅此而已。历史的缺席，语言的空白倒是更能够让人浮想联翩。这个女人一定是个气质脱俗的人，她也许不是漂亮得惊为天人，但是可以让你过目不忘。她还必须要有才情，诗文歌赋不在话下，如此才有了能够和嵇康对话的可能性。也许她是在一次家里举办的宴会上，看到了这个让整个洛阳城为之疯狂的男人，遂一见倾心，芳心暗许，心心念念的是能够和他白头偕老，相伴一生。日思夜想，相思暗起，此生再也无人能够如他一般撩动她的心弦，于是求着父亲，要下嫁于他。家中老父最终没有磨过她，又想着今后嵇康能够起到的作用，沉思一番，也就答应了她。

大婚那日，嵇康看着眼前还蒙着红盖头的妻子，一向淡定的心也不禁泛起了柔情，他早已偷偷打听过，她是个知书达理，才情满腹的人，他非常中意。慢慢地揭下盖头，一个美貌女子静静地坐在那里，嵇康心中叹了一声，果然如自己想象中那般美好。

婚后的生活自然是举案齐眉，伉俪情深。长乐亭主虽然贵为公主，但是丝毫不娇气，反而独立，有主见，深得嵇康尊重。一心只想避世的嵇康虽然有了这样一位身份尊崇的妻子，还是想回到那逍遥快活的竹林之中，并不想去蹚洛阳城的这趟浑水。可是历史就是诡谲，越是满心鄙夷、弃之不顾的事物也许更是不经意之间就将你拉入其中，更有甚者，会夺去你的生命，让你痛苦不堪。

成亲之后的嵇康依然回到了竹林，不同的是，他这一次带回了自己的妻子。竹林中的生活显然和在洛阳城的时候大相径庭，没有了往日的奢华排场，日子逐渐平淡起来。相比于日后，这样的日子其实也是一种幸福。

在嵇康娶亲的时候，阮籍此番也有不同的际遇，他第二次被朝廷征召，再一次来到了庙堂之上。对于这一次的出仕，阮籍的心情又是不同的。如果说上一次的时候，他还抱着做官的热情和对于建功立业的渴望，那么在真正地经历了第一次的出仕之后，他已经清楚地知道了官场并不是和自己之前想象的那样简单，不是一旦有了官职，身居某个位置，你就能够发挥自己的满腔热情去真正地为国家、为百姓做些实事。这不符合阮籍的个性。特别是在和嵇康结识之后，阮籍深受嵇康的影响，对于做官已经完全不是那么的热衷了，而他在第二次出仕之前完成的作品《通老论》更是表明了这个想法。

《通老论》认为三皇时候是政治最为清明，百姓最为安居乐业的时候，再往后就是在逐渐地败坏，历史在逐渐地衰退，道德也在逐渐地崩坏，人心不古。而三皇时期之所以是最好的，就是因为采用了道家"无为而治"的办法。阮籍的政治观点正是吸收了老子的思想，和老子一样，老子就是要求回到远古的时候，人们"老死不相往来"，这样才能达到政通人和。从《通老论》中可以看出，在这里阮籍彻底地认同了玄学思想，由儒家向玄学迈出了至关重要的一步。在他的心中，天平已经向玄学倾斜，曾经守护了那么多年的儒家道义，一点点地给道家思想让出了位置。

有了这样的思想，阮籍对于第二次的出仕自然是不那么感冒了。但是吸取了第一次被蒋济征召的教训，他还是乖乖地去上任了，这一次他的职位是尚书郎。尚书郎隶属于尚书台，是各部门的主要官员，主要的职责是在天子周边处理事务，可以说是天子的喉舌，虽然说官职不大，但还是很重要的。这样重要的一个职位，如果说第一次给阮籍的话，想必那个时候还是满腹报国心的阮籍必定会很兴奋，但是现在的他就没有那么在意了，只是觉得满心的烦躁，耽误了自己参玄。可是又不便直接拒绝，于是，在这个官职上，阮籍又渐渐地采取了像上次一样的消极态度，逐渐地称病不出，不与外界接触。

这一日，阮籍正在房中装病，突然外面传来了说话的声音，阮籍一听，正是自己的同事王浑。阮籍虽然厌恶官场中人，这个王浑倒是知情识趣，两人平日还是挺能聊得来，所以他来阮籍还是很高兴的。阮籍连忙从床上起来，打开了房门，高兴地说道："原来是你来了，快快进来，上次我们聊到哪里了？"

王浑笑着走了进来，说道："我这次来可不是专程跟你谈天说地的，这有个人是非要认识你不可，我怎么拦都拦不住他。"

阮籍定睛一看，王浑的身后跟了一个十几岁的少年，此人其貌不扬，身材矮小，虽比不上刘伶的外形丑陋，但是也绝对好不到哪里去的。可是，当阮籍看到这个少年的双眼的时候，心中不由得赞了一声，此人双眸极亮，炯炯有神，看着你的时候，眼神专注得绝对让你不能分心。

此人发现阮籍在打量自己，面对这样一位当今的大名士，倒是一点也不心慌，落落大方地向阮籍行礼，说道："侄儿王戎，拜见阮大人。"

阮籍哈哈大笑，对着王浑说道："你这个儿子倒是有点儿意思。"

王浑心中欢喜不已，能够得到阮籍的赞誉，看来自己的儿子在名士圈里那是不愁站不住脚了，要知道，阮籍要是看不上谁，那是天王老子也不给面子的，直接会对着人翻白眼。而对自己的儿子，看来是青眼有加啊，带这个儿子来，还真是带对了。

第五节 病免尚书,七贤聚至

王戎,字濬冲,琅琊临沂人。在竹林七贤中,王戎家世最为显贵。他来自的琅琊王家,是真正的高门大户,唐代大诗人刘禹锡在《乌衣巷》中写到的"旧时王谢堂前燕,飞入寻常百姓家"中的"王"指的就是他们家。

王家在魏晋年间特别耀眼,三百年来一直保持着名门望族的派头,这样的家族能够不随着朝代的更迭而改变,始终有着独立于时政、保持自身体面的方法,不得不说他们的生存智慧是独特的。王戎降生在这样的一个家族之中,也自然是颇受瞩目,而王戎也确实是不负众望,自小就表现出不凡的才智。

在他还是五六岁的懵懂小儿之时,有一天,当时的魏明帝把一只猛虎敲掉了牙齿,剁掉了爪子,关在笼子里,放于闹市之中,想借此取乐,同时也存了看看有没有很有勇气的人的心思。一只失去了攻击力的老虎按说并没有多大的震慑力,可是当老虎大声咆哮的时候,森林之王的气势还是把不少围观的人们吓得失魂落魄。在众人纷纷后退的时候,只见一孩童气定神闲地站在笼子前面,仔细地观察着老虎,丝毫不躲闪,此孩童正是王戎。皇上见此很是惊讶,让人上前询问。王戎不慌不忙地回答说:"老虎的牙齿和爪子都没有了,又能凶狠到哪里去呢?"皇上听了他的回答,不禁哈哈大笑,连问这是谁家孩童,王家因此可是大大地长了脸。从这就可看出,这个小小的孩童有着不一般的胆量。

同样在他还是个孩童之时,一日和小朋友一起玩耍,发现路边有一棵结满了果实的李子树,沉甸甸的李子挂在枝头,看上去很是诱人。同来的小伙伴们分外高兴,纷纷上树采摘,王戎却一动不动,路过的一个长者看了很是惊讶,于是问道:"小儿,你为何不去摘果实呢?"王戎笑着回答说:"这棵树是长在路边的,并且又不是特别的高,但是仍然果实累累,没被采摘,想必它的果实一定是酸得难以入口。"等同伴们把果实摘下来一尝,果然李子难以下咽。

俗话说"三岁看八十",一个人在孩童时期表现如何,其实已经可以看出来他长大之后是什么样子。王戎小时候就很有胆识,但是又不鲁莽,反而很会用头脑思考问题,俨然就是一个"小神童"。

阮籍与之交谈片刻,见其见解独特,心中随之为其倾倒,王戎很快就和阮籍成了莫逆之交。这日,阮籍到王浑的家里做客,毫不客气地对王浑说道:"濬冲在品评与识鉴上都比你高明太多了,照我来看,跟他讲话可比跟你讲话有意思多了!"说得王浑不知道是该高兴还是该难过。这般对着老子如此的夸赞他儿子也算是别具一格了,可也恰恰说明了王戎确实有才华值得如此夸赞。

阮籍抱病不出,闲来无事就到王浑的府上,找到王戎,和他你一言我一语天南海北地随意聊天,有的时候还要激烈地争辩上一两回,王戎也不惧怕他,也不会顾忌他的身份,这反而更称了阮籍的心意。几个月之后,阮籍就寻了个借口,辞了官职,准备回到山阳竹林之中。这次辞职也没有遇到多大的障碍,名士吗,自然和寻常人不一样,既然管不了那就随他去吧。阮籍在洛阳打了个酱油就又回去了。可是,因为他的辞官,反而让他的声望更上了一层楼,阮籍不爱官场,只爱修仙的名气越来越高。

这厢阮籍再次回到了竹林之中,那边嵇康却是要出仕了。嵇康一向向往求仙问道，对于官场没什么兴趣，可以推断他的出仕很明显的原因那就是因为娶了曹魏家的公主，既然和王室扯上了关系，很明显地，他不会再是一个单纯的隐士。所以刚回到山阳不久的嵇康很快就接到了朝廷赐给他的第一个官职——郎中。

阮籍叹了一口气，对嵇康依依不舍地说道："没有想到，我刚回来准备和叔夜秉烛夜谈，畅饮一番，叔夜就又要走了。"

嵇康笑道："没想到嗣宗兄这么洒脱之人也会如此，看来这朋友我是真的没有交错。"

"叔夜在我心中自然是不同的。其实，我很不希望你去，官场之上，错综复杂，不是叔夜这样的人能够应付来的。"

嵇康低头想了一会儿，抬起头慢慢说道："其实我已经想到了，跟公主结婚之后肯定不会像以前，日子过得那么惬意了，但是既然娶了她，这就是我应该承受的，我不会逃避。反正在我心中，做不做官都是无所谓的，既然如此，干脆去体验一番，不开心的话我自会回来。"

阮籍大笑道："世人为了做官闹得头破血流，倒是叔夜光明磊落，看得开，也罢，此去洛阳一路保重！"

带着阮籍的祝福，嵇康来到了洛阳当了郎中，不久之后，又升任"中散大夫"。可是这两个官职，都是薪水不高，也没有什么事儿的闲职。一个月后，嵇康已经有点受不了，困在这洛阳城里，每天最大的事情除了去当差就是接受权贵的相邀，和他们吃吃喝喝，无聊透顶，他开始想念山阳，想念竹林之中的朋友，不知道这一个月过去刚种下的竹子长高了几许，山上可有刮风，是否吹弯了它们。嵇康陷入了沉思。

"相公，天色已晚，该歇息了。"公主在一旁温柔地说道。嵇康笑了笑，除去了外衣，躺在了床上。

两人并肩躺在床上，都没有讲话，也都没有睡着，过了一会儿，公主缓缓地说道："相公，你最近是不是不开心？"

"没有啊，我很好。你呢？"嵇康温柔地说道。

"我并不开心。相公，我们回山阳吧。我想念山阳了，虽然洛阳是我生长之地，但是在山阳生活的那几个月才是我开心的日子，没有太多的人打扰，每日弹弹琴读读书就是一日，洛阳城里虽有花样繁多的娱乐，以前我或许会留恋，但是过惯了山阳的清静日子，如今再回到这花花世界，我是真的一点都不适应了，每日对着人笑，我都不知道是真笑还是假笑了。"公主的声音在黑暗的夜色中悠悠响起。

嵇康转过身抱住了她，叹口气说道："可是洛阳城里还有你的父母啊，你当真舍得？"

"父母养育之恩重于山深于海，但是我既然嫁给了你，自当随你去的。"公主坚定地说道。

"我们回到山阳，日子恐怕就要比现在差很多了。"

"相公看我可是那爱慕虚荣，不能吃苦之人？"公主反问道。

"自然不是，只是……"嵇康犹豫道。

"好了，相公，你快点辞去官职吧，我们也可以早日启程了。"公主爽快地截断了嵇康的话，不再给他开口的机会。

隔日嵇康就递交了辞呈，不久之后，他就带着公主重新回到了山阳，嵇康生命中唯一的一次出仕就这样短暂地结束了。看着离山阳的家越来越近，嵇康的心渐渐激动起来。一旁坐着的公主看着他的神情，心中也暗暗地欢喜，看来自己确实没有做错，跟他一起回来是正确的。

身份尊贵的长乐亭主舍弃了富贵生活毅然决然地跟随着嵇康回归山林，这份魄力巾帼不让须眉。日后，嵇康早早去世，她一人辛辛苦苦带着两个孩子，抚育他们长大成人，情深义重足以让人动容。

马车刚走到路口，一个人就转了过来，拦住了马车，笑着说道："我们还在打赌说嵇叔夜会什么时候回来呢，输了的人买酒吃，看来是我胜了啊。"来人正是阮籍。

嵇康笑着下了马车，正要说话，突然又出来了五个人，一一望去正是山涛、向秀、刘伶、阮咸，还有个弱冠少年。

"你们都在啊，这位是？"

阮籍拉着王戎说道："来来来，我给你介绍，这位是我做官时候认识的小友，哈哈，他啊，是我这次出仕最大的收获。"

加上王戎，竹林七贤这时才正式的齐聚一堂，这七位人物，年纪虽有大有小，长相虽有妍有嬺，才情虽有强有弱，但这些差异阻碍不了他们之间相互交游，游乐其中。竹林很是热闹，刘伶的到来让本来就是必备物之一的酒更是不可缺少，喝醉了之后，众人就随意地卧倒在竹林之中，随意地找个地方歇息了，等到酒劲儿过了再归去。一向遵从儒家礼法的阮籍此时也随意了起来，怎么舒服怎么来，竹林中处处飘荡着自由的空气。若论千年之后，为什么那段竹林生活会让无数的后人羡慕不已、怀念不已，恨不得自己能够置身其中，与这些大师们醉上一回，笑上一会儿，闹上一回，最主要的就是自由的吸引。自由是什么，是能够自由自在、随心所欲地去做自己喜欢的事情。竹林之游难道不就是这样嘛？嵇康爱打铁，竹林之人不会用异样的眼光去看他；刘伶爱喝酒，竹林之人不但不会约束他，还会陪着他一起喝。人生最高的境界也就如此了，人哭着出生在这个世界上，可能就是发现了来到这个世界上其实是要吃苦的，承受着外人的压力，做着不喜欢的事情，压抑着自己的本性，对着别人说着言不由衷的话，当这一切在竹林之中能够得到释放，不用再伪装之时，怎么能让人不羡慕呢？

第六节 曹爽专权，司马称病

竹林的自由之风如此令人欣羡，却丝毫也吹不到朝堂之上。朝堂之上依然上演着如常的戏码，今天绊倒了谁，明天又压倒了谁。曹爽夺权的欲望十分强烈，和司马懿的较量也就越发地激烈，空气也越发地紧张起来。

公元247年（正始八年），发生了这样的一件事情。一日，曹爽从外归家，看到何晏、邓飏、丁谧正在书房等着自己。曹爽笑着问道："这般急着找我，可是有什么计谋献给我？"

何晏看了二人一眼，笑着说道："我们替侯爷想了个主意。如今皇上已经大了，何不让太后迁到永宁宫去住？"

曹爽问道："这是为何？"

"皇上虽然平日对侯爷言听计从，但是郭太后却与那司马氏接触甚频繁，平日也不是很亲近我们，并且她的野心也不可小觑，如今皇上都这样大了，还是守在皇上的身边，不就是想要借着皇太后的名义继续摄政吗？有些事情，皇上根本做不了主，非要等着她下令，这样对我们是不利的。如今要是能把太后与皇上隔开，那皇上不就更听侯爷的话了吗？"

曹爽心中一想，正是如此。隔日就上了一道奏章，要把郭太后迁到永宁宫。曹芳登基的时候，年纪还很小，太后有训导看护的责任，所以要就近居住，现在曹芳继位很久，也已经长大成人，可以自己做主了，而魏国向来有后宫不得干政的禁令，所以太后应该另择住处了。

这件事情表面看起来并没有什么问题，理由也很正当，但是曹爽并不是真正的要让曹芳独立起来，而是为了自己能够进一步掌握权力，独揽大权，这就值得商榷了。而众臣心中也很是清楚曹爽的意图。

郭太后在永宁宫不由得泪如雨下，她哭着看着司马懿说道："太傅，你说若是那曹爽真是为了皇上好，我也就不说什么了，可是曹爽分明是狼子野心，他这样大权在握，一再地打压你我，迟早是要出事的啊。"郭太后一向与司马家的关系不错，她的两个侄女分别嫁给了司马师和司马昭。

司马懿叹了一口气说道："太后要保重身体啊。武安侯这次行事也太绝情了，太后一向与皇上亲厚，现在这样真是，唉，我去跟他说说。"

郭太后拭去了眼泪，说道："那就劳烦太傅了。"

武安侯府里的下人急匆匆地来到了书房，说道："侯爷，太傅来了。"

正在书房的何晏听到，笑着说道："想必太傅是为了郭太后的事情而来，侯爷可千万不要心软啊。"

曹爽冷笑道："放心吧，你先回避一下。"

说话间，司马懿已经到了书房，曹爽连忙迎了上去，说道："原来是太傅大人大驾光临，近来身体可安康？"

"呵呵，我近来是一天比一天感觉吃力，想必是年纪大了。武安侯正当壮年，自然是精力强健。"

"太傅是国之栋梁，自当要好好保重啊。国家可是一天都离不了太傅的。"

"哪里，哪里，只要有武安侯在，一切都不足为虑。"司马懿笑着说道。

"不知道太傅此次前来所为何事？"曹爽已经不耐烦再与司马懿虚与委蛇，直接问道。

司马懿正了正脸色，说道："实不相瞒，我这一次是为了郭太后之事而来。虽说皇上已经大了，但是太后这些年来一直跟皇上在一起，现在陡然就让他们分离，太后伤心得日日以泪洗面，这样下去，身体堪忧啊。"

"我也知道太后与皇上感情深厚，这样地让他们分离是显得有些不近人情。可是祖制有训，后宫不得干政，况且现在皇上大了，也是时候该让太后迁宫了。太傅放心，太后那边，我定会去日日探访，抚慰关怀，好让太后早日宽心。"曹爽丝毫不让步。

司马懿在心里大骂，当初你改革的时候怎么不讲什么尊重祖制，现在拿这个来压我，真是说一套做一套。可是没有办法，曹爽既然都抬出了祖制，自然就不好再去反驳了。

"既然如此，那也只有这样了。"司马懿笑着说道，心里很是无奈。

"怎么样，那曹爽可曾答应？"郭太后着急地问道。

司马懿摇了摇头，说道："只怕武安侯的野心已经控制不了了，现在也只能少安勿躁，静观其变了。"

"唉，其实我就知道会这样，那曹爽现在是无法无天，太傅的话他们估计也是听不进去了，可是，我还是不死心，还是想让你去劝上一劝。"郭太后哀叹道。

"太后不要多虑，总归一时半会儿是不会出事的，我们好好想办法，定会保得曹魏基业不倒。"司马懿宽慰道。

"那就有劳太傅了。"

少了郭太后这道屏障，皇上更是任由曹爽摆布，一时之间，曹爽兄弟专擅朝政，权倾朝野。曹爽却仍然不满足，不久之后兄弟俩并掌禁兵，大肆结党营私，构建党朋，屡改制度。司马懿渐渐被架空，很多政事司马懿都不能参与，没有了说话的资格。

这日下朝归家，司马懿站在院中很久没有动，表情一脸严肃。司马昭上前说道："父亲为何在此一动不动，可是朝中有什么动静？"

司马懿转身说道："你应该也看出来了，如今我的处境怕是很不乐观。曹爽以往哪怕是再嚣张，也还会忌惮我一些，我还是有发言的资格，可是现在，我是越来越不能说话了。"

"那曹爽小儿，竟敢如此嚣张！"司马昭愤怒地说道。

"唉，这样在背后骂他又有何用。儿子，如今正好你母亲新丧，我们就有了借口，从明日起我要称病不出了，你们也早日辞官，跟我一起吧。"司马懿淡淡地说道。

"父亲这是为何？难道是怕了那曹爽小儿不成？"司马昭生气地说道。

司马师拉了拉兄弟的袖子，说道："父亲这样安排自有他的打算，我们听着就行了。"

司马懿笑着说道："之前我一直反对曹爽，只是想让世人知道他是如何的独断专行，现在是该收网的时候了。"

第二日，司马懿果然开始称病不出。一向勤勉的太傅竟然会因病误了朝政，朝中的大臣和京中的百姓开始议论纷纷，说司马懿是被曹爽一派给气病的，也渐渐地有歌谣传了出来，说"何、邓、丁，乱京城"。何、邓、丁指的就是曹爽一派的何晏、邓飏、丁谧。这种歌谣的传播既有百姓自己在现实生活中直接感受到的，何晏一派在京城里确实是行事嚣张，贪污腐败，但是也存在着另外的一种可能，那就是司马懿派人暗中编出了这些歌谣，然后又使人教给了百姓，令他们日日传唱，目的自然是让人知道曹爽一派的所作所为，失去了民心。自古以来，若是失掉了人心，离失败也就不远了。

可是曹爽丝毫没有意识到渐渐失去的民心，反而对着自己的心腹洋洋自得地说道："这么多年，看着司马懿的那张老脸站在朝廷之上我就不舒服，现在倒好，老家伙自己生了病，真是天助我也。"

何晏笑眯眯地说道："是啊，这下是没人能够阻挡武安侯了。"

曹爽于是更加肆无忌惮了，其饮食、车马和衣服规格都与皇帝的类似，这自然是越矩的，即使你权倾朝野，也要在明面上维持好皇帝的尊严，不然就是授给别人以口实。珍贵玩物自不用说，凡是他看得上眼的，不顾是国库的东西，都通通拿走，或留着自己赏玩，或是赏赐下人。后来甚至胆大包天到连魏明帝时候的才人他都敢私自带回府上，作为自己的妻妾。这可是大不敬的事情，但是却没有人敢说他。不仅他本人如此，他的党羽亲信也上行下效。何晏强占洛阳和野王典农的数百顷桑田和汤沐地作为自己的产业，为自己积蓄财产。何晏还做了件奇葩的事情，他先派人去偷了当地官员的官物，然后又向官员索取，这些人哑巴吃黄连，有苦说不出，只得认倒霉，赔钱了事。而一些开罪了何晏等人的大臣，如卢毓、傅嘏等都因小事而被免官。正始名士的风度在何晏的身上荡然无存，谈玄论道积累起来的名气如今已经完全被小人的骂名取代，咎由自取倒也怪不得别人。曹爽经常和何晏饮酒作乐，极度奢华，为了布置享乐的地点，私自调武库禁兵建造华丽的窟室，本来应该是护卫皇都安全的士兵却用来干这种事情，曹爽的腐败可想而知。

他的弟弟曹羲见自己哥哥如此骄奢淫逸，心中焦急如焚，多次上前劝诫，可是曹爽丝毫不听，仍然我行我素，嫌弃弟弟多事。曹羲无奈之下写了篇文章，表面上是劝告族弟做事要低调慎行，其实是想提醒曹爽自己做事要谨慎，曹爽虽然看出来是在告诫自己，但是行事仍然是我行我素。无奈之下，曹羲只有闭口不言。

由此可见，曹爽确实不是一个做大事的人。也许他的确有鸿鹄之志，想把魏国治理的井井有条，但是有志向并不代表着你能够为了你的志向做出相应的举动。曹爽一旦有了权力，就陷入了权力的黑色漩涡之中，非但不能用权力去实现自己的志向，反而让权力的反面吞没了自己，一心只想着怎么样去排除异己，怎么样去好好享受，好好挥霍。权力是一把双刃剑，得到了之后更重要的是如何去适度地使用它，不然只会被权力反噬。可惜曹爽只看到了权力带来的荣华富贵没有想到维护权力需要做出的努力。如果曹爽能够好好地使用，也许就能够真正地达到魏明帝最后的遗愿，制衡司马氏一族，曹魏到最后就不会被晋朝取代。可是，这只是如果，将来会发生什么事情，永远都不会有人知道。谁会知道，当初谦虚谨慎的曹爽会是日后的这个样子呢？

第四章

竹林之游，谈玄论道

司马懿和曹爽的较量已经到了最后关头。阮籍第三次被征召，依然选择了辞掉官职，归隐山林。山涛迫于形势，也选择了归隐山林。竹林度过了最后一段美好的时光，大家谈玄论道，推动玄学由宗老变成宗庄。而司马懿已经做好了最后的准备，他在等待一个机会的出现。

第一节 阮籍三仕，山涛隐退

自我感觉良好的曹爽，恍惚觉得天下已经在他的手心之中。有了政治权力的资本之后，曹爽开始打起了名士的主意，其实他手下已有很多名士，但若能够再拉拢一些中间派别的，就更能够彰显出自己的声望了，到时候天下有名之士都汇聚到自己的门下，岂不风光！

"侯爷何不征召那陈留阮籍，他之前被征召过两次，但是过了一段时间之后就辞官归隐，人人都称赞他不慕名利。如果能够把他拉到我们这里，侯爷想必也增色不少。"曹爽手下谋士建议道。

"阮籍是吗，我也是听过他的名字的。据说文章写得奇好，不知道怎么个好法，好，那就征召他吧。"曹爽点头说道。

于是，阮籍迎来了他生命中的第三次征召。与前两次征召相比，这是最隆重的一次，因为征召他的人是曹爽，当今朝廷之上可以说是最有权势之人。这道征召书一出，自然让无数渴望为官的人羡慕不已。阮籍的眉头却紧紧地皱在了一起，他刚辞官不久，原以为会有很长一段的安稳日子，可是没有想到这么快就又被朝廷再次盯上。

"嗣宗，我听说武安侯征召你了是吗？"阮谌问道。

"是啊，伯父，我已经接到了征召书。"阮籍回答道。

"你打算怎么办？"阮谌问道。

"我自然是要拒绝的。"阮籍直言不讳地说道。

阮谌点了点头，说道："注意言辞要恭顺一些，武安侯毕竟是现在最有权势的人，不好得罪。"

"我明白，只是，伯父，为何你……"阮籍犹豫地说道。

"你是想问为何我这次同意你拒绝是吗？"阮谌了然地问道。

"正是如此，伯父一直不都是希望我出去做官的嘛。"

阮谌叹了一口气说道："是啊，我一直都是这么希望的。读书人本就该有济世之志，每天胡乱地厮混不是什么正路。可是，如今局势一触即发，只怕是已经不如想象中乐观了，你没有听到京城百姓的传闻，说什么'何、邓、丁，乱京城'，只怕武安侯一派已经失去了民心。这个时候，我自然是不希望你接受征召，将来一旦有祸乱，性命能不能保住都成了问题。"

阮籍不以为意地说道："反正我是不想再去做什么官了，现在的日子我很满意。"

阮谌深深地看了他一眼，说道："你自从去了那竹林，认识了那帮人之后，儒家的礼法你都不放在眼里了，一心奔着那道家去。可是再信奉什么学说，再学习什么做派，还是要生活在现实的世界中，还是会与朝廷风向息息相关，特别是现在你已经是国家有名的学士，你以为你想怎么样就能怎么样吗？没事儿多关注一下天下局势，谨言慎行吧！"说完就拂袖而去。

阮籍看望阮谌离去的方向，心中知道伯父大概是对自己有些失望。阮籍觉得有些委屈，自己怎么可能会任意而为呢？伯父难道以为自己没有努力地适应过官场的日子吗？望着窗外乌黑的天色，阮籍很久没有痛苦过的心又再一次地撕扯了起来，那是来自身边最亲近的人对自己的失望和不认可。他不是没有过抱负的，只能说是生不逢时吧，他没有遇到过真正赏识他的贵人，也没有能真正施展他抱负的地方，也没有一颗玲珑剔透心能够在俗世中打拼，他本质上的高洁让他做不来官场上乌七八糟的事情。

站在窗边胡思乱想着，阮籍又想到了伯父刚才说他不关注时局的话，他不由得叹了口气，怎么可能不关注呢，在竹林的日子虽然很是潇洒，看起来一派洒脱做派，但是一桌人坐在一起难免还是会讨论时局，发表对政治的看法。听伯父的话，曹爽一派虽然目前看着势头正盛，怕是将来要不行的，那司马氏不就是一家独大了，万一将来再心存不轨，那不是要改朝换代了？阮籍想到这里，后背不禁一凉，不能再想下去了，还是先去写封辞职信吧。

不久之后，曹爽就接到了来自阮籍的辞谢信，信中语气自然十分的恭谨，先是把曹爽大大夸赞了一番。阮籍若是想夸人，那定是能够让人心花怒放，且还能做到言词特别，不跟人重样，曹爽看到这里心情已经很好。阮籍接着感谢了一番，能够被武安侯这样的大人物征召实在是三生有幸，再接着婉言拒绝，说自己在家里担当着教导家里子弟的重任，并且实在是无德又无能，不能担当武安侯给予的重任。万望武安侯能够原谅宽恕，阮籍不胜感激。看完这封书信，曹爽虽然是没有达到预期的效果，成功征召阮籍，心里倒也是不太生气。当然，他也没有太把阮籍放在心里，只是个放浪形骸的名士而已，招不到自然有别的大把的名士趋之若鹜，也不是太稀罕他这一个。况且这个时候，曹爽的心思还是在一个人身上，自然就是司马懿。虽然说司马懿称病不出，他还是有些放心不下。

阮籍的这次隐退实在是风光无限。此次征召的人是曹爽，阮籍依然能够坦然拒绝，人们纷纷赞叹这才是真名士做派。和那些个天天表面冠冕堂皇，说着不在意，其实削尖了脑袋要往官场上奔的伪名士比，简直是一个天上，一个地下。山阳竹林更是热闹非凡，人们都想去看上一眼这位高人。其实阮籍心里清楚，自己只不过在现实面前碰壁，躲身竹林而已。而竹林的自由空气很好地抚慰了自己那颗受伤的心，索性就栖居其中。在竹林之中，与阮籍一样，在这个时候，还有一位自动隐居者，那人正是山涛。山涛和嵇康、阮籍一直都不一样，他始终对做官有着热情。对待做官也要辩证地看待，不是说一个人一旦选择了做官，他就是一个贪图名利的人，如果他为官，不是为着一己私利，而是有着一颗为民做事的心，这样的人，自然是官场需要的，也是黎民百姓的福气。山涛无疑就是这样的一个人，他喜欢做官，并且一直努力，虽然直到四十岁才成了一郡主簿，但仍能够努力自持。但是这样的一个人，为何会自己主动地选择归隐呢？

这自然是和当今的局势密切相关。此时的山涛已经开始在天子脚下任职，他的这份职务是曹爽一派给的，自然会被认为是曹爽的人。不得不说，山涛的眼光极其敏锐，当司马懿不再上朝的时候，他已经敏锐地嗅到政治局势不对，曹爽派和司马派的争斗恐怕很快会有个结果，这个时候，如果夹杂在两派之间，怕是非常危险。

山涛不是一个死心眼的人，他不像阮籍一样，虽然对曹爽和他手下的正始名士不太待见，但是对曹魏一家有着深沉的感情。只怕在山涛的眼中，只要能够发挥自己的能力，为百姓做事，实现自己的抱负，在谁的手下做事都没有太大的差别。当然，首先是要保住自己的性命。

一天，他外出办事，晚上在驿站休息的时候，和他同屋的是一个比他品级要高的官员，名叫石鉴。

晚上的时候，山涛躺在床上翻来覆去地睡不着觉，他想到现在的局势，司马懿已经称病不出好几天了，这事儿很不对劲儿。看着旁边的石鉴睡得很香，山涛实在是没有忍住，再加上平时和石鉴的关系不错，他想和石鉴讨论一下这个事情。山涛推醒了石鉴，问道："太傅现在已经好几天没有上朝了，你心里是怎么想的啊？"

石鉴揉着自己的眼睛，觉得山涛真是放着好好的觉不睡，没事儿找事，就不耐烦地回答道："这关你什么事儿啊，宰相三天不上朝，按照我们的律法，给他个诏书，他就要被免职。太傅有病在家，该烦心的是那些个当大官的，咱们这些个小官等着结果就行了呗，真是瞎操心。"说完就又要倒头睡去。

　　山涛无奈地摇了摇头，看着他说："你啊你，真是见识短浅，现在都什么时候了，你还有心情说这些话，在这里睡觉，你就等着被马踩成肉泥吧！"

　　说完之后，山涛就解了官符，开门而去，正式的开始归隐，他果断地从曹爽和司马懿的争斗中抽身而退，回到了竹林之中，开始了悠闲的生活。

　　阮籍笑着看看回来的山涛，说道："本来还担心你呢，想着要不要提醒一下你，看来是完全没有必要了啊。"

　　山涛叹了口气，说道："劳你费心了，嗣宗。唉，这形势，还是暂时隐居的好。嗣宗，对于太傅称病，你心里是怎么想的，我问了石鉴，他是完全没有什么反应。"

　　阮籍摇了摇头，淡淡地说道："我志不在官场，能有什么想法。"

　　"话虽如此，可是你名气如此之大，无论将来是谁压过了谁，等到局势稳定之后，大概都会拉拢于你。"山涛反驳道。

　　"我一介凡人，哪里有你说的那么重要，这种事情现在想也想不出个头绪，徒增烦恼而已。"阮籍笑着说道，"不说这些了，我们来喝酒。"

　　"也是。既然回到了竹林之中，哪还有时间说这些事，管它呢，来，喝。"山涛痛快地说道，举杯一饮而尽，也忽略了阮籍眼睛中的忧郁。

　　听了山涛的话，又联想到几天前伯父的提醒，阮籍虽然表面上还是那么洒脱，一副事不关己的样子，心里不禁还是有些忧虑了，自己已经放弃了做官的宏愿，也就准备在这竹林之中了此残生了，难道政治真的就和自己脱不了干系吗？还有，曹爽和司马懿真的要一决胜负了吗？到时候，曹魏国家的走势又将如何呢？

第二节 李胜探病，司马智答

转眼之间，司马懿已经称病一年多了。这一年多来，是曹爽最舒爽的日子，没有了那个看着就让他生厌的死对头，做任何事情都没有人站出来唱反调，简直是得意至极。可是这样的日子过久了之后，曹爽的心里又渐渐觉得不舒服了，他始终提心吊胆，担心有一天司马懿会不会重新杀上台来，给自己个措手不及，毕竟对方可是出了名的老狐狸，足智多谋，连诸葛亮都要敬上三分的人物啊。想到这里，曹爽是彻底的坐不住了，觉得马上就要找个由头去看看司马懿这个老家伙。

正在这时，下人传话说荆州刺史李胜求见，曹爽看着进来的李胜，不由得计上心来。

"李大人可是要跟我辞别？"曹爽问道。

"正是，多谢侯爷的提拔，此去我一定不负侯爷所望。"李胜回答道。

"李大人何不借此机会去看看太傅的病情如何，这都一年多了，太傅还是不能上朝吗？"

李胜抬头看了曹爽一眼，答道："下官明白侯爷的意思了，下官明日便去。"

"嗯,明日到了太傅家中你可要仔细一点,仔细询问太傅的病情,回来如实地跟我汇报。"

"下官明白。"李胜恭敬地回答道。

第二日,李胜来到了司马懿府上,请求拜见太傅大人。司马懿坐在屋内,听到下人说李胜求见就觉得不太对劲。

司马师问道:"父亲,李胜是曹爽的人,怎么会特意来探望父亲呢?"司马懿称病隐退了之后,司马师和司马昭以母亲新丧,又要照顾父亲为名,也辞官不干了。

司马懿冷笑了一声,说道:"兵来将挡水来土掩,难道还怕他不成?他的意图再好猜不过了,肯定是曹爽不放心我,借着他的由头来探一探,看我是不是真的病重了。"

"那我们该怎么办?"

"既然他来了,我们就演出好戏来给他看!"司马懿开始忙碌地准备起来。

李胜坐在厅堂之中等了很久,茶都喝了几盏,才见到了司马懿。可是眼前的司马懿惊呆了他,只见司马懿的脸色蜡黄,皱纹一道道布满额头,平时锐利的眼神如今是迷迷蒙蒙,彻底没了精神。那个曾经带军出征,精神奕奕,指挥着千军万马的司马懿早已经不见了踪影,一看就是个病人的样子。连头发都不太整齐,衣服也是歪七扭八的,看出来是匆匆忙忙地打扮的,整个人一走三晃,被侍女们架着,才能一步一步地挪出来。

李胜连忙迎上前去,扶住了司马懿,说道:"没有想到过去一年多了,太傅的病情还是没有好转啊。"

司马懿紧紧地抓住他的手,半天才坐在了椅子上,叹息着说道:"唉,夫人不幸先我去世,我实在是痛苦不已,只恨不得逝去的是我。"司马懿当初称病的借口就是自己的原配夫人张春华逝世,自己也干不动啦。

"人死不能复生，况且太傅这样，夫人在地下也一定不会心安的。"李胜假意劝道。

"道理我是懂得。可是，自从夫人一去世，我就觉得自己这身体也是一天天的不听使唤了，可能真是年纪大了吧，这脑子都有点糊涂了，说不定哪一天就跟着夫人去了呢。"

"太傅千万别这么说。"

"岁月不饶人哪，一大把年纪了。李大人此次前来所为何事啊？"司马懿终于进入了正题，问道。

"下官如今要去做荆州刺史，特意来向太傅辞别。"李胜连忙回道。

"哦，并州刺史啊，并州，并州。"司马懿喃喃说道。

"不，是荆州。"李胜纠正道。

"嗯，我知道，并州。"司马懿说道。

李胜看向了一旁的司马师，司马师说道："李大人见谅，父亲如今有些耳背，想必是没有听到李大人所言。"

这一番观察下来，李胜心里已经有了结论，看来所言非虚，司马懿果然病得很重。有了结果，李胜就想告辞了："太傅大人，待下官下次回京，再来拜访。"

司马懿说道："此去并州山高水长，难得再遇到一次，不如今天就在府中吃顿便饭吧。"

李胜原想拒绝，但是转念一想，应该观察仔细一些，才好到侯爷面前邀功，客气了几句之后就留了下来。

一行人坐到了饭桌前，李胜留神观察着司马懿的动作，只见他在衣服前面特意放上一块布巾，一会儿的工夫，这块布巾上就满是汤水，司马懿喝汤的时候手抖个不停，根本握不住勺子，汤水洒了大半。再看他吃饭的时候，吃不了几口就停了下来，气喘吁吁。

司马昭看了眼萎靡的父亲，叹着气对李胜说道："李大人如今位高权重，将来我们兄弟俩还要靠你多多照顾了。"

李胜连忙客气道："哪里，哪里，虎父无犬子，我还要指望你们二位呢。"

"唉，我父亲如今这样……"司马昭没有说完。

好不容易吃完了一顿饭，司马懿已经进了内室休息，司马师一路送李胜走了出来。

李胜说道："请留步吧，劳烦公子给太傅讲一声，下官就不打扰了，直接告辞了。"

"李大人放心吧，请慢走。"

望着李胜离去的方向，司马师慢慢地走了回去，到了司马懿的房间。刚才还精神不济的司马懿此刻已经重新恢复了精神矍铄的样子，整个人看上去没有一丁点的病容。

"父亲大人高明，那曹爽听了李胜的报告，一定觉得父亲是病入膏肓了，定不会再多防着我们。"司马师心服口服地说道。

"万事还是小心谨慎为上。"司马懿一副老谋深算的样子。

此刻，在曹府，李胜想起了司马懿的样子，虽然是政治上的对头，可是看到他现在这样，心里还是不太舒服，对曹爽说道："侯爷现在可以放心了，那司马懿是真的年迈了，脑子还真是有点不清楚了，又耳背的，我跟他说要去荆州，他非要说是并州。"

曹爽满意地点了点头，李胜带回来的消息可真是消除了他的一大心患，他高兴地拍了拍李胜的肩头，说道："好了，你择日启程吧，在荆州好好干，到时我自不会亏待你。"

李胜连忙说道："谢谢侯爷，下官一定不会让您失望的。"

司马懿不愧是政治斗争中的老手，仅凭着李胜登门就察觉到了曹爽的意图，将计就计，演出了一场好戏，而自以为心安的曹爽还被蒙在鼓中，行事越发地嚣张起来。

曹爽在洛阳城里待烦了，就时常和自己的兄弟曹羲一起出去打猎游玩。但是他们兄弟两个同时掌管着朝政和禁军，最好不要同时离开。他的同乡大司农桓范就建议二人不要一起离开，以免一旦有人关闭城门反对他们，他们就不能回到洛阳控制大局。曹爽自然认为无人能够再反对他，并不听取桓范之言。而一向比较谨慎的曹羲在这件事情上也比较随意，根本不把桓范的建议放在心上。两人时常出去玩乐，经常等到天黑之后才叫开城门。

"父亲，我们已经派人盯住了曹爽，现在的他肆无忌惮，经常和曹羲一起出城去玩乐，这是个好机会。"司马昭汇报道。

"嗯，先不要轻举妄动。派人去把蒋大人叫来。"司马懿冷静地说道。

这个蒋济正是第一次征召阮籍的那个蒋太尉，他和司马懿一样都是四朝元老，在朝廷之上也是位高权重，可是如今曹爽专权，蒋济也渐渐地和曾经的司马懿一样，被曹爽排挤得快没有了立足之地。

"太傅，朝廷之上都在说太傅如今快不行了，我看你还是精神满满啊。"蒋济跨进门，对着司马懿笑着说道。

"蒋大人还笑得出来，如今朝廷都快乱成一锅粥了，大人不想着怎么样恢复正规，还有心情在这里说笑？"司马懿冷着一张脸说道。

蒋济坐了下来，说道："连你都这样了，我还能有什么办法。"

"当年明帝托孤于我和武安侯，可是武安侯看我不顺眼，处处刁难于我，为了安抚他的情绪，我不得不卧病在床。可是，蒋大人你好好的，为什么不能有所作为？"司马懿问道。

蒋济立刻说道："你以为我没有说吗？那武安侯的党羽丁谧、邓飏等人经常轻易更改法度，我苦苦相劝，说现在将士征战在外已经有了数十年，国家早就已经困顿不堪，百姓也是叫苦连天。国家的法度，只有那真正有济世之才的人能够编改纲法，以流传于后世，岂是平庸之辈就可以更改的，这样随意更改，最终不仅无益于治理国家，还损害百姓。希望文臣武将各尽其职，那样国家才可以太平祥瑞。武安侯根本就不听我的劝说啊！"

听着蒋济愤怒的话语，司马懿依然不动声色地说道："你我都是四朝元老，现在我不能说话，虽然你也是处处受制，但是既然先帝嘱托，我们还是要尽心尽力啊！"

蒋济摇头叹了口气，说道："哎，只怕是我们要尽心，别人也未必会领情啊。罢了，我看我还是随机应变吧。"

送走了蒋济，司马懿笑着对儿子说道："现在连蒋大人也对曹爽是怨声载道，看来想要拉拢蒋大人也不是什么难事了。"

"正是，现在曹爽在朝廷之上甚是不得人心，一些老臣说起他都是满腔怒火。"

曹爽平日的行为已经给自己挖了一个大坑，一旦得到了机会，司马懿自不会放过他。可惜，朝堂之上，猛虎安卧，曹爽依然盲目得无可救药。

第三节 正始衰落，竹林崛起

曹爽心安理得地继续着糜烂的生活，他身旁的那帮谋士们却日渐感到一种惴惴不安的隐忧。他们跟着曹爽，已经把身家性命都赌了进去，如果曹爽一直得势，那自然是有享不尽的荣华富贵。可是一旦曹爽失势，等着他们的不仅仅是自己性命的丧失，还会株连家中亲人。并且万一将来曹爽被拉下马，他毕竟是曹魏宗室一族，敌人顾忌着他的这种身份，肯定不会杀了他，至于他手下的人，那下场就不一定了。

虽然得到了李胜的探询结果，这群人还是不能放下心来。特别是何晏，整日地惶恐焦虑，总觉得不能安心。这日听说洛阳城中有个叫管辂的，精通《周易》，擅长占卜，且十分精准，何晏连忙派人把管辂请到了府中，让他给算上一卦。

管辂是何人？管辂，字公明，平原人。年纪大约八、九岁之时，就喜欢仰观星辰，体察日月之变化。这么小的时候就能够有如此资质，可见管辂即使不是个天才，那也是不凡之人。天赋再加上经过多年刻苦的学习，等到他长大之时，已经是个很有名气的相术师。他曾经通过卜卦推断出人们丢失的牛，走丢的人这种小事，还推断过夏侯渊战死，鲁肃病死这种大事，很有几分才能。

何晏见到了管辂，连忙问道："听说先生你的占卜很是灵验，我最近心里很不安宁，还望先生能够为我算上一卦。"

管辂仔细地盯着何晏看了一会儿，何晏长得很是英俊，皮肤白皙，可是眼圈四周却是乌黑一片，无精打采，于是问道："大人最近可是经常做梦？"

何晏想了一下，回答道："我这几天老是梦到苍蝇叮在鼻子上，这是什么预兆呢？"

管辂稍微想了想，回答道："先前周朝时候，周公为人忠厚正直，辅佐周成王建国立业，风调雨顺，国泰民安，提起他，人人叹服；现在你的职位甚至比周公还高，可是感恩你的人很少，惧怕你的人却很多，这恐怕不是好预兆。你的梦按照卜术来测，也是个凶相啊！"

本就心思不安定的何晏更加的担心了，连连问道："先生可有什么化解的方法？"

管辂摇了摇头，接着又说："要想逢凶化吉，消灾避难，没有什么速成的办法，让我来说，只有多效仿周公等大圣贤们，怀着一颗良善的心，多多去做善事。"

一旁坐着的邓飏很不以为然，连连摇头说："先生真是吓唬欺骗我们，这都是些老生常谈的话，哪有什么意思。"

管辂听了倒也不以为意，哈哈一笑，说道："虽说是老生常谈的话，却不能轻视啊！"说完就走了。

何晏看着管辂的背影，脸色更加的不好了。若是说管辂的占卜有多么的精妙倒是也并不见得，只是他善于根据时势推断个人命运罢了，何晏平时行事嚣张霸道，人们对其怨声载道，这样的人下场自然不会是好的，管辂也算是善意地提醒，只是能够听进去多少，就看个人的造化。而对于何晏，怕是他想悔改，估计也没有时间留给他了。

何晏闭上了眼睛，想起了前两天请荀粲搭线结交名士傅嘏的事情。想着中间有荀粲的劝说，傅嘏应该会愿意结交，没有想到傅嘏竟然说道："何晏这人有才干但是心思浮躁，学识广而不精，贪财好利，还不知道检点，如有与自己观点不同的一概反对，嫉贤妒能。说话多是非就多，爱嫉妒就没有人愿意亲近。以我看，所谓贤人，都是败坏道德的人而已，远离他们还犹恐惹祸，更何况和他们亲近了。"听到荀粲回来之时说的话，虽然荀粲传达得很是委婉，但还是刺耳非常，何晏是忍了又忍，才控制住满腔的怒火。

睁开眼睛，何晏不由得悲从中来，听了管辂的话之后，又联想到最近的经历，他心中暗暗地意识到也许好日子真的要到头了。在历史上，何晏虽然是正始名士中谈玄第一人，留下了不少经典的著作，但是诗歌留下的甚少，只有快到他生命尽头的那两首诗，写的还算是情真意切，分外动人。

其一：
鸿鹄比翼游，群飞戏太清。常恐夭网罗，忧祸一旦并。
岂若集五湖，顺流唼浮萍。逍遥放志意，何为怵惕惊？
其二：
转蓬去其根，流飘从风移。茫茫四海涂，悠悠焉可弥？
愿为浮萍草，托身寄清池。且以乐今日，其后非所知。

第一首诗写自由的问题。扶摇直上的大鹏能够穿越苍穹，可是担心飞得越高反而越容易被人网罗，惹来杀身之祸，如此一来，还不如和那些没什么志向的平凡禽类一样，平平淡淡地过一生，再也不用担心会受到伤害。第二首诗以浮萍自喻，浮萍无所依附，在苍茫的大海之中，只有随风飘浮，不知所向。还不如在小小的池塘之中，没有大风的侵袭，安然度过。也许这种安宁只是一时的，但是谁知道今日之后又是何日，倒不如抓住这难得的宁静时光，好好地纵情享乐吧！

　　诗中散发着浓重的虚无之感，悲观情绪弥漫其中。结合何晏的生平，其实他的悲观情绪不难理解。何晏的生母在他的父亲去世之后，依附曹操，成为曹操的小妾，曹操见何晏聪明伶俐很是喜爱，所以何晏幼时的日子还是过得去的。可是曹操死了之后，先后继位的曹丕和曹叡都对他很有意见，特别是曹丕直接称呼他为"假子"，他的日子并不好过，虽然算是曹操的半个儿子，但是没有人扶持他，甚至当权者还厌恶他，他很是郁郁不得志。好不容易，曹爽才认可了他，并委以重任。虽然已经成年，但是小时候的经历对其影响深远，虽然如今已经是权势滔天，但是不知道哪一天也许就会被人收回，依然是担心不已。这种严重的忧虑感伴随着朝廷上的复杂斗争，何晏的心中其实一直都是忧伤的，表面的张扬跋扈掩饰不住内心的脆弱无助，就像他提倡的哲学思想"以无为本"，一切繁华虚荣归结到最后都是虚无的，都是可变的，都是会消逝的，只有"无"才是万物的根本。这种思想恰恰是他脆弱内心的真实写照。

　　因此，在何晏的心中，也许早早地就有了这样的一个基调，反正最后一切都会消逝、都会变化、都会失去，我何不抓住这短暂的时光尽情地享乐呢？就像在诗中所说的"且以乐今日，其后非所知"。今日乐，今日享，管它明朝是非。所以，他平时的纵情享乐也并不是不可以理解的，内心的惶恐需要表面的浮华来进行消解，这样才可以抚慰内心的不安，获得了一种虚无的安心的力量。

　　何晏的这种思想并不只是他自己一人具有的，以他为代表的正始名士，士大夫阶层中这种思潮比比皆是。这其中时代的原因自然占据了很重要的原因。来到了正始年间，与建安时期的那种劲健苍凉，人人揭竿而起，努力地在乱世之中实现自己的人生价值相比，正始年间政治已经相对稳定，社会也相对平静,这种能够让世人去建功立业的客观环境已经消失了,但是又没有一个很好的平台让世人在相对稳定的环境中去发光发热,而是司马一派和曹爽一派在争权夺利,既然要斗争,就必然要有站队的问题。在曹爽和司马懿之间,司马懿代表了老一派的利益,正始名士在其中根本就是格格不入的,他们别无选择,只有依靠着曹爽去实现自己的利益。这种依附表面看似风光,实则痛苦无比,各种辛酸,何晏的诗中已经表达得淋漓尽致。可是,既然做出了这样的选择,也别无他法,只有走下去。

何晏是不幸的,这种不幸很大程度上是时代的原因,再加上个人的成长背景,很容易就成了牺牲品。以何晏为代表的那一代正始名士就这样在复杂的环境之中,渐渐地失掉了好不容易积攒来的名声,逐渐从人人羡慕的潇洒风流变成人人憎恨的祸国之流。如果有一个好的社会环境,也许这批名士可以有更好的境遇,在哲学上和政治上都能够有所建树。

相比于正始名士的选择,竹林之士却选择了另外一条不同的道路。他们纷纷选择了远离这一场混乱的争权夺利,阮籍三仕三退,山涛毅然归隐,还有嵇康,他的理想根本就不在做官。和正始名士相比,也许他们更加的清醒一些,没有被权力冲昏了头脑,知道什么是最重要的。也许在他们的心中还有更为重要的东西,这就是前文所说的,对自由的向往。匈牙利诗人裴多菲有首著名的诗"生命诚可贵,爱情价更高。若为自由故,二者皆可抛"。几千年前,在古老的中国,一片竹林之中,已经有这样一群人,他们已然明白了这个道理,做什么都没有自由更重要,有了自由,在心中才有了真正值得守护的东西。可是,正始名士不明白,也许他们明白,但是每个人有自己不同的选择,在他们心中,也许他们选择的才是真正重要的,是他们想要的。随着正始名士的名声逐渐地败坏,竹林之士的崛起是必然的事情,并且阮籍的三次归隐更让大家觉得这样的不慕名利才是真正的名士做派。

第四节 饮酒弹琴，名士达观

外面的形势虽说已很是紧张，竹林之游却达到了高潮。在激烈的政治斗争中，这帮人却意外地偷了个闲，打了个盹，除了竹林的七位贤者，一些真正的名士知道了这个好去处，一时之间，纷纷聚居在竹林之中，竹林一下子就热闹了起来，原来高远得似乎不沾世事的竹林陡然之间染上了几分人气。

好酒的刘伶来了。他真正地开启了竹林的豪饮之风。本来已经越来越放浪的阮籍在他的影响之下越发不羁起来。在他家的旁边有一家小酒店，当家的老板娘是个年轻秀美的女人，阮籍经常去她家喝酒，喝醉了就躺在老板娘的旁边呼呼大睡，浑不在意别人的看法，旁人纷纷为之侧目，就连酒店的老板都不高兴了，但是观察了一段时间发现这个人完全没有任何恶意，就是喝醉了而已。也许阮籍对于美的事物有一种天生的追求，即使喝醉了，也不忘选择在美人身边睡下。这种事情在三十岁之前，阮籍是万万不会做的，觉得不合规矩，但是，学玄之后，心思通透，只要内心的想法不龌龊，做什么有什么关系呢？看到阮籍被自己带得如此，估计刘伶的心中很是得意，他不但爱喝，还为酒写文，留下了《酒德颂》一首，大意是说自己行无定踪，居无定室，以天为幕，以地为席，跟随自己的心意行动，不管是停下来还是行走中，随时都要举着酒杯饮酒，一切以酒为根本，不知道其他的什么。至于别人要怎么说，自己一点都不在意。别人越是要在这方面说自己，自己反而更加要饮酒，喝醉了就倒头大睡，醒过来之后也是恍恍惚惚的，于无声处，就是一个惊雷打下来，也听不见，面对泰山视而不见，不知天气冷热，也不知世间利欲感情。俯瞰万物，犹如浮萍之于江海，随波逐流，根本不值一提。

通观刘伶的这篇《酒德颂》，可以发现其实在其中暗含着和何晏一样的思想，都是只顾今日，不管他朝的只顾现在享乐的生活态度，只是和何晏的消极悲观相比，刘伶更为达观一些，他也更能够摆脱人性中的一些弱点，抛开对名利金银的喜爱，将全部的情感都给了他最爱的酒。

饮酒是魏晋名士交游必不可少的一个环节，只是无论是对于正始名士还是竹林之人，酒的意义对于他们来说已不仅仅只是酒而已。在他们好酒的背后，隐藏的是整整一代人的忧伤心境。面对政治倾轧，官场钩心斗角，郁郁不得志，看不到希望，与其清醒着痛苦地面对这一切，不如喝个酩酊大醉，醉眼中再来看这荒诞的一切，人生的痛苦陡然地轻松了起来，一切都变得似乎不再是那么的痛苦，而一切的痛苦也都有了发泄的渠道，有了可以承担的重量。

于是，左手执酒壶，右手端酒杯，在一次次的醉酒之中，竹林之人于痛苦中生发出快乐，将纵情推向了高潮。

好乐的阮咸来了。稗官野史留下了他放浪的名声，千年的琵琶才真正地留下了他的性情。比起琴，琵琶只是下里巴人，登不得大雅之堂，反而恰恰契合了阮咸这个由性的少年，泛着灵气，清新脱俗。嵇康在清晨散着雾气的竹林之中弹琴，阮咸如痴如醉地听着，听到兴起处，不由得一跃而起，拿出随身携带的琵琶，和上了那高亢的琴声。琵琶和古琴本不契合，可是在这竹林之中，却完美地交织在一起，正是对音乐共同的热爱让他们突破了乐器自身的壁垒，融洽了感情。

机智的王戎来了。年仅弱冠的他还没有更多的想法，所以并不多言，更多的时候只是安静地听着嵇康和向秀在辩论到底是老子高明还是庄子更胜一筹，直到听得兴起处，胸中不吐不快，于是也就顾不上身份辈分加入了战局，激烈地辩论起来，表达自己的想法。

率性的吕安带着自家兄弟来了。他开始常住山阳，和向秀一起在菜园子里种菜、浇水、施肥，在与土地最亲密的接触中去感受最纯净的大自然的味道。或者坐着院子里，看着嵇康打铁，耳边传来锤子敲击铁块的声音，感受生命有力的狂舞。

阮籍笑眯眯地看着众人，这些都是得其青睐的人，大家在其间任意妄为。这是一次空前绝后的聚会，洛阳的血腥之气还没有吹到山阳竹林间，一众名士们聚集其间，共享竹林之游。这是一次彻底自由的聚会，没有纲领，没有组织，甚至其中的主人嵇康都不像是主人，随意地任大家自由地来往其间，饿了他提供吃的，渴了他提供喝的，除此之外，一切随意。

这些人中，有的已经认识很久，有的才只是初次的相遇，可每个人却像是已经认识了很久很久。世间所有的相遇都是久别重逢。他们在对方的身上感受着相同的味道，那是来自同路人的召唤，或许他们的思想不同，有人信儒，有人入玄，性格也各有差异，但是他们能够惺惺相惜，互相尊重，这是最难能可贵的。除此之外，他们之所以能够紧紧地聚集在一起，还因为他们在政治倾向、学术爱好上的一致性。

在政治上，虽然一个个都是名士做派，笑对官场中人，可是面对着严峻的现实，司马懿一派和曹爽一派如火如荼的战局，也迫使他们不得不做出选择。于是，阮籍毅然拒绝曹爽，回归山林；山涛也解下官符，辞去官职。至于嵇康、向秀等人心思更是本就不在做官上。在政治归属上，竹林七贤的核心人物都有着一样的原则，那就是乱则避世。

而在思想上，他们更是找到了人生的知音。嵇康碰到了向秀，就像是俞伯牙碰到了钟子期，高山流水只有遇到了知音，才算是找到了真正能够欣赏的人。而阮籍碰到了嵇康，更像是一剂救命的药，他那无法发泄的痛苦豁然得到开解，人生从此打开了另外一扇大门。

缘分就是如此奇妙，嵇康看着眼前的这一切，当初刚到山阳的寂寞已经成为过去，有了这么一帮朋友，从此山阳开始热闹了起来。长乐亭主笑着走了过来，坐在了嵇康旁边，嵇康接过他们的女儿，笑着说道："夫人，是否有些吵闹，要不要回屋歇息？"

长乐亭主摇了摇头，淡淡地说道："不，挺好的，这才是最理想的生活不是吗？"

嵇康点了点头，没有再说话，握住了她的手，心中是前所未有的平静。

第五节 由儒到玄，舍老入庄

伴随着竹林之游达到了高潮，竹林之士除了喝酒游乐，对玄学的讨论也越发地深入。他们的思想深处也在思考着人生的问题、国家的格局。这和中国知识分子天生的使命感有着不可脱卸的关系，他们出生的阶层已经决定了他们将来要走的就是为官这一条路。即使已经选择了隐居避世，但是本能还是会促使着他们要讨论时势救国，在思想上、文化上留下自己的印迹。

在中国漫长的历史中，留下的思想经典自然不计其数，特别是先秦时期，已经百花齐放，百家争鸣。除了流传至今的儒、道、法三家，还有墨家、名家等等。随着历史的优胜劣汰，当权者掌握了政权之后，选择不同的学说为国家建立的合法性寻找依据，凝聚国家力量。这其中，儒家的地位高高在上，自不用说。特别是汉武帝时候，更是提出了"罢黜百家，独尊儒术"，儒家成为独一无二的治理国家的理论。既然儒学如此的完美，为何在曹魏时期玄学又会兴起，儒学遭人唾弃呢？

那是在汉武帝的时候，有了之前皇帝的努力，已经为盛世的开启准备好了条件。那个时候经济实力强盛，政治清明开放，国家风调雨顺，人们已经能够填饱肚子，基本上做到了安居乐业。而只有在让老百姓吃饱了饭之后，国家才会有余力进行文化教育，老百姓才会听从。不然的话，连饭都吃不饱，老百姓整天想的肯定是去哪里弄吃的，哪还有心情去管什么思想教育呢。就在这个时候，汉武帝就抓住了时机，他仔细地比对了一番，又结合群臣的意见，最终确立了儒家思想作为国之根基。儒家的学说本来就利于凝聚人心，如今再经过了利于皇权统治的改造，用此来统一人们的思想，增强民族的凝聚力是最好不过的了。于是，在儒家思想的教育下，官员的心中以皇上为中心，百姓的心中以自己家中的男人为中心，形成了一套"君君臣臣父父子子"的等级制度，通过不懈的宣传，这种思想逐渐地根深蒂固，逐渐统治了人们的思想，让人们去服从上级的约束。当然，这样的一套制度，在国家强盛，四海升平的时候简直是完美的一套制度，可是一旦国家陷入了混乱的时候，人们连饭都吃不饱之时，自然也就顾不得什么礼义廉耻，一切也就失去了意义。就像是汉朝刚刚建立的时候，从汉高祖到汉文帝，都讲究的是"无为而治"，这恰恰就是老子提出的观点。在国家困难的时候，最好轻徭薄赋，不要随意地打扰百姓的播种时节，休养生息，这样才能让国家的经济早日恢复起来。就是靠了这个政策，汉朝才逐渐地强大起来，才有了汉武帝的全盛时期。可见，治理一个国家来说，最好的理论学说就是能够做到儒家和道家兼顾，如果能够再加上法家的一些思想那就是再完美不过了。

所以，在曹魏时期，有西蜀和东吴这样不稳定的因素存在，曹魏国家并不稳固。汉武帝时期那样完美的条件已经不复存在，再想用单纯的儒家思想统治国家已经不行。当何晏为首的洛阳那帮浮华公子们改变治国思想，提倡以道为本，以儒为末的玄学思想的时候，正是契合了当时时代的需要，做出了合理的选择，可惜的是执政者没有才干，空有治国的理论，不能够做出相应的行动，现在想来，实在是扼腕不已。因此，当阮籍写出《乐论》维护儒家思想的时候，招致夏侯玄的攻击也是在理所当然之中。

玄学风行已经是大势所趋。但是虽然人人都在谈论玄学，但对于玄学的理解，也是千人千面。如果阮籍一开始是由何晏那一派介绍了解玄学，相信他在日后的行为不会那么的极端，弃儒学如敝屣。可是天生反感洛阳那帮浮华公子的阮籍结识了嵇康，从此走上了一条不同的谈玄之路。

嵇康是山阳竹林之游的主持人，也是竹林思想主要的传播者。先前已经提到，他的玄学思想是"越名教而任自然"。他和正始名士不同，正始名士尚且把儒家列为末，代表还保留着儒家的一些功用，可是到嵇康这里，他已经彻底地抛弃了儒家，一心一意地去提倡道家。这种提法是他独有的。嵇康少时读书就独爱老庄，而且他不像何晏这些人，为了政治上的功用，嵇康完全是凭着个人的兴趣，因此，他对于玄学的思考更是偏重于哲学层面的，从哲学上来为玄学建立理论依据，这种思考是纯粹的。

受了嵇康影响的阮籍在一夕之间判若两人，前后行径大相径庭，使人大跌眼镜。他开始大肆地批判他曾经那么钟爱的儒家学说，高声地颂扬道家学说。在他的咏怀诗中写道：

昔年十四五。志尚好诗书。被褐怀珠玉。颜闵相与期。
开轩临四野。登高望所思。丘墓蔽山冈。万代同一时。
千秋万岁后。荣名安所之。乃悟羡门子。噭噭令自嗤。

由喜读孔子圣贤书到转向求仙问道，心路历程由此可知。老子学说不同于孔子学说，孔子提倡入世，一言一语都在教导着如何在尘世中做一个君子，就像是个笼子，是个模板，把人套入其中。而老子学说则是在告诉你该如何逃脱，到更广阔的天地之中去修行个人，释放天性。这大概才是阮籍想要的，也是他被深深吸引的地方。

相比于正始名士，竹林名士进一步地拓宽了玄学范围，并且他们重新发现了一个人，那就是庄子。自古以来，老庄老庄，在人们的印象之中，老子和庄子一直都是并称的，可是在竹林之前，曹魏学玄之人的心中，老子才是最正宗的，庄子并不值得一提。

正始名士王弼为《道德经》作注，将老子思想发扬光大，成为魏晋玄学思想的基础。正始名士谈玄以老子为尊，将老子"有无"、"道"的思想极力加以发挥改造，而庄子虽说不至于籍籍无名，却也是关注甚少。

直到竹林之士重新发现之后庄子才一飞冲天，谈玄从宗老转向了宗庄。为何会发现庄子？其实看庄子的一篇人尽皆知文章——《逍遥游》就可以一窥究竟。

文章开篇写道"北冥有鱼，其名为鲲。鲲之大，不知其几千里也。化而为鸟，其名为鹏。鹏之背，不知其几千里也。怒而飞，其翼若垂天之云"。读起来就气势恢宏，顿生飘逸之感。竹林之人一个个都是神仙样的人物，读到这样的文章，自然就已经觉得神清气爽。文章接着又论述道"若夫乘天地之正，而御六气之辩，以游无穷者，彼且恶乎待哉！故曰：至人无己，神人无功，圣人无名"。通过对比小大之别，根据参照物的不同，没有一个绝对的答案，由此得出人应该突破极限，去追求自由的精神世界。

庄子写作意出尘外，怪生笔端，想象诡谲，又善用比喻，读他的文章简直就是一种享受，特别是他的散文写得行云流水，是有名的文采斐然。竹林七贤中的阮籍和嵇康写起文章来那也是文笔了得，对于文字优美之文更是爱惜有加，读到庄子这样的文章那自然是爱不释手。特别是庄子的这篇文章里不仅仅只是文学意味浓重，还在于它其中表明的道理，"圣人无名"，对于竹林参玄之人来说那更是说到了心坎里。庄子哀叹渺小之物的易于凋零，即使是能够存在几千年的事物有的时候仍然是不堪一击的，联想到曹魏时期，政治混乱，人命如草芥，不就是像那小草一样的脆弱吗？那么该如何解决这个问题呢？庄子认为就是做精神上的逍遥游了，只要在精神上突破了这一切的局限，人生也就是自由自在的了，也就不会再惧怕生命的失去、世事的凄惨，因为你已经进入到了另外一个境界。

竹林之人读到此处，顿感心有戚戚焉，这不就是我们辛辛苦苦要寻找的良药吗？他们如饥似渴地开始寻找着庄子其他的论著，如发现了千年的知音。这真是对了的人遇到了对了的思想，只有在竹林之人的手里《庄子》才真正地被人重视，也只有《庄子》能够体现真正的竹林精神。

比之老子，庄子的作品更有艺术上的价值，对于讲求文辞的竹林之人来说自是难得，并且老子经过正始名士的发掘，能够留给竹林之人再去开掘的东西其实已经不是太多，而庄子还未经开掘，可发现之处自然不少，并且庄子的学说中蕴含的内涵也是深深地契合了竹林之人的追求。

很快地，谈玄便从老子转向了庄子，特别是向秀，他实在是为庄子倾倒，便想来个《庄子注》。不料一向与他心有灵犀的嵇康这时候却说道："《庄子》中的语言玄妙而其旨又深，强行注释的话呢，只怕是会变得僵硬呆滞，以前也没有一个较好的注，不如不注吧，免得弄巧成拙。"

"叔夜言之有理。可我还是不想放弃，想要尝试一番。"向秀谦虚地回答道。

嵇康的话自然是一番好意，生怕玷污了前人经典。只可惜他怕是低估了向秀对于《庄子》的一腔热爱，虽听了嵇康的言论，向秀依然是没有放弃。在竹林热谈庄子之时，他一边潜心挖掘书里的内涵，一边又注意众人的精妙言辞，就这样开始了为《庄子》写注的路程。

第六节 山雨欲来，风雨满楼

就在向秀提笔撰写《庄子注》，竹林之游达到高潮的当口，京城洛阳已经准备就绪，一场针对曹爽的战斗即将拉开帷幕。

此时的京城处处流传着流言蜚语，关于曹爽和其党羽何晏、李胜等人祸乱朝政的言语不时能从百姓之间压低的谈话声中听到，虽然不敢公开地谈论，可是也已经传遍整个洛阳城。对于京城里的舆论，权势滔天的曹爽不可能不知道。虽然怀疑是司马懿故意派人做如此的谣传，可是司马懿一直没有动作，乖乖在家养病的行动已经彻底地麻痹了他，在他的心中，司马懿已经像是一只掉了牙的老虎，没有什么威风了。并且自己平时的行事到底如何，他心里也还是知道的，也是有些心虚。如此之下，曹爽也就不好有什么动作，但是，即使如此，曹爽还是把何晏等人叫到了府上。

"侯爷，您找我们？"何晏小心翼翼地问道，他最近的精神很不好，自从前两天管辂给他算过命之后，他就一直心神不宁。

"有没有听到最近民间的谣传？"曹爽背手而立，严肃地问道。

何晏想了想，惴惴不安地说道："略有耳闻。侯爷何必放在心上，老百姓就是这样，喜欢议论纷纷，侯爷不高兴的话，我派人管严点。"

曹爽摇了摇头，叹口气说道："我不是不高兴，只是何晏你们出去的一言一行都是关乎着我的名誉的，平时也要注意点。你说你喜欢钱财名利，我也没有说你什么，但是还是不要太过了，留个好的声誉还是必要的。"

何晏低下了头，连忙说道："是，我知道了。"

曹爽还不是一个彻底的草包，知道自己名声的重要性，可是他知道如此去要求别人，对待自己却又是不一样的标准了，平时的生活骄奢淫逸，早已经授人口实，这时候再去要求下属，约束他们真是一件好笑的事情。

何晏走出了曹府，听了曹爽的话，心里更加的抑郁了几分。他不由得羡慕起前几年因为得罪了曹爽被派出在外的夏侯玄，虽然比不上京城生活的痛快，可也是一条安全的退身之路啊。只怕现在的自己想要收敛一下，留下个好的名声，也没有机会了。

邓飏看了他一眼，说道："你最近是怎么了，不就是那个的相术师说了几句，现在都几天了，还是没有缓过神？"

何晏说道："难道你一点担心都没有？"

邓飏叹了口气说道："亏得你平时参玄论道的，怎么一点仙风道骨都没有，事情该来总会来的，担心有什么用。"

这边曹爽一派心神不宁，司马懿可是已经在暗暗筹备，就等待一个机会了。

"父亲，蒋大人来了。"司马师小声地对司马懿说道。

"嗯，小心点儿带到小书房，好好招呼着，我这就过去。"司马懿说道。

"是。"司马师回答道。

蒋济站在书房内看着周遭的布置，很是简单低调，但是每一个物件望过去又价值不菲，就像司马懿这个人一样，看上去没伤害，不经意就会咬人一口，这一次和他合作会是正确的吗？蒋济陷入了沉思。他已经是四朝老臣，不想在生命的最后阶段反而给别人做了枪手。

司马懿过来的时候,看着蒋济的表情,他就知道这个老伙计恐怕又是在掂量着这事儿值不值得干了。蒋济虽然有的时候为人是喜欢夸耀了一些,但是也是谨慎老实的主,要说谋反他绝对是没有胆量的,对于曹魏江山也算是忠心耿耿地在守护。这次同意和司马懿合作也是因为曹爽办事越来越不像话了,蒋济才会同意和司马懿合作,给曹爽点儿打击,削弱一下他的权力。

"蒋大人,近来无恙啊。"司马懿笑着迎上前去。

蒋济连忙拉住了司马懿,说道:"太傅,都什么时候了,还问这种小问题,你就告诉我你可有把握?"

司马懿不慌不忙地拉着蒋济坐了下来,说道:"那是自然,我司马懿做事哪有让你不放心的时候。再说,我们也不是要干什么大事,就是警戒一下那曹爽不要太过分,莫忘了先帝在的时候是怎么嘱托他的。"

蒋济点了点头,说道:"确实,曹爽也是太过分了,马上就要和皇上平起平坐了,怎么对得起先帝托孤。这一次一定要好好地给他个教训,但是你可是要给我个保证,曹爽的性命那是一定要留的。"

"你说的正是,我和曹爽都是先帝托孤之人,怎么会不顾先帝的面子,对他下手呢,实在是他做的事已经对国家有害了。说起来,我们已经是四朝元老了,不就是为了国家安稳,皇上万福嘛。"司马懿说道。

"嗯。那我就听太傅的号令了。"蒋济下定了决心,握着司马懿的手郑重地说道。

送走了蒋济,司马懿就找来了司马师。

"父亲,蒋大人走了?"司马师说道。

"嗯,刚走。我又给他下了一颗定心丸,他应该可以放心了。"司马懿冷冷地说道。

"那我们什么时候动手?"司马师也是个胆大心细的人,在司马懿的培养之下，他已经是个合格的政治家。

"皇上每年都会去高平陵祭奠先祖，今年也不会例外，现在京中曹爽兄弟掌握着兵权，想必一定会随皇上前去，到时候我们控制了京城，来了清君侧，那曹爽一定跑不了了。"司马懿得意地说道。

"父亲果然是足智多谋。只是那京城的兵权既然已经在曹爽手中，我们又怎么能控制呢？"司马师担心地问道。

"那就需要再找一个人。这件事先不要告诉你弟弟，他为人鲁莽，不及你细腻，别让他坏了大事。等到真正行动之时，再告诉他。"

"孩儿知道。"

第二天，司马懿就秘密地来到了宫中，找到了一个人，正是郭太后。郭太后被曹爽强行地从皇上身边搬走，心里对曹爽正是满腔怒火，再加上平日曹爽行事嚣张，听到司马懿这样一说，心里那是再同意不过。此时的郭太后估计也不觉得司马懿会有什么狼子野心，她觉得真正有狼子野心的是曹爽之流，司马懿的计划正中其下怀。并且司马懿做事很是完备，他来找郭太后是商议京城方面接替曹爽兵权的人选，他没有自己单方面地决定，而是选择和郭太后商议，估计也是为了去除郭太后的心防。并且看看他选的这两个人，郭太后更是没有意见了。此二人，一个是高柔，一个是王观，都是朝里鼎鼎有名的忠贞之臣。前者在曹爽随意修改国家典法制度的时候，苦苦相劝；后者为了百姓的利益甘愿让自己多病的儿子去当人质。这样的两个人一出现，郭太后已经是完完全全地相信了司马懿只是想铲除曹爽这个奸臣而已，心里是一百个支持了。其实，郭太后也是存了自己的心思，她也是很有野心之人，曹芳对曹爽的言听计从，她早就不满意了。两人又仔仔细细地商量好了对策之后，司马懿才告辞回去。

"父亲，已经商量好了？"司马师问道。

"嗯，一切都准备好了，只等待一个时机了。这一段时间，你一定要沉住气,千万莫露出马脚。"司马懿吩咐道。

"是,我知道了。"

司马懿不愧是政坛老手,一切都是谨慎再谨慎,生怕被人抓住了一丝痕迹,当然,这也是他能够成功的重要条件。一场政变已经要不可避免地发生了,曹爽的专权跋扈,司马懿的不甘居于人后,当两者不能够达到平衡的时候,安稳了将近十年的正始格局就要被打破了,这是历史的必然,也是历史的残酷之处,这意味着要有流血,要有伤害,要有无数的人命为这一次的事变陪葬,这同时也意味着已经达到了高潮的竹林之游即将失去它最后的美好时光,自由自在过自己日子的大好时光再也一去不复返了。迎接众人的到底是什么,只有在这次事变之后,才会得到一个清晰的答案。

再来看一眼竹林最后的清静时光吧!阮籍逗弄着嵇康尚且年幼的小女儿,笑着教她牙牙学语;山涛在看一本玄学著作,不时地皱起眉头,须臾又舒展开来,大度一笑;刘伶和阮咸在拼酒,双方已经都有了醉意,还是不愿意放下手中的酒杯去歇息,继续互相叫嚷着再来一杯;王戎在好奇地左顾右盼,一双明亮亮的眼睛闪烁着激动的光芒;向秀拿着《庄子》摇头晃脑地读着,兴起处真是恨不得跟着庄子羽化登仙;至于嵇康,他在笑着看向大家,他性情高尚,单纯俊秀,他爱着他的朋友们,希望他们快乐……七个人,随意地在这竹林之中栖居着,听着山风吹来的声音,伴着竹叶轻轻地摆动,看着溪水悄悄地流过,花瓣随其而下,一路打着旋儿不见了,石桥上是谁站在那雾中,看不见脸庞,只看到轻盈的姿态。如此美妙的场景,却如此引人嗟叹。竹林,这已然是中国文人精神的一座丰碑,也是中国文人永远的一种向往,他们受尽了苦难,经历了磨难,承受了种种的不如意,不就是为了能够寻找到这样的一片乐土,没有打扰,尽情地安抚他们的痛楚,发泄他们的痛楚吗?可是,现实的大网已经无情地撒下,将他们网罗其中,再也没有了自由的方向。

第五章

高平陵变,名士凋零

司马懿发动了高平陵事变，一举粉碎了曹爽及其党羽，彻底掌握了政权，从此开始了司马家族执政的时代。正始名士很多被杀戮，几近凋零。朝廷之上，危机四伏。正始名士退出历史舞台，而竹林名士开始进入人们的视野。

第一节 皇帝谒陵，司马谋变

公元249年（正始十年），正月，一场影响曹魏国家走向的政变即将拉开帷幕。

每年的正月里，小皇帝曹芳都要到距离京城洛阳大概八十里的地方，去拜祭魏明帝曹睿的陵墓——高平陵，今年自然也不例外。可是今年的例外之处就是不但曹芳去了，曹爽兄弟及其亲信也要一起陪同前往，朝廷之中自然是人员缺乏。按理说曹爽兄弟是不用去的，虽说是拜祭先帝，但这只是皇上个人的行为，不用百官跟从。而曹爽非要跟着去，等于说给了司马懿一个天大的机会。大概曹爽想着自己是皇室宗亲，去拜祭一下也算是自己家里的事情，况且如果不是先帝给了自己辅政的权力，也就没有如今的痛快日子，并且现在朝中已经没有人能够对自己构成威胁，算是太平安稳，即使离开了京城，也不用担心有什么异乱。

这厢曹爽伴随着曹芳刚刚离开，那边司马懿即得到消息，马上从病床上就一跃而起，之前的颓唐一扫而空，眼中精光顿现，他连忙招呼了儿子司马师和司马昭，准备行动！相比司马师的淡定，司马昭心中激动不已，他刚刚在前两天知道了这次行动,昨天晚上更是激动得一夜未眠,就在等待这一刻了!

相比他的哥哥和父亲,司马昭还是嫩了一点。昨晚翻来覆去,想到即将要发生的事情,他就睡不着,想到司马师的院子里,和他商量一番,没想到司马师鼾声如常,根本就未受什么影响。

三人刚出庭院,司马昭又一次地惊呆了,只见院子中整整齐齐地站着三千死士,看上去黑压压一片,却没有一点声响。他敬佩地望着父亲和哥哥,不知道什么时候,他们在哪里就养了这么一群死士。

"这是我和你哥在几年前费心搜罗的。养兵千日,用兵一时,如今正是用他们的时候了!"司马懿目光凛冽,身上杀气顿现。

做了一番动员,父子三人就按照计划,开始分头行动。司马懿不慌不忙地进了宫中,按照先前和郭太后的商议,由郭太后下令关闭了各个城门,然后亲自率兵直奔武库而去。军械库是重要之地,一旦被控制,即使有人反抗,那也是没有了兵器,无能为力了。就在同时,魏司徒高柔也已奉太后旨令,持节宣布代理大将军一职,占领了曹爽大营,而太仆王观则代理了中领军职事,迅速占据了曹羲营地。

眨眼之间,司马懿已经控制了曹爽兄弟的兵力,完成了至关重要的一步。司马懿虽说行动敏捷,但是还是已经在洛阳城内闹得沸沸扬扬,人们看着传说中身患重病的太傅如今精神抖擞地调兵遣将,自然知道怕是有大事情发生。此时曹爽的妻子刘氏已是惶恐万分,顾不得男女有别,亲自跑到大厅里来向府中留守将官问计,曹爽帐下严世随即招呼士兵登上门楼,引弓向在下面走动的司马懿射去。可没有料到的是将领孙谦拉住他的手臂说道:"事未可知,不可妄动!"严世三次欲发箭都被孙谦扯住,竟眼睁睁看着司马懿一众从容而过,毫发无伤。

城中有如此异动,曹爽一派见主人不在,虽说不敢轻举妄动,但是也不甘坐以待毙,纷纷趁着城门尚未关严,出城而去,这其中有一位,就是之前提到的桓范。他之前警告过曹爽打猎时注意城中警戒，万不可让人趁着曹爽兄弟不在城中给夺了兵权，如今倒是被他不幸给言中了。说起桓范和曹爽的关系倒也是称不上多么亲密，在司马懿和曹爽的争斗中，他更像是个中间派，如今司马懿和曹爽的斗争已经亮在了台面上，自然也就是站队的时候。其实，桓范足智多谋，智慧过人，是个人物，司马懿也不是没有给过他机会，大将军营他交给了高柔，中领军交给了王观，而最后一个武卫将军，正是准备交给桓范的。可这个时候，桓范偏偏犹豫了，看着司马懿借郭太后名久下的诏书，他思考再三，刚刚准备去投靠司马懿，可是这个时候，造化弄人，儿子在身边建议道："皇上不在京城，自然应该出城追随皇上而去，只要有皇上在身边，还有什么可怕的。"桓范咬了咬牙，听从了儿子的劝诫，拿着大司农印，对着守城的门卫喊道："陛下下令召见我，速开城门！"守城的恰好是他以前的部下，桓范顺利地逃脱出去，回头对门卫说道："京城里面谋反了，还不快跑。"卫门听此大惊，随后也就逃了出去。桓范一路快马加鞭地去了高平陵，向着曹爽奔去。司马懿此刻和蒋济正站在洛水浮桥，听闻此事不由得大惊失色："哎呀，智囊跑了！"蒋济倒是安然一笑，说道："不足为惧，曹爽这样的胆小鬼，就是桓范想出了能够扭转形势的计谋，只怕曹爽还不敢用呢！"

此时，洛阳城内的局势已经完全在司马懿的掌控之中。高柔和王观手握曹爽兵权，不让士兵有异动；司马昭守卫宫廷，防止出任何变故；司马懿和蒋济还有司马师带着三千死士赶至城外，驻守洛水浮桥，威慑曹爽。京城各处，在司马懿的调度之下，井井有条，丝毫不乱，不得不说，司马懿在治军方面的确是高人一筹，只怕十个曹爽也比他不上。

这时距离曹爽离开京城不过只是半日，尚未到达高平陵，就接到了匆匆赶来的下属的通报，曹爽彻底地惊呆了。在他惊慌失措之时，一封奏章的到来更是深深地打击了他。司马懿稳定了局势之后，马上就派人给小皇上上表，历数了曹爽的各种违法乱政行为。以前曹爽干过的错事件件在案，违背祖制，贪图享乐，皇帝面前越轨……曹爽看着眼前司马懿严词要求惩戒自己的奏章，自然不敢呈给皇上，心里惊慌不已，以前的快乐转眼间化为今天的痛苦。曹爽已经乱了方寸，连忙下令驻扎在伊水之南，临时召集了正在屯田的士兵，暂时形成了抵挡之势。

"侯爷，这里距离许昌不过是一天的路程，我们完全可以先同皇上一起奔赴许昌。到了之后，以皇上之名，召集天下兵马，到时天下人必然响应，局势就会扭转，太傅定会无可奈何啊！"说话的正是仓皇之中奔来的桓范，他的这条计谋确实能够扭转局势，算是一道良策了。可是碰上了没有头脑又胆小如鼠的曹爽也算是他的霉气了。曹爽心里思量许久，迟迟没有答应。

桓范心中急了，他可是舍弃了一切跑出来跟了曹爽，算是赌上了身家性命啊，又接着劝道："侯爷，那司马懿着实心狠手辣，你看他忍辱负重这么久也要把你拉下马，怎么可能会轻易放过你，你若是回去下场必定凄惨啊。这里离你别处的军事驻地也不算远，况且我手中有大司农印，能够调度天下粮草，我们完全有能力一战啊！"

这边桓范苦苦相劝，那边曹爽一直皱着眉头，不肯开口同意，多年的富贵生活早已经消磨掉了他的斗志，想到即将要开战，他的心中就升起一种恐惧感，在心理上，他已经败给了司马懿。

这夜无人入眠，曹爽和曹羲两兄弟商量了许久，还是拿不定主意。半夜里，侍中许允与尚书陈泰联袂到来，却是劝曹爽回京请罪，以求能自我保全。

曹爽本就不想和司马懿开战，这二人的到来很快地说动了他的心，到天明时，他已经做好了决定，回去京中，等待发落。

桓范闻此大哭，看来真是站错了队，认错了人，不禁开口骂道："曹子丹（曹真）一向以多智自信，可是看看他的儿子，简直是蠢猪！哪会料到今天是因为你们的原因让我灭族！"

曹爽心中则想着既然司马懿不是想要自己的性命，那何必还要跑到许昌去跟他作对，到时候司马懿再打过来，自己打不过他，那就是杀头的下场了。心中这样计较一番，曹爽已经做了决定，虽然如此，曹爽仍是放心不下，派了许允、陈泰二人到京城见过司马懿，一探口风。司马懿见到二人，心中已经了然，曹爽只怕是要降了，对着这二人，他再次一一历数曹爽犯下的过错，辞色严厉，但是又转口声称即使这样，也只会罢免曹爽官职，收回兵权，至于爵位还是会保留的。有了这样一颗定心丸，许允、陈泰二人回去之后，向曹爽表达了司马懿的意思，曹爽一听自己虽然兵权不再，但是还可以做个富贵闲人，更加愿意了。做事谨慎的司马懿料到曹爽还将担忧，于是随后又命殿中校尉尹大目赶去，指着洛水发誓，不会动曹爽分毫，他更是让蒋济修书一封，私下传递给曹爽，说司马懿之意确在免职而已。尹大目素来得曹爽信任，而蒋济一向风评不错，有这两人出面，曹爽立刻定下心来，准备马上返京。

这场政变在司马懿的铁血手腕之下迅速地有了结果，所有的人甚至曹爽都觉得这件事算是过去了，朝纲重整，国家将会很快地安定下来。可是，在司马懿的眼中，这只是完成了第一步而已，不仅要把曹爽打倒，而且还要毫不留情地将其打死。高平陵政变，只是刚刚开始而已，真正的血雨腥风尚未到来。

第二节 曹爽被黜，末路将临

既然已经决定了接受司马懿的条件，曹爽也就不再犹豫，把奏章递给了小皇上曹芳。曹芳也不是笨蛋，看到这封奏章也就知道了京城只怕是已被司马懿控制了。按照司马懿的意思，曹芳罢免了曹爽兄弟的官职，让桓范陪同自己回到了洛阳城内。众人垂头丧气地行到了洛水浮桥，但见司马懿威风凛凛地站在桥头，整装待发，曹爽不由暗叹，还真是低估这个人了啊。此时的桓范也已经是心灰意冷地跟在皇帝的旁边，看到了司马懿，一言不发，只是向他跪了下去。司马懿连忙热情地招呼道："桓大人，这是干吗，还等着你官复原职呢？"桓范心中一惊，抬头看向司马懿，可是那张脸上没有表露半分的冷意，反而笑意连连。桓范不禁在心中犯疑：这个老家伙又要干什么？

除了司马懿自己，大概没有人知道他真正要做什么。所有的人都以为这件事已经结束，跋扈专权的曹爽也已经得到了处置，朝廷从此清明，但阴谋正在悄悄罗织。

朝廷之上，曹爽跪着听完了对他的罪状的宣判，正要黯然出宫，他的主簿杨综连忙阻止他道："您就不给自己留条后路，那司马懿怎么可能会真的放过您，难道您是真的想要去刑场吗？"曹爽的背影顿了一顿，心中一凛，但是转念又心灰意冷，司马懿来的这一手让他看到了自身和司马懿的差距，再斗下去，只怕是也赚不到什么便宜的，想到这里，他加快了脚步。

失去了官职的曹爽兄弟赋闲在家，原以为安然无事，可是司马懿马上强迫曹芳下旨，征了八百余名洛阳人在曹爽的府邸四角建起了四座高楼，并且派兵将其团团围住。曹芳也是无能之人，虽说他继位时尚且年幼，身边两大权臣司马懿和曹爽在侧，但是当时曹魏众臣之中，还是有不少真心效忠他的人，可是他却一直没有培养出属于自己的势力，眼睁睁地任人蚕食，前半生被曹爽把持朝政，后来又换成了司马懿，完全没有自己做主的权利。

高楼之上日夜有人看守，一举一动都有人报告给司马懿知道，曹爽兄弟俨然已经成了犯人。此时的曹爽心中有一丝丝的后悔，觉得这司马懿手下的富贵闲人那是一点都不好当，愁闷不堪，想要去后花园消遣一番，刚走个没几步，就听得楼上有人在喊："原大将军往东南去了。"羞辱之意甚是明显，曹爽再也不好意思，急步回到了房中，再不敢轻易出来。

见到司马懿摆出了这个架势，曹爽思来想去总觉得不对劲儿，心中惊怕，于是同弟弟曹羲商量道："太傅这是何意啊？我们已经乖乖折返，也解去了官职，交出了兵权，为何对我们还是这么的严密控制，我出去散个步都要被人羞辱一番，这和他在书信中描述的并不一样啊。"

曹羲点了点头说道："是啊，我心中也是惧怕不已。哥哥何不写一封信，试探试探，就说我们口粮不足，可否向太傅借些来，如果他同意的话，那就说明了他并无杀我们之心啊。"

"嗯，你说的这个主意可行，就这样吧。"

主意商定之后，曹爽马上就修书一封，言辞之间极为客气，自己的姿态降到了极低，甚至自称贱人，一边说贱人恐惧不安，理当杀戮，一边又说家中已经无粮可食，请求太傅能够赠送一些，以求苟安。

司马懿看了曹爽的来信，心中一哂，已是不屑。

"父亲，可是真的要给那曹爽一些？"司马师问道。

"当然。"司马懿痛快地答道。

"那是要放过他们了？"

"怎么会，斩草要除根嘛，再留两天而已。"

接到了司马懿派人送来的粮食、肉干，曹爽兄弟的心又放了下来，觉得司马懿还是不会杀掉他们的，殊不知这是敌人最后的仁慈而已。

果然没过两天，士兵就闯进了他的家门，大声宣布了曹爽"谋逆造反"的罪名，顷刻之间，府中鸡飞狗跳，人仰马翻，混乱不已，曹爽一家被人拖了出去，转眼就下入了大牢。谋反的罪名可不是闹着玩儿的，自古以来，皇权最担心的就是被人夺去，一旦被安上了这样的罪名，那可是全族都要掉脑袋的大事。曹爽自然明白其中的严重性，大声表示不服，要他们拿出证据来。

这时司马懿精心安排的人证就要上场了，正是黄门侍郎张当。黄门是皇帝身边的内侍，平时在宫廷之中走动，跟曹爽的关系确实很是密切，据说曹爽能够带走魏明帝生前的才人，他也是出了不少的力。司马懿就是拿住了这么个人，一阵严刑拷打下来，张当受不得苦，也就同意了说曹爽确实是图谋不轨，想要谋反篡位。

有了张当作为证人，司马懿马上开始了雷霆行动，将曹爽兄弟一家全都下去了天牢，曹爽的党羽们也一个都不放过，都给下了大牢，一时之间，京城之中人人自危，平时和曹爽稍微交往过密的人，纷纷表示和曹爽划清界限，省得牵连自身。

到了这个时候，老臣蒋济和郭太后也看出来了，只怕那司马懿的目的可不只是简单地让曹爽回家当个富贵闲人，而是要让全天下的人都知道曹爽是想谋反，借着这个罪名，好一举除掉曹爽，彻底地独霸政权。而自己，只是被人家当了枪使，郭太后在这个时候才是要真的开始垂泪了，要是还有个曹爽在的话，司马懿也不敢这么轻举妄动，现在的形势，只怕想要谋反的是他司马懿吧！

蒋济也很是不忿，当夜就找到了司马懿府上，怒问道："太傅如今这番举动却是为何？你我二人都心知肚明，那曹爽出了名的胆小鬼，他要是敢谋反，当日他就不会回来！直接听了那桓范的计谋，还有我们什么事儿！"

司马懿依然气定神闲，说道："蒋大人何必生气呢，这谋反的罪名是那黄门张当说的，又不是我安在他身上的，大人莫要找错了人撒气啊。"

"你！"

蒋济被他气得无话可说，一拂袖子，转身出了太傅府。蒋济说的并没有错，按照曹爽的个性，他也就是能够享享福，贪腐一下，真要是让他去谋逆，他还真没有这么大的胆子。这一点，无人比司马懿更清楚，可惜不幸的是，他撞在了司马懿的枪口下，此人最是睚眦必报，如何又能放得过他，倒不如当日听了桓范的话，还能为自己赢得一线生机。至于桓范，在家中惴惴不安地等着朝廷的诏书，他知道司马懿不会轻易地放过他，但是心中又存了一线的希望。可是就在此刻，当时给他开城门的士兵自己到官署自首，供认说桓范曾在出城时说过司马懿要谋反。司马懿听后非常生气，说道："诬告他人谋反，依律该如何处罚？"最终桓范被控以诬告谋反之罪而下入大牢，与曹爽等人并为一党，一同处死，并诛灭三族。桓范是有才之人，又和曹爽一党并不是特别亲密，可能司马懿是真的想放过他，但是挡不住他时运不济，有人站出来揭发他，并且还是证据确凿，他真的说过这样的话，只能说桓范倒霉。

曹爽此刻在牢房中早已经没有了人样，憔悴不已，他不由得后悔起来，可是为时已晚。

"哥哥，就这样去见父亲吗，我还真没有脸面。"曹羲不禁掩面痛哭道。

曹爽一言不发，他何止对不起父亲，他更对不起的是魏明帝托孤，对不起这原本大好的曹魏江山，只怕自己一死，司马懿马上就会心怀不轨了，自己没有胆量做的谋逆，司马懿一家可不是没有胆量啊！只可惜贼喊捉贼，反而是自己因了这个罪名死去了。

"别哭了。都这个时候了，哭还有什么用，司马懿是断断不肯放过我们的了。"曹爽冷静地说道。

他已经接受了自己的命运，就这样走完了自己的一生，迎接末路的降临。纵观曹爽的一生，他不是没有志向的人，他也不是没有励精图治的机会，在他执掌朝政的时候，也不是没有做过好的事情。他力图让国家向着更好的方向发展，但是对权力的渴望和人性中贪图享乐的本能最终击败了他，他彻彻底底地成了一个悲剧，成为晋朝的一块垫脚石。

随着曹爽政治生涯的结束，洛阳城内浮华公子也一个个地开始倒台了。司马懿偏偏将曹爽的头号党羽何晏留了下来，命何晏会同新任司隶校尉卢毓专门审理此案。众人纷纷感到迷惑不解，用卢毓那是在意料之中的，用何晏那是为何？

不只是众人迷惑不解，就连何晏本人也感到不明所以，司马懿连日以来的动作已经让他为自己的死做好了准备，现在陡然有了活路，何晏自然是拿出了十二分的努力彻底地清查曹爽等人。作为曹爽的心腹，何晏知道的内幕无疑是最多的，很快，案子就清楚明了了，而何晏也以为自己多了一线生机。当何晏将案卷呈送到司马懿面前时，司马懿看着眼前的人名单，问道："这一共是几家？"

何晏看着不动声色的司马懿，答道："一共是七家。"

"曹爽、曹羲、曹训、邓飏、丁谧、毕轨、李胜、桓范、张当……怎么少了一家呢？"司马懿一个个地读着上面的人名，问道。

"那是还有何人，望太傅指点一二。"何晏心急地说道。

"何大人一向有智慧，怎么现在糊涂起来了，那个人，远在天边，近在眼前呢。"

何晏的脸变得煞白，听着昔日最熟悉的名字如今一个个都成了乱臣贼子，而司马懿还在不依不饶，他已经知道了自己的下场，缓缓地说道："那就是我了。"

"正是。"

第三节 铁手屠戮，血雨腥风

正月，本该是个喜庆的月份，新年带来的愉悦感还回荡在人们的周围，一切都该是那么的祥和、安宁。可是公元249年的正月，对于洛阳的人们来说却是一个噩梦的开始。

高平陵事变刚刚过去不久,洛阳城内的酒楼茶肆间，人们还在窃窃私语着曹爽一派的倒台，暗暗欣喜着这个结党营私、贪污腐败的侯爷终于被太傅司马懿给赶下了台，此刻却又被司马懿一连串残忍的举动惊呆了。

有了黄门张当做证人，再加上何晏等人供认的罪行，不过十多天的工夫，司马懿就迅急地定下了曹爽一派的罪行，草草了结了此案。虽然了结的痛快，杀的人可不少。曹爽、曹羲、曹训三兄弟，何晏、邓飏、丁谧、毕轨、李胜，再加上桓范，最后一个是替罪羊张当。最终，这些人都被扣上谋反的罪名被处死，且"夷三族"。何为"夷三族"？就是父族、母族、妻族所有的亲戚全部杀光，就连已经出嫁的女儿也不能幸免，相当的残忍。

整个正月，洛阳城内，随处可见的就是杀人、杀人、杀人，一片腥风血雨。据史料记载，受此事件牵连之人多达三千人，死的也在千人以上，且多是读书人。经此一案，正始名士多数被屠，一时之间，人才凋落，人人禁言。洛阳摇曳在一片风雨之中。

司马懿，这个深藏不露的谋略家，不留半点情面地处置了他的政敌。如果说一开始百姓对于曹爽的倒台还有着欣喜之情，此时看到司马懿处置政敌的残忍手段又纷纷不寒而栗起来，转而去同情曹爽起来。司马懿不像曹操，曹操身处乱世之中，乱世本来就需要强权者的出现，杀人也能够在一定程度起到稳定人心的作用，曹操那个时候的做法不会特别招人反感。等到司马懿处置曹爽的时候，国内政局平稳，又不是在东汉末年三国时期这种彻底的乱世，靠着杀人来稳定人心。这种做法很容易引起人们的不满，司马懿虽然赢得了高平陵事变的胜利，也失掉了人心。可是，这一切司马懿浑不在意，他需要一个完全在自己控制之下的政权，至于别的，时间自会修补一切。

但是，历史就是有这样的功能，它自会记住该记住的一切，不偏不倚，让后世去评说。日后的人们，提起司马懿，当然会称赞他的足智多谋，用兵奇异，也会夸赞他为民着想，兴修水利，屯田增粮，但是那一场高平陵之变中腥风血雨的屠杀也会留在人们的印象之中。无论他做过多少英明神武的事情，只要提到高平陵的屠杀中他的杀人狂的举动，人们都会为之侧目。当他举起屠刀，罗织罪名之时，他已经失去了对生命的敬畏，对人的尊重，他将永远被钉在历史的耻辱柱上。也许，作为政治人物，杀人是不可避免的事情，但是像司马懿如此凶残地为了杀人去杀人，已经完全失去了底线，最终授人话柄。晋明帝时，王导侍坐，晋明帝向王导询问晋前世得天下的具体情形，王导倒也不卑不亢，详细地叙述了司马懿的业绩和手段，又说起司马昭在曹芳执政时期的所作所为，晋明帝听了之后，不由大惭，把脸埋在床上说道："如果真是像你说的那样，看来这晋朝的将来也万万不会长远啊！"

就这样，高平陵之变结束了，经过了政变、杀人这两个步骤。此事之后，司马懿彻底地掌握了朝政，至于曹芳则成了彻底的傀儡，失掉了最后一点权力，对司马氏言听计从。同年二月，任命其为丞相，增繁昌、鄢陵、新汲、父城为其封邑，前后共计八县，食邑二万户，特许奏事不名，每遇大事，必问其意见，一时之间，司马懿权势登峰造极，风头无两。

这次事变的影响极其深远。政治上来说，它结束了曹爽执掌朝政的时代，开启了司马家族的时代，为将来的司马家族取代曹魏家族，建立晋朝埋下了伏笔。曹爽带领洛阳浮华公子进行的一系列改革随着他们性命的终结，也正式的宣告失败了，以司马懿为代表的一批老臣的利益重新得到维护，政治格局重新洗牌。

在思想上，随着正始名士的尽数被屠，人们开始纷纷闭嘴不言，行为举止再也不见了以前自由随性的名士做派，生怕一言一行不注意，就无辜地惨遭杀戮，整个洛阳城笼罩在一股肃杀之气中。司马懿的残酷行为，已经在人们的心中深深地埋下了阴影，恭维虚假之音不绝于耳，真话却再也难听到。司马懿成功地树立了自己的威严，同时也失去了人们的信任。整个大魏朝以一种畏惧的姿态臣服于他之下。正始名士所推崇的哲学思想，因为他们精英人士的被杀（王弼于同年病死），后继无人，再也无人尝试着用玄学思想来治世，而开始越发地走向了倡导自由，追求个性的老庄思想。

正始名士彻底地凋零了。从曹爽掌权开始，他们意气风发地出现在曹魏政治的舞台，凭着一腔热情和满腹的才学，竭力想治理好这个国家。虽然他们中有些人并无什么本事，但是也不乏真正有才之人，不顾个人利益，只是想实现人生抱负，贡献一己之力。可是什么都抵不住政治的阴谋，也挡不住人生的各种无奈，政治从来就不是只要好好办事这么简单。司马懿的阴谋，碎了多少人的梦想，也让多么人的性命就这么消散在风中，没有留下任何的印记。

第四节 嘉平改号，危机四伏

或许是都想让这一场不愉快的记忆早点过去，公元249年的四月，曹芳下令改年号为嘉平。正始十年，终成记忆。嘉平元年，正式到来。

已经执掌了曹魏大权的司马懿此时也已经是一位耄耋老人，虽然精神矍铄，毕竟也已经到了七十多岁的高龄。可是此时的朝廷并没有他想象中的安稳，司马懿心中也很是清楚他夺取政权的方式并不是那么的正当，虽然表面看上去是掌握了重权，使得朝中之人表面臣服于他，但是不少人心中却在盘算着怎样反抗呢。

在高平陵事变之前，朝廷之上大概可以分为三派，投靠司马懿的，属于曹爽集团的，还有就是中间派，就是有资历的老臣，如蒋济等。事变之前，作为中间派还有存在的余地，可是一旦等到事变发生之后，中间派可就不是那么好做了。他们面临着两种选择，或者站到司马懿的队里来，或者就是面临被杀的命运。而蒋济等老臣也已经知道自己被司马懿利用了，虽然心里不悦，但是也没有了能够和司马懿单独较量的能力，也只能默默承认吃了大亏，打落了牙往肚子里吞。特别是老臣蒋济，终日内疚着，认为自己没能保全曹爽的性命，反而帮着司马懿，毁坏了自己的声誉，因而拒绝了朝廷的加封。

"蒋大人这是何必呢？那曹爽谋逆叛国，罪有应得，你这样天天和自己过不去，我都看不下去啦！"司马懿特意来到了蒋济的府上，苦口婆心地说道。

蒋济斜着眼看着司马懿，冷哼了一声，愤愤地说道："太傅大人，你我二人就不用装了吧，当初要不是听信了你，我也不会给曹爽写下那封信，现在可好，太傅大人是要翻脸不认人了！"

司马懿的脸沉了下去，冷冷地说道："蒋大人如今还是认清情势的好，这般的不识趣对你可没有什么好处，这加封我劝你还是好好地接受了吧！"

"我已经一把年纪了，这种加封还有什么意义，不要也罢！"

"哼！蒋大人不为自己着想，也要为你的家人想想，要不要还真不是你说了算的！"司马懿说完就走了出去。

"慢着！太傅大人，你莫要忘了先帝的嘱托啊！"蒋济在后面喊道。

司马懿的脚步顿了一下，接着走了出去。回府坐在书房里，司马懿感到一阵阵的疲累，事变之后，他一直都没有休息，天天操劳着，七十岁的老人哪里受得了这个。

"父亲，您是不是累了，我扶你去卧房休息吧。"司马师恭敬地说道。

司马懿摇了摇手，说道："不用，我坐在这里休息一下就好了。"

"如今朝廷之上差不多已经安稳下来了，父亲可以不用那么劳累了，多多保重身体啊。"司马师劝道。

"唉，表面上看来我们已经没有了后顾之忧，可是千万不能掉以轻心，只怕很多人在盯着我们呢。"司马懿叹口气接着说道，"你先下去吧，我一个人待会儿。"

独自坐在书房里，司马懿想着蒋济的话，他知道蒋济的担心。扪心自问，他也不是没有想过废掉现在的皇帝自己称帝，但是司马懿虽然心狠手辣，却不是一个没有感情的人。从曹操开始他就为曹魏效力，到了曹丕时候更是颇受重用，曹丕非常看重他，到了曹睿的时候更不用说，临死之时命曹芳抱其脖子，托孤于他。虽然有曹爽后来居上，但是在整个曹魏期间，司马懿一直官位甚高，功绩深厚。想到此处，又想到自己的年纪，司马懿叹了口气，心中暗暗做了决定，只怕这曹魏江山，自己还真是应了曹睿的话，替他们家守定了！想到这里，他的双眼暗淡了下去，这样虽然权倾朝野又有什么意思呢，最终还是为他人作嫁衣。

"父亲，您已经坐了很久了，该回去歇息了。"司马师又来劝道。

司马懿看着司马师，眼睛亮了起来，他是注定要做曹魏的臣子，可是他的儿子们不必啊。他的儿子们这么优秀，司马懿欣慰地点了点头，比儿子的话，他还是很有信心的，绝对能超过曹魏家的那群草包。他慢慢地说道："是啊，我该回去休息了，守卫这曹魏的江山也太累了。至于你们，就随意吧。"

司马师看着父亲的表情，心中一动，已经明白了他的意思，说道："孩儿知道了。"

司马懿已经放弃了谋逆的想法，至于他的子孙后代们那就不是他可以管的范围了，造化如何也就随他们去吧。

公元249年（嘉平元年），五月，蒋济终于忧愤而死，谥号景侯。司马懿来到他的坟前，喃喃说道："你到底心焦什么，我司马懿一生虽谈不上光明磊落，对曹魏还是有点感情的，你至于这么担心我吗？"可是，蒋济已经听不到他的声音，也明白不了他这一番纠结的心思。

公元249年（嘉平元年），十二月。皇帝下诏对司马懿加封九锡，朝会可以不用参拜。九锡是中国古代皇帝赐给诸侯、大臣有殊勋者的九种礼器，是最高礼遇的表示。这些礼器通常是天子才能使用，赏赐形式上的意义远大于使用价值。司马懿多次推辞，拒绝接受。到了公元250年（嘉平二年）春，曹芳又下令为司马懿在洛阳立庙。有些事情，做臣子的可以不接受，做皇帝的却不能不去做，特别是当你是一个光杆皇帝，而臣子又掌握着重权的时候。皇帝的赏赐是一种荣誉，是一种讨好，也是一种枷锁，提醒着臣子，你始终是在我的手下的。

此时的司马懿久病不能上朝了，这次他不再是装病，也没有了装病的必要，朝廷已经没有了他需要担心的人，即使是歇息在家，朝中有了大事，天子都会亲自上门询问他的意见。司马懿已经是曹魏实际的掌权者，可是，这个时候，他也已经是体弱多病，不能多操劳了。

"父亲，今天怎么样？"司马师关切地问道。

"唉，一天不如一天，看来我也快要不行啦。"司马懿叹道，他全身发疼，年轻时消耗的体力开始在他年老病重的时候找上门来。

"父亲快别这样说，您要是走了，让我们怎么办啊。"司马师拭去了眼角的眼泪。

"谁没个生死呢，哭什么，现在你们也到了能够独当一面的时候。朝廷之上可有什么异动？"司马懿仍然不忘担心国事。

"没有，现在大家都看着我们的脸色说话，就连皇帝都……"司马师没有接着说下去。

"哼，该给皇上的尊重我们当然要给，半分都不能缺，我素日教导你的谨言慎行，还没给忘在脑后吧。"

"孩儿不敢。"

"别以为那些大臣们不声不响的就是真的臣服了，当初高平陵事变可是很多人都恨着我们呢，千万要注意！"

"孩儿知道了。"

司马懿的眼光无疑是犀利的。朝中确实有人不声不响的等待着一个机会。

此人正是当时的太尉王凌，王凌也是曹魏老臣，司徒王允地侄子，早年和司马懿的哥哥司马朗、贾逵等人是好友，曹叡死时，任征东将军假节都督扬州军事。曹爽掌权之后对其进行积极的笼络，很快成为曹爽一派，后因破吴有功，提升为车骑将军，开府仪同三司，后又升为司空。司马懿诛曹爽，王凌心中很是不满，但是一直都不动声色，暗中谋划着在许昌立曹魏家族的曹彪为帝。

从嘉平二年开始，司马懿的身体就一直不太好，王凌默默地准备着。到了嘉平三年的春，正月，王凌借口吴军塞涂水，请求出兵征讨，想借机起兵，并暗中派手下大将杨弘联络兖州刺史黄华作为外援。但是令他万万没有想到的是，杨弘和黄华联名将此事密告了司马懿，司马懿先一步知道了王凌的阴谋，自然不令兴兵，并且不顾病体，在四月亲率中军讨伐王凌。司马懿故伎重施，先下赦书赦免王凌之罪，并且派他的儿子亲去劝说，还带去了不予问罪的书信，可随后不久大军突至。见此情形，王凌知道大势已去，无可奈何，只有答应投降，并派人送去投降的书信。

等司马懿的军队到了武丘的时候，王凌已经在水边自缚等待着，说道："我要是有罪的话，您用半片竹简就可以将我召回，何苦自己亲自跑一趟呢？"司马懿说："因为你非那折简之客啊！"说罢，就下令心腹将领率六百人马把王凌解送回洛阳。王凌的心里很是不安，司马懿的两面三刀他已经看多了，于是向司马懿要棺材上的钉子，想试探一下司马懿是不是要杀自己，没想到司马懿也很是爽快，马上就命手下人找来送给他。看到送来的钉子，王凌已经知道了自己的下场，五月，行到项城的时候，服毒而死。

等司马懿的军队到了寿春的时候，参与王凌之谋的人纷纷出来自首，以求得其宽宏大量。司马懿这时就开始行动，凡是牵连在内的一律诛灭三族。并且派人挖开王凌及其侄子令狐愚的坟墓，在附近的集市上，剖开棺材暴尸三天，供人围观，然后，烧掉他们的印绶、官服埋于土中。楚王曹彪也没被放过。并且借着这个由头，魏国的王公全部被拘捕，安置在邺城，命令有司监察，相互之间除非得到允许否则不准私自结交。因为平定谋逆有功，曹芳册命司马懿为相国，封安平郡公，孙及兄子各一人为列侯，前后食邑五万户，封侯者十九人。

比起高平陵之变，司马懿处置这次事件的残忍程度有过之而无不及，很明显，他本人已经病重，说不定什么时候便会去世，急需借此为司马家的后人树立威严，彻底巩固司马氏权势，防止这类事件再次发生。但是，在病重之际，杀气依然如此之重，只怕司马懿的末日也要到来了。就在这一年的八月，司马懿在京都洛阳去世，享年七十三岁。

第五节 临终交接，子承父业

他走完了一生，有功有过，有悲有喜。就像唐太宗李世民在《晋书·宣帝纪》中对司马懿做的评论中所说的那样，他是一个复杂矛盾的人。古人说过："积善三年，知之者少，为恶一日，闻于天下。"司马懿为民做过不少的好事，上邽军屯、兴修水利、两淮屯田，增强了曹魏的实力，抵御了吴国和蜀国的进攻，同时也改善了人民的生活。可是他也是残忍的，特别是高平陵之变，着实让人见识了一把这位政治家的心狠手辣。虽有功千件，终不敌这一件事给人留下的印象。以后的稗官野史，民间传说中司马懿的形象阴险狡诈恐怕与这件事有分不开的关系。

坐在司马懿曾经的书房里，司马师想起了父亲临终前说过的话。

"如今政权虽然已经在我们的手里，但是估计今后一段时间局势还是不会太平，怕是还有人想学那王凌给曹爽报仇呢。"司马懿嘱咐道。

"我知道了，父亲，您放心吧。"司马师说道。

"唉，我辛辛苦苦斗了一辈子，也算是给你们两兄弟留下个好局面，能不能守得住就看你们的了。"司马懿叹了口气，闭上了眼睛。

"我和弟弟定不会忘记父亲的教诲！"司马师郑重地说道。

"这几年我是杀了不少的人，估计天下人都在骂我呢。"司马懿喃喃地说。

"怎么会呢，父亲。"司马师连忙说道，"你给天下人做了不少的事情啦。"

"他们自有他们的评断，我管不住也不想管。可是这国家治理，没有了铁血手腕，怎么能成呢？我遗憾的就是杀了太多的文人名士，虽说这帮人每天只知道空谈，什么都不干，也不知道人们为什么这么佩服他们，要想收服民心，可是少了他们还是不能。你以后要注意笼络他们，知道吗？"

"是，孩儿知道。"司马师答道。

得到了司马师的保证，司马懿总算是安心地咽下了最后一口气。安葬了司马懿，司马师和司马昭来到了书房里。

"大哥，父亲临终前有没有安排我们什么事情？"司马昭小心翼翼地问道。

他虽然没有明说，但是司马师已经知道了他的意思，"如今众臣虽表面臣服，实则人心未稳，父亲嘱托我们要多加小心，其他的，再说吧。"

看到司马师没有再多谈的意思，司马昭不甘心地回道："是。"

司马懿的担心完全是多余的，司马师和司马昭兄弟彻底继承了他在政治上的手段，把曹魏政权收拾得妥妥帖帖，完全没有因为司马懿的离世有所动摇。司马师，字子元，为人沉着勇敢，颇具雄才大略。发动高平陵事变的前夜，司马昭紧张得睡不着觉，到了司马师的院子里一看，司马师呼呼大睡，甚至可以听见隐隐约约的鼾声，足见他的镇定自若。司马师以抚军大将军辅政，独揽朝廷大权。掌权后，制定选拔官吏的法规，命百官推荐贤才，整顿纲纪，任命文武大臣，使各有职掌，朝野肃然有序，丝毫不见慌乱。

高平陵事变之后，正始名士几乎全遭屠戮，天下名士尽凋零，放眼朝野，几乎没有了文人名士的身影。并且司马懿残忍的举动也招致百姓的议论纷纷，为了补救，司马懿就将眼光放在了幸存的名士之中，这个时候，没有了正始名士遮掩的竹林名士们，很自然地也就走到了前台。而司马懿为何会选中阮籍呢？一来阮籍名气极大，何晏等人死后，他的存在俨然已经成为天下文人的精神领袖；二来阮籍先前三次被征召，三次退隐，最后一次还是曹爽本人亲自下令的。现在征召阮籍可以显示不计较先前阮籍跟过曹爽，并且能够把一直都不愿意做官的隐士征召前来，也算是一种本事。因此，对于阮籍，司马懿是势在必得，他急需要这个人的到来恢复他在天下文人心中的地位。

文人，特别是中国古代的文人，是一种最矛盾的存在。他们既想着独善其身，坚守自我，却又不甘于碌碌无为，总想着在国家的政治上插上一脚，发表自己的见解，贡献出自己的一分力量。他们最理想的状态就是在乱世中用自己的学说使得国家昌盛，百姓安居，完成自己的使命后，悄然归隐，回归山林。这是文人心中最美的一个梦，也是最难实现的一个梦。虽然他们满腹经纶，他们才华洋溢，他们人品高洁，他们充满魅力，他们中的佼佼者更是被人尊重，奉为精神领袖。但是他们也是最悲哀的，在政治的这场迷局中，他们通常也只是一个被人利用的棋子而已。

如今，阮籍就要去当这样的一个棋子了。这一年，他刚满四十。高平陵事变中被杀害的名士的鲜血还未洗净，他就接到了司马懿的征召。手中握着这份征召书，阮籍的心情前所未有的沉重。虽然远离京城洛阳，可是最近发生的事情，他并不是不知道的。竹林距离洛阳并不算远，听闻高平陵事变，竹林之人都惊呆了，没想到一下爆发的矛盾会杀死这么多人，特别是被杀的人中很多都是读书之人，这更是让竹林人士心有戚戚焉。司马懿大肆屠杀异己，却又想着拉拢人心，只怕自己就是因为这个原因被征召的。阮籍叹了一口气，心中一片迷茫。

"伯父，你怎么来了？"阮谌年事已高，平时很少走动了。

阮谌慢慢地坐了下来，他说："我已经知道了，太傅大人如今要征召你。

这一次的情形我就是不说你也该知道了，怕是你非去不可了。"

阮籍沉默了半晌，说道："侄儿知道，准备准备就打算启程了。"

"唉，你自己多保重吧。我对你没啥要求了，收敛收敛你的做派，保命要紧呀。"

打点好了行装，阮籍不再犹豫，即日启程，到了司马懿的府上，做了司马懿的从事郎中。官职不高，也没有什么事情，阮籍更是三天打鱼两天晒网，高兴了去，不高兴就一走几天，去竹林或者回老家，随意得很。司马懿倒是也不在意，他的目的已经达到，天下人都知道名士阮籍已经来到了他的门下，至于阮籍能干出来什么也不在他的考虑范围之内，只要在他门下就行。唯一不同的是，这一次阮籍再也没有像之前一样，过了几个月就称病辞官，而是在司马门下一直待了下去。司马懿死后，接着跟着司马师，继续做他的从事郎中。终此一生，他再也未离开过。难道他忘了他心心念念的曹魏了吗？

纵观阮籍的一生，幼年的时候，父亲早逝，当时的魏世子，后来的皇帝曹丕亲自来到府上，抚慰关怀。家徒四壁，孤苦无依，突然得到这么一位人物的慰问，阮籍母亲自然感念在心，日后教导阮籍的时候自不会忘了时时提起，在他心中埋下忠于曹魏的心思。幼年到少年，十几年的儒家教育教导他忠君为国，这"君"自然是曹魏之君，这国自然是曹魏之国。即使后来，仕途多舛，时运不济，阮籍不满曹爽的独断专权，可是在他的心中，那只是对着曹爽个人而已，这国这家他还是深深地热爱着。可如今一朝事变，曹爽一派如雨打风吹，顷刻覆灭，阮籍才深刻地感觉到一丝凉意。这种凉意不只是为了自己，更深的是为了国家，为了曹魏的政权能否安稳，为了司马氏的野心。

阮籍迷惘了，他替他的国家感受到了来自司马氏的恶意，这种恶意最早地倾泻到了他的身上，而他却无从闪避。当初由儒通玄，自以为自己已经看通了官场险恶，打算敬而远之，再也不回来的阮籍这时候才真正明白，有些事情，原来不是你想要逃开你就能逃开的，只要对方的拳头够硬，你只有乖乖回去的道理。

就这样，怀着对曹魏无限的担心，阮籍无可奈何地回到了官场。心中的痛苦一日甚于一日，他只有终日酩酊大醉，借此逃避。人人都在说阮籍行事更为放荡了，人人也都在说司马懿是多么的宽容，这样都还能不杀。只有双方心里清楚，阮籍不会死也不能死。苦闷之中，阮籍又开始驾车畅游，行到穷途末路之时，放声痛哭，为自己，为曹魏。在竹林之中的悠闲惬意开始离他远去，他心中重新压上了一层沉重的包袱，却再也没有了能够卸下的权利，那是司马氏强行加上的，直到他死，都没有能够逃开。他开始写诗抒怀，借诗咏志。

竹林七贤中，阮籍文学成就最高，谈玄论道始终差了向秀、嵇康一点。阮籍偏重的是文学家的性情，而嵇康具有哲学家的高度，所以阮籍注定不会像嵇康那样的纯粹，他始终是痛苦的，他的灵魂始终在煎熬着，没有一刻停歇的时候，面对国家的忧患，他始终抱着一颗真诚的心，同喜同悲。这样的他，也是活得最累的一个，他不会放过自己，无时无刻不在折磨着自己，用诘难去拷问灵魂，寻找答案的方向。但是，这样的人，我们又是最欣赏的，活在世上，要做到嵇康这样的纯粹，很难很难，我们不可避免地要痛苦、要烦恼，但是又不愿抒发的如此直白，让人看到。而阮籍却用他的诗贴近了我们，读他的诗歌，好像隔着时空触摸到了一颗痛苦的灵魂，原来有人和我们一样，藏着如此隐晦的伤痛。

第六节 文人痛殇，竹林迷惘

看着阮籍的离开，嵇康没有说什么。他不知道该说什么，也没有权利阻止阮籍的离开。他知道，如果阮籍拒绝征召，除了丢掉性命，没有别的益处。一场事变，搅乱了天下文人的阵脚。正始名士尽数被杀戮之后，再也没有什么能够遮蔽竹林名士的锋芒，他们成了最为闪耀的一群。阮籍、嵇康等纷纷进入了众人的视线，也映入了司马家族的眼帘。没了名士做遮羞布的无情的政客们开始在盘算着这些名士最大限度的利用价值。

嵇康是曹林的女婿，娶了长乐亭主，和曹魏家族有着密不可分的关系，有这层关系在，注定了嵇康无论如何逃避，也和政治有脱离不了的关系。

"相公，只怕这竹林的宁静是一去不复返了。"长乐亭主抱着孩子，忧心忡忡地说道。

嵇康点了点头，说道："是啊，嗣宗已经被征召走了。"

公主心中惊了一下，说道："那你会不会……"

"应该不会吧，我没有嗣宗这么有名气，又志不在官场。"嵇康缓缓说道。

"唉，希望如此吧。只可惜了天下名士经此事变怕是剩下不多了。犹记得当年在京中时，何晏的风采真是无人能及。"公主慢慢地回忆道，"他的姿态如此优雅，就像山上最挺拔的松树，镇定自若地和众人辩论，无一人是他的对手，真可惜，这样绝世的人就这样去了。"

"是啊，何晏的风采，想想就令人叹息。"嵇康赞同道。

"虽说他后来行事猖狂，但是……我还是觉得很是可惜。不说了，相公，如今这局势，怕是曹魏危险了啊。"公主担心地说道。

嵇康没有再说什么，但是他心中知道公主的担心是有根据的。虽说他的志向在于求仙问道，可是对于政局还是会关心，平时竹林中人聚在一起也会多加议论，嵇康是一个正直的人，虽然对于司马懿的行为多有愤慨，可是也唯有无可奈何而已。并且，此时的嵇康还是没有察觉到这种政局的变化会对他有多大的影响，他依然过着平常的日子，阮籍虽然离开了，还有向秀陪着他，其他人也会不时地来聚上一聚，虽然气氛紧张了起来，竹林之游还是在继续着，来往之士依然是络绎不绝，大家平时谈庄论道，不论时事，日子过得倒也还平静。

这日，阮籍又旷工回到了竹林之中。好一段时间没有回到熟悉的环境，阮籍就像久旱逢甘霖，心情很是愉悦。特别是看到老友嵇康、山涛还有向秀，他的心情就更是舒爽了。这一日，众人肆意地喝着酒，特别是阮籍，一杯接着一杯，没有停止的时候，嵇康看着也不劝止，他知道这位老友的心里怕是不像他的外表表现出来的那么高兴。这顿酒直喝到月上中梢，夜色已深，大家都已经撑不住纷纷回去休息，只有阮籍继续不停地自斟自饮，根本不用别人来灌他，可是即便喝了这么多，依然是神志清醒，也不见他有什么醉态。桌边已经快空了，只剩下了嵇康还在陪着阮籍，两人也不说话，只是迎着这夜风，一杯杯地饮着，良久，阮籍才轻轻说道："叔夜，你知道吗，我今年刚好四十，孔子说人到了四十，应该业有所成，对人生和事业有理解和把握。可我的四十岁在干什么，我把自己陷在了一个会束缚我一生的大牢笼，我是个大懦夫，我没有勇气舍弃自己的生命，献给我的国家，我只知道逃脱。只怕我的一生就要在欺骗和悔恨中度过了。"夜风有些微的冷，伴着阮籍的话语，嵇康的心中顿生悲凉，他第一次无比清晰地意识到这场政变对朋友人生的影响。

"抱歉，嗣宗兄，我不知道应该怎么安慰你。"嵇康低声说道。

"不，我不需要安慰，这是我自己选的，无论如何，我也只能承担下去。我既然选择了与老虎同居一室，总也要给自己点勇气不是。"阮籍突然豪迈一笑，只是这笑容落在嵇康的眼里，却是如此的脆弱不堪。

"不过，谢谢你的陪伴，叔夜，我知道你是懂我的。"阮籍接着说道，"只是，我觉得我已经是残败不堪了。"

这个夜晚，竹林七贤的两大精神领袖阮籍和嵇康喝光了所有的酒，相对无言，面前的道路一片迷茫，心中前所未有的迷惑。

相聚的日子过后，阮籍又重新回到了洛阳，继续在司马氏门下过着生不如死的日子。嵇康则是到了苏门山，去寻访三国时期著名的隐士孙登。孙登字公和，号苏门先生。他长年隐居云台山，博才多识，熟读《易经》、《老子》、《庄子》之书，会弹一弦琴，尤擅长箫。听到有这样一位绝世高人的存在，嵇康自然欣喜不已，他急急忙忙地出发去了苏门山打算拜访一番。近日的境况让他困惑不已，他急需要一位人生的导师来告诉他前行的方向。

经过一番探寻，嵇康好不容易来到了苏门山，一路景色已是不俗，路边就连锄地的老农也是白须飘飘，看上去颇有几分仙气。嵇康心中更是期待，路人已是如此不凡，真人该是怎样的飘逸啊。等找到了这位传说中的隐士，嵇康一见，果然名不虚传，顿时为之心旷神怡，倾倒在他的风采之下，要拜其为师。嵇康可是个高傲的人，能够拜人为师已经是奇景，可惜，隐居高人的个性比嵇康还要古怪，无论嵇康问他什么，他都不会开口作答，兀自做着自己的事情，嵇康无可奈何，也只有跟着他做事。一段时间之后，嵇康拜别孙登下了山，回到了竹林之中，和众人讲起了这位隐士的事情，大家听了，尽皆啧啧称奇。过了一段日子，嵇康又收拾行装到了苏门山，他也不知道这位隐士有什么魔力，但就是想让人亲近。就这样，他开始在山阳和苏门山之间来回地奔跑，跟着隐士修行学习。

阮籍与嵇康，本都有那傲视礼法，欲学庄子大鹏展翅，逍遥自由行的名士派头，只可惜造化弄人，一人在朝野暂时置身事外，一人身在庙堂无奈装疯卖傻，时作惊世之语，引众人侧目，保得自身周全，可是内心早已是苦楚不堪，又不知向何人诉说。且看这首咏怀诗：

夜中不能寐，起坐弹鸣琴。薄帷鉴明月，清风吹我襟。
孤鸿号外野，翔鸟鸣北林。徘徊将何见，忧思独伤心。

诗人昼夜难安，无以入眠，辗转反侧，不如起身去弹一曲古琴吧，在悠远的琴声中暂时释放那难以言说的忧愁。茫茫夜色下，诗人望着天上的明月，不由想起了山阳的明月，感受着清风吹动着衣襟，不由想起了山阳的清风，都是一样的景色，为何会格外地思念那边的呢？大概是因为他仿若一只离了群的孤雁吧，被迫失去了熟悉的环境，来到了一个大囚笼中，只有昼夜不停地哀啼，诉说着自己的伤痛。期盼着能够早日回归旧日环境，和朋友们喝酒，聊天，互诉离殇。可是，睁开眼来，原来还是孑然一身，形影相吊，只有面前的一架古琴，提醒着诗人，只是一个短暂的梦。

痛，恐怕是阮籍在这个世上体会最深的词。少年时运不济，以为由儒入玄，找到了人生的新途径，进入了一个更广阔的天地，可以追寻最本真的自我，却不料好景不长，又要重新回到一个笼子里，披上最讨厌的外衣，做最虚伪的事情，并且不知道这样的日子什么时候是个头。这是阮籍的不幸，也是文人的不幸。

而此时除了阮籍和嵇康，竹林的其他人中，因了政治的影响，也开始走上不同的路程。山涛，这个忠厚的竹林大哥，因了敏锐的政治触角，也因为官小言微，虽也算在曹爽手下做事，还是逃过了一劫。但他和阮籍的痛苦被征召不同，他在主动寻找被征召的机会。特别是司马师上台之后，国家内外井井有条，朝野之上井然有序，山涛都看在眼里，他觉得司马师是位可以跟随的人，现在差的就是一个机会了。山涛和阮籍不同，他不像阮籍那样，阮籍有曹丕在他心中留下的梦，对曹魏爱得深沉，山涛的目的最是简单直接，他就是想要做官而已，无论是谁手下的，只要能让他有所用，做谁手下的官都无所谓。

至于向秀，他的心中现在只有《庄子》，他一心一意地想要给《庄子》做一本注出来。并且不仅仅是简简单单的解释，还要契合庄子的潇洒主题，流畅文笔，也要显得卓尔不群，风流倜傥。他的全部心思都扑在了上面，对于外界变化充耳不闻。他在竹林七贤中就是一个理论家，为他们的玄学思想提供理论支撑。现实世界，他并不在意，也不想去在意。他把他的全部寄托在这部书里，在书中他可以去倾诉自己的价值理念，为人处世以及对治国的看法。

阮咸和刘伶心中各有所爱，只要不失去琵琶和酒，他们是怎么都无所谓。而竹林七贤中最小的王戎，这个时候也开始有了动作，本就是高门大户的他，借了竹林交游这个最好的跳板，已经成为有名之人，挖到了将来仕途上的第一块铺路石。

竹林七贤，七人七命，也是各有际遇，各不相同。有的痛苦，有的欣喜，有的淡然，但是都无一例外的，将要和这朝堂联系在一起，从此投身复杂的宦海生涯，开始别样的人生旅途。

第六章

政客征贤，杨朱涕路

阮籍在司马懿的威严之下，不得不出来做官，成了司马家的臣子，而山涛、王戎则是自己选择了出来做官。此时，曹芳被废黜，曹髦代替他成为新一任君王，但是，他仍然是司马家族的傀儡。痛苦不已的阮籍天天借酒消愁，装疯卖傻，以求得苟安。

第一节 山涛仕马，人各有志

和阮籍的被迫出仕，竭力想要逃避官场不同，竹林七贤中的老大哥山涛却是一直在主动地等待着一个机会，一个出任的机会。可是，这个机会他苦苦等待了许久，始终没有降临在他的身上。虽然竹林的名气已经如日中天，但是统治者的目光始终在阮籍、嵇康的身上，至于山涛，并没有给他过多的关注。

这时候，距离山涛辞官已经过了三年，他的年纪也已经快到五十。孔子说，五十而知天命。人到了五十，生命已经走过了一大半，特别是对于寿命短促的古代人来说，五十已经是踏进了老年人的门槛，而此时的山涛，他垂首自叹，还没有做过什么惊天动地的大事，当年给夫人许下的当三公的誓言犹在耳边回响，难道就没有机会实现了，人生就要这样过去了吗？

不甘心的山涛日思夜想，终日琢磨，还真的让他想出个机会。那就是走女人路线了。这里说的可不是山涛那个不寻常的老婆，而是他父亲的表妹，他的表姑。他的表姑同样个不是寻常的女人，正是司马懿的夫人张春华，司马师和司马昭的母亲啊。山涛想到此处，眼睛不由一亮，虽然表姑去世了，关系可是实打实的在啊。事不宜迟，山涛也不扭捏，迅速地找到了司马师，表明了他们之间的关系，委婉地表达了想要做官的意思。司马师听到这里，说道："当今的吕望是想做官吧！"

吕望是何人？正是姜太公姜子牙。当年姜子牙在渭水边上用直钩钓鱼，最终等来了周文王，成就了一生功业。俗语说：姜太公钓鱼，愿者上钩。现在的山涛不就是姜子牙吗？他是竹林七贤之一，在当世名声响亮，又是自愿归附司马氏，这桩生意对于司马师来说只能是稳赚不赔。

司马师的话虽然是调侃，但是也并不含糊。很快地，司马师下令命司隶校尉举山涛为茂才，授任郎中，又转任为骠骑将军王昶的从事中郎。从此之后，山涛开始了顺风顺水的官路历程，一路扶摇直上，官运亨通。

近五十年的准备，就是为了这一个机会。对于阮籍和嵇康来说，肯定是不屑一顾的，如果说他们想的话，他们可以有很多次的机会。但是对于山涛来说，那就大不一样了。如前所述，三人虽然经历相似，但是相同的经历之下，依然有各自不一样的生活经历。比起阮籍和嵇康，山涛吃过的苦肯定不是这二人可以相比肩的。所以，对待生活的不公正，恐怕山涛的愤愤不平早已经被磨砺的什么都不剩，只留下了满腹被迫形成的"器量"，来对待这个冰冷的世界。所以，他不会做出和阮籍以及嵇康一样的选择，而是主动选择了投靠司马氏家族，以换得成功的机会。

有着这样的抱负，再加上之前的经验，山涛干得风生水起，即使后来一直提拔他的司马师不幸去世，后来的接任者司马昭对他也是器重有加，等到了晋朝建立，山涛更是被重用。这不仅仅是他们之间有一层亲戚关系的存在，也不仅仅是山涛是一个会做官的人，更重要的是山涛是一个有才干、有能力的好官，而对于掌权者来说，要维护他们的统治，谁不需要这样的人才呢？

山涛虽然位列竹林七贤之一，但是就像他和阮籍聊天时说的，他心中始终坚信的是儒家才是真正的治国理念，道家才是末。平时他虽也爱谈玄论道，但是道家学说更像是他平日的消遣，在他的心中，支撑起他的精神的始终是儒家学说，他的整个人生也是符合着儒家的为人处世，积极入世，寻求机会。所以，阮籍可以转变自己的人生方向，由儒入道，前后人生俨然判若两人，令人大跌眼镜，不禁想问这是同一个人吗？可是山涛却是始终如一，坚守如初。在竹林之中，和一群猖狂之士同游这么久，丝毫没有丢掉自己。这其中是不同的人生哲学包裹着他们，把他们塑造成了不同的样子。由此看来，阮籍比山涛更为纯粹，对于一个事物，他可以做到全身心地投入和接受，可以再去费尽心思潜入到一个不熟悉的领域，从而，也可以收获到更宽、更广的领地。而山涛一开始就对道家定了位，把它看作了消遣之物，既然存了这样的心思，再去投入其中，难免带了几分轻视，始终未能得其要领。所以，虽然他和嵇康、阮籍交好，但是始终不及嵇康和阮籍二人能够达到心灵上的相互契合，他和他们始终隔了一点点。

　　但是，山涛无疑是一个值得敬佩的人。就像王戎所评价他的："山涛就像未经琢磨的玉和未经冶炼的金一样。人们往往都只知道去欣赏玉和金光彩夺目的外表，而对未经琢磨的玉和未经冶炼的金，却忽略了它们内在的高贵质地。"他在竹林中最是温柔敦厚，脾气最是温和，不会和人争吵，事事忍让，这样的人和个性十足张扬的阮籍、嵇康比，自然很容易被夺去光彩，可是缺少了这样的人做中间的润滑剂，竹林之游也会少了许多的神采。并且他器量宽厚，心胸开阔，态度务实，不会去计较个人的得失，也不会苑囿在个人的忠义观念中，就像他主动选择出来做司马家族的官一样，他眼中看到的是天下，而不是国家。国家是谁的国家都没有关系，只要这天下还在，还有百姓生活其中，那就是山涛需要的地方。

　　竹林精神是自由的，竹林精神也是包容的。它既欢迎着嵇康这样追求绝对精神自由，没有任何束缚的，也包容着阮籍这样痛苦不堪，寻找精神家园的，它还理解着山涛这样始终不忘儒家精神，只是拿道家精神做调剂的。它开放自由，包罗万象，人人可以在其中寻找到自己需要的，又以奇特的方式和平并存着，之所以能够如此，这其中一定有一点是人人同意的，那便是每个人都是一个独立的个体。虽然会不同意你的观点，但是会尊重你是一个有自我独立思考的人，这才是竹林能够共存最终的奥秘吧。

山涛做官得心应手、乐在其中的同时，同为竹林七贤之一的向秀也是惬意满足，日子过得安心自由。不同的是，山涛是在官场，向秀是在学术上。

发现《庄子》精妙之处的向秀一心扎在其中，整日寻思着怎么作注，虽然遭到了嵇康等好友的善意反对，但是始终笔耕不辍。一日，他忐忑不安地拿着注好的几篇给一向交情甚好的吕安来看，吕安随手接过，也没有抱很大的希望，不料一看之下，大惊失色，连连赞叹道："庄周不死啊！庄周不死啊！有了你的注，简直就是庄周再生啊！"看到好友这般反应，这时的向秀才算是稍稍放下了心，开始了接下来的进程。

陆陆续续的，向秀所注的《庄子》开始一篇篇地传了出来，世人读到之后，皆惊叹不已，研究《庄子》的热潮也一波波地兴起来，如果说老子是正始名士的基础，那么庄子就是竹林名士的阵地，玄学也打了个转，开始走向了竹林名士倡导的庄子学说。

《晋书》评论向秀注《庄子》说"向秀所作的注能够把隐晦的意思解释清楚，并且颇有创意，从而振奋起新一代的玄学"，《世说新语·文学》以为是"妙析奇致，大畅玄风"，并注引《竹林七贤论》赞云："向秀为《庄子》所作的注，读到的人无不觉得超然物外，好像已经出了这尘世而窥探到上天的奥秘。"从史书评价可见，众人对向秀之注的高度评价不离"创新"二字，不同于旧注中的《庄周》意旨，而有自己独到的见解。

向秀的创新究竟在何处呢？主要就是在于思想。不同于正始名士的"以道为主，以儒为末"，也不同于嵇康的完全摒弃儒学，向秀是采用了"儒道兼综"的思想，将二者并举。向秀肯定"口思五味，目思五色"是"自然之理"、"天地之情"，主张"开之自然，不得相外也"，"求之以事，不苟非义"，将人的社会心理和欲求，解释为自然之道，由此混合了儒道两家。这样就能够使得儒道两家的分歧，通过字句上的精心诠释而得以化解，一同为经世致用奠定基础。向秀的这种思想既看到了儒家的功用，也看到了道家的功用，更是努力地去调和二者之间的矛盾，各取所长，难怪为后世的士大夫们推崇。向秀虽然没有做官的野心和抱负，但是他在理论层面上给士大夫们提供了一条道路，如何在做官的同时还能够去坚守内心真正的自我，功劳可贵。难怪历史上在评价向秀的时候说其《庄子注》开创玄学注《庄子》新思路，后人难望其项背。

可是，令人遗憾的是这样的一件大功劳却在历史长河中长期被另外一个人占据着，那个人就是郭象。后世人每每提起向秀所注的这版精彩绝伦的《庄子注》却都说是郭象所注，其实当向秀逝世的时候，还有《秋水》、《至乐》两篇未注，其余所注也并没有编辑成册，而是散见各处。于是郭象便自注《秋水》和《至乐》两篇，改了《马蹄》一篇，其余的各篇，只是修改下文法而已，就这样以自己的名义发行了。看到了郭象的名字，世人皆以为是郭象所注，美名全都加在了郭象的身上。向秀如此殚精竭智却遭此不公正待遇，即使本人不在意，也是一件令人遗憾的事情。幸好后世史书替其正名，方不负向秀的一番努力辛苦。可是郭象所注之说已成大势，每每听到，不免替其叹息。

第二节 以髦代芳，夏侯赴死

就在司马师逐渐独揽朝政，大权在握时，朝政稳固之时，又一件事情的发生证明了司马懿的深谋远虑，朝廷之上再一次发生了动乱。

公元254年（嘉平五年），中书令李丰和张皇后的父亲光禄大夫张缉等人图谋发动宫廷政变，废掉司马师和司马昭，改立夏侯玄为大将军。李丰是何人？在曹爽一派和司马懿一派之外，他是第三派人，也是最忠心于皇帝之人。据《三国演义》载，曹芳把李丰、夏侯玄还有张缉召进密室，对着他们哭诉，司马师是如何欺凌于他，三人一听，也跟着垂泪，暗暗发誓，一定铲除司马兄弟，拯救皇帝于水火之中。《三国演义》不过是小说而已，自然是经过了文人的加工，写得悲戚动人。其实真实情况也是差不多的，不知道是不是曹芳召集的人，如果是的话，对这个窝囊皇帝倒是也可以刮目相看一番，果然没有人是天生愿意做傀儡的。可以确定的就是李丰等人察觉司马师的野心太大，终于还是举起了反抗的大旗。可惜，不走运的是，同上次的王凌事变一样，还未发动，已经走漏了风声，司马师收到了消息，马上派人把李丰接到了府上。李丰一看事情已经败露，也就不加掩饰，大骂司马师不遵规矩，狼子野心，司马师大怒，当下把李丰打死在堂前。可怜一代忠正名士，就这样丢掉了性命，令人唏嘘不已。

杀死了李丰之后，司马师马不停蹄地下令逮捕了夏侯玄、张缉等"叛贼"。此时的夏侯玄并不惊慌，也许他早已想到了如今的下场。还在曹爽当政的时候，他就远离了洛阳，所以高平陵事变之后，司马懿没有夺去他的性命，只是被剥夺兵权，入朝任大鸿胪，不久徙太常。虽然司马懿并未伤害于他，但是表面看起来的原谅更像是一种监视。自从被征回朝廷后，夏侯玄开始深居简出，从来不结党营私，私生活也非常低调，洛阳浮华公子最爱的生活他从此远离，洁身自好。但是作为曹爽之前的心腹党羽，他再也没有了参与政事的权利，郁郁不得志。

当初，夏侯玄与他的叔叔夏侯霸一同被征召，夏侯霸心中忐忑，计划南逃至蜀汉，想要叫夏侯玄与他一起离开。而夏侯玄拒绝道："我怎么能为了苟存自己而投降敌国呢？"于是毅然冒着生命的危险，接受了司马懿的诏命前往京师。

到了公元251年（嘉平三年），司马懿去世，夏侯玄的老友许允高兴地对夏侯玄说："现在司马懿去世了，你再也没有什么可以忧虑的了！"不料夏侯玄却叹息道："你怎么这么看不清时世呢？司马懿在世的时候也许还会顾着旧日的交情，而他的两个儿子是不会容留我的，只怕我是活不了多久了。"

隐约能够感知自己宿命的夏侯玄心中很是坦然，他从容下狱，举止优雅，丝毫没有临死之时的狼狈，依然像天空皎洁的明月一般光彩照人。司马师派了钟毓去审问夏侯玄，夏侯玄严词否认，认为自己是替皇室除害，并无罪过。

"夏侯大人，都到这一步了，你就招了吧。"钟毓说道。

"我并无罪过，你既然是来审问我的，认为我有罪，那这供词就由你来给我做吧。"夏侯玄怒道。

钟毓看夏侯玄这样也知道不会问出什么了，夏侯玄又是当世名士，虽然下狱，可是钟毓还是不敢造次。想起司马师给的任务，只要能够写出罪状就行，钟毓果真就自己提笔，随意编写，把夏侯玄描述得简直十恶不赦。写完之后，还哭着让夏侯玄看，真是让人倒足胃口。第二天上朝之时，钟毓奏道："李丰等人虽受到特殊的恩宠，但是心怀不轨。李丰掌管机要，张缉与君王联姻，夏侯玄更是世代重臣的后裔。他们虽然身居高官，但是却包藏祸心，企图谋划暴力叛逆，假借天子名义，欲行大逆不道之事，企图颠覆朝政。其心天地可诛，必处之以极刑，夷三族。"满朝文武百官慑于司马师威严，纷纷表示赞同，可还是有两个人想要替夏侯玄求情，一个是钟会，一个是司马昭，都是司马师阵营的人，一个是司马师信任的红人，一个是司马师的亲弟弟，由此可见，夏侯玄的风度着实不一般。

钟会是钟毓的弟弟，钟毓审问夏侯玄的时候，他也跟着去了牢狱里，假惺惺地凑近夏侯玄，做出一些示好的举动，说要去替其开脱，被夏侯玄严厉拒绝。而司马昭则是流着眼泪找到了司马师，让司马师顾念着以前的情分，留下夏侯玄的一条性命。只可惜司马师是个冷血的政客，夏侯玄的妹妹是司马师的原配夫人，可是司马师都能毒死她，更何况是夏侯玄呢？当年大家虽然一起谈玄论道，也算是相互交游过的，可是造化弄人，既然选择了不一样的道路，这份友情注定是早已经破裂了的，司马师又何尝不明白？司马昭又何尝不明白呢？司马昭的求情并不能挽回什么，也许算是勉强有个顾念旧情的好名声吧！

面对司马昭的眼泪，司马师皱眉说道："你忘了在赵司空葬礼上的事吗？此人声望如此之盛，留下他只是个祸害。"

之前，司空赵俨去世，司马师兄弟前去奔丧，座上的客人有数百人，而夏侯玄晚到，所有客人都越席来迎接他，可见他威望之高。并且夏侯家一直都是曹魏势力有力的臂膀，如今能够得到机会铲除夏侯家的重要力量，司马师是断断不肯放过这次机会的。

司马昭无话可说，心中知道夏侯玄是必死无疑了。

嘉平五年（公元253年）的三月，正是桃花盛开，万物复苏的季节，一派生机勃勃的景象，曹魏时期正始年间的最后一位名士夏侯玄将要慷慨赴死。这位出身贵族，举止优雅，既能谈玄论道，又能治理国家的一代名士即将最后告别人间。人间四月芳菲尽，不知道这位如明月，如清风，如冬梅，如翠竹的名士在生命的最后一刻会不会想起饮酒作诗，洒脱畅快的那段日子，会不会留恋这个对于他来说败坏的人间。无论如何，人们会永远遥想着他的风姿，他在刽子手举起屠刀前的那一份从容。

就这样，夏侯玄死了，李丰死了，许允也死了，人说"嘉平年间，天下名士减半"，诚不欺也。到了这时，正始名士也真正地退出了历史的舞台，成了幕后的剪影。

收拾掉了这最后一批亲曹的名士们，司马师仍然放不下心，他下一步对准了这个王朝名义上的统治者曹芳。这次的事件让他觉得这个贪图享乐，胆小如鼠的很好操纵的统治者似乎没有他想象中的那么无能，他不能容忍这样一个帝皇的存在，他需要一个完完全全听话的人。于是在这一年的秋天，司马师上书郭太后，要求废掉曹芳，改立他人为帝。司马师要求废掉曹芳的理由很简单，什么不理朝政啦，爱好女色啦，宠爱戏子，不敬重太后啦等等，不一而足。如果曹芳手握重权，顶多就是言官说个几句，可是重点是他只是一个任人摆布的小卒子，这时候这种事情自然也就成了别人废掉他的借口。

很快地，曹芳就被废黜了。但是在立谁为新帝的问题上，郭太后和司马师产生了严重的分歧。司马师想要立彭城王曹据，曹据是宗室辈分最高之人，与司马家族的关系密切。而郭太后提名的则是曹髦，一个年仅十三四岁的少年。不得不说，在曹魏的政权斗争中，郭太后也是一位不容忽视的人物，司马懿当年发动高平陵事变还要借助她的力量，她的势力也是不容小觑的。而现在她提名的曹髦从小就勤奋好学，聪慧过人。郭太后有自己的考量，找一个年纪小的，方便自己摄政，但是人又要有些能力，省得成为一个真正的傀儡，对不起曹魏王朝。

郭太后直接用一个理由反对了司马师，那就是曹据是曹操的儿子，是曹睿的叔父，现在他要是做了皇帝，那侄儿媳妇成了太后，这成何体统？虽然是司马师废掉了曹芳，但是对于继承人的选择毕竟还是曹家自己的事情，司马师碍于舆论，还是不能多插手，郭太后一反对，他也找不出更好的理由，这一回合，郭太后胜利了，立了曹髦为帝，改年号为正元。

就这样，曹芳从幼稚小儿走过了二八少年，终于长大成人，却也成了一枚弃子，被郭太后和司马家族联手抛弃。而曹魏家族的新一代帝王曹髦也正式地走到了台前，开启了正元时代。据《三国志》记载，说他"高贵公才慧夙成，好问尚辞，盖亦文帝之风流也。"可见，曹髦是个颇具书生气质，温文尔雅的人物，同时他又是个极端谨慎守礼的人。在确定立他为帝之后，同年十月四日，他到达了京都洛阳北郊邙山的玄武馆。群臣奏请他住在前殿，曹髦回答说前殿乃先帝寝殿，不敢越礼，于是暂住在西厢房中。群臣又奏请以天子之礼迎他入京，他仍不同意。到了次日，曹髦正式进入了京都洛阳，文武百官齐到西掖门南跪拜迎接，曹髦见状也赶紧下车答拜百官。司礼官奏说："按礼仪您为天子，不必答拜臣下。"不料曹髦却回答道："眼下我也是别人的臣子啊！"遂对群臣答拜还礼。行到宫廷的正东门，曹髦也要和群臣一样下车步行。左右皆劝阻："按惯例您可以一直乘车进去。"他说道："我被皇太后征召而来，至于安排我做什么现在还说不准呢！"还是下车和群臣一样步行到太极东堂。当天他便在太极前殿正式登基称帝，群臣齐贺。

第三节 钟会试探，王戎应召

普天之下莫非王土，率土之滨莫非王臣。到了此时的曹魏更像是一个讽刺。曹髦这个九五之尊在司马家族的映照之下却显得是如此的黯淡，现实是如此的不妙，当年的曹芳时期尚有几个权臣表示对他的忠心，可是经过司马氏兄弟的毒手，已经寥寥无几。曾经是曹魏家族坚实后盾的夏侯一族随着夏侯霸的投蜀和夏侯玄的被杀已经衰落，曹髦真正地登上了大位，或许才意识到摆在自己面前的是一个如此残破不堪的政权。

此时的司马师依然是志得意满，虽然在与郭太后的交锋之中落了下风，但是他并没有把新来的皇帝放在眼中，毕竟大权紧紧地握在了自己的手中。他把目光转移到了竹林之中，投向了嵇康身上。阮籍的乖乖归顺让他很是满意，虽然阮籍时不时会做出一些出格的举动，但是总体来说也不是什么大事，还是很让司马师满意的。嵇康是名气不亚于阮籍的风流人士，当年的叔夜入洛，世人皆惊的情景司马师还记忆犹新，虽然后来娶了曹氏家族的公主，但是能够拉拢他也是百利无一害的。

思及于此，司马师就找来了他眼前的红人钟会。钟会也是出身于高门大户，父亲是有名的大书法家钟繇，哥哥就是钟毓，本人在文学上颇有造诣。在正始时期，钟会还是一个名不见经传的小人物，终日跟在何晏的后面，参与当时文人雅士的清谈，渐渐地，也混出了一些小名气。可是他虽然有着一颗向往名士的心，整个人离真正的名士风度还是差了不少。当何晏倒台之后，他毫不犹豫地转身投靠了司马师，很快地，就混得风生水起，很得司马师的信任。但是，一个能随意地抛弃别人的人想必在道德上还是有所玷污的人，历史上，他的评价一直都不高。甚至他的哥哥钟毓曾私下告诫司马昭说道："我这个弟弟虽然说是才智过人，但是野心也不小，将来恐有不臣之心，不可不提防。"司马昭听后哈哈大笑："若将来果然如此，那么我就只治钟会一人的罪过，不会连累你们钟氏一门。"被亲哥哥这么说，钟会也算是历史上的独一份了。

接到司马师布置给他的任务，钟会很是兴奋。他这个人虽说品质不怎么样，但是对于学术是爱得深沉，对于名士更是巴不得凑上去。现在竹林名士已经取代了正始名士成为天下焦点，所有的人都梦想着能够结交嵇康，钟会更是迫不及待地想要去拜访一番了。

这日，竹林之中又有人前来拜访，只见此人衣着华丽，身后带了一群的宾客，正是钟会。刚进入山阳的地界，钟会心中已经百感交集，他想起了过去的时光。其实，钟会很早之前就对嵇康仰慕不已，但是不敢去见他，就把自己写的文章偷偷地从嵇康家的窗户缝中塞进去，希望嵇康可以看上一眼。几年过去了，钟会想着自己已经是地位显赫，身份尊贵，再次来拜访嵇康的时候，不再是以往偷偷摸摸，不敢近前的样子，据《魏氏春秋》的记述，那是"乘肥衣轻，宾从如云"。有了这么多的人做后盾，钟会的心里有了底气，心想这次自己可是不会再在偶像面前胆怯了。嵇康遥遥看到远处来的一帮人，心中已经不耐烦起来，面上依然若无其事地挥着铁锤，锻造着眼前的这把工具，向秀在旁帮其拉风箱，也是面容平静。直到钟会带人来到了屋子的前面，站在了二人面前，二人依然不为所动地继续做着自己的事情。孔武有力的打锤声越来越大，声声敲击在钟会的心上，他的脸色渐渐地发硬，等了很久，终于悻悻地挥手招了招随从，翻身上马，准备回去了。刚走了不几步，只听到嵇康问道："何所闻而来？何所见而去？"钟会一惊，立即回答："闻所闻而来，见所见而去。"问句和答句都简洁而巧妙，但钟会心中实在不是味道。没有再多逗留，他带着浩浩荡荡的随从返回到了洛阳。看着钟会离开的方向，嵇康良久才低下了头，眼中泛着一丝担忧。

嵇康一向是个光明坦荡的人，从来不怕得罪人，但是对于钟会，他心中隐隐产生了不安的感觉。短短的会面，他已经清楚意认识到，这个钟会只怕是个心胸狭隘之人，日后若得势，怕是得罪他的人不会有好的结局。钟会仰慕嵇康的才华，但是在拜访之时，还要带着这么多的人马，可见在他的心中，虽然很是看重嵇康，但是也万万不肯在他仰慕之人的面前落了下风，失了面子。这样的一个人在精神上和嵇康已经是两条平行线，估计永远都不会有交集。嵇康最是不在乎身份、地位这些身外之物，而钟会还指望着用自己的地位去使得嵇康在自己的面前低下头来，这本来就是一场钟会单方面的一厢情愿的会面，不被嵇康理睬也是理所当然之事。可是，在钟会的眼中，估计只看到了嵇康的拒绝，自己在宾客面前所受到的羞辱，自己的狭隘之处是万万看不到的。

就这样，来自洛阳的钟会在山阳碰了壁，又回到了洛阳京都。见到了司马师，钟会面有愧色，话语之中多有对嵇康的不满意。司马师一笑之下，倒是也并不以为意，名士的这般做派，他已经多有了解，如今嵇康这样也在他意料之中，现在还不是收拾嵇康的时候，司马家族好不容易才稍稍挽回因为高平陵事变在天下名士心中的名声，没有必要在这个时候再去惹人记恨。可是钟会可不像司马师一样，他的心中嵇康已经成了敌人。

嵇康虽然不理会钟会，但是竹林七贤中架不住别人去主动地攀附钟会，这个人就是王戎。王戎在竹林之中是一个矛盾的存在，他一方面参与了竹林交游的活动，但是同时年纪幼小的他在竹林中更像是一个随从，很大一部分的时间，他只是仰视着嵇康、阮籍等人，欣赏着他们的才学和仪态，对于竹林，他并没有什么实质上的贡献。此时，已经是二十郎当岁少年的王戎虽然还整日地混在竹林之中，其实心中已经开始焦虑不安，他也在等待着机会进入仕途之道。其实生在琅琊王氏家族中，又少有才名，被赞誉为神童，王戎是完全不用担心自己的康庄大道会走不平稳。但是王戎还是急不可耐，家族虽盛，可是同辈的子孙也有很多，怎么能够保证就能扶植你一人呢？

这思来想去的，王戎就想到了一个人，正是现在的权臣钟会。其实，单从时间上来讲，在王戎的童年时期，他就认识了钟会。那时候，王戎和另外一个出身名门的神童裴楷因为家庭的关系得以拜见钟会，钟会倒是也不看他们年纪小，就敷衍二人，而是像接待大人一样，把这两个孩童招待了进来，跟他们交谈了一番。本来钟会还只是做做样子，交谈完之后倒是也惊奇不已，连连感慨，果然是神童也，收了轻视之心，想这二人如此聪明，倒是也可以作为自己的势力扶植。后来，王戎也经常来找钟会玩乐，关系一直都维持的不错。现在钟会已经是功成名就，颇得司马家族的信任，王戎心中想着或许是要再多多地和钟会走动了。

之后，王戎就更加频繁地来找钟会，他为人机灵，又善于清谈，对于一直喜欢玄学的钟会来说，正对他的胃口。钟会又不是无能之辈，自然知道这个年轻人经常来自己这里是存了什么心思，他也有自己的考量。首先王戎出身不凡，高平陵之变完全没影响到王氏家族的声誉，还是高门大户，屹立不倒，结交这样出身的人没有任何坏处。再者钟会现在也需要培植自己的势力了，王戎机智过人，钟会对他很是看好。并且前一段时间王戎做的一件事情也是让钟会很是满意。王戎的父亲凉州刺史王浑不幸去世了，王氏的门生们联合筹集了一笔钱，馈赠给王戎，表达对其父的悼念。这可是一笔不小的财产，足足有几百万，别人看了只怕是心中欢喜不尽，乖乖收下，可是王戎毅然地推掉了这笔钱财，毫不犹豫地拒绝了。这番举动一出，天下人都对王戎刮目相看，他不爱财的名声也人人皆知。

真的是这样吗？据《世说新语》的记载，其实王戎吝啬不已。举个最有名的例子，他家的院子中有一棵很不错的李子树，想要把李子拿去卖，但是，王戎很是担心买的人得到了李子核之后会不会拿去种，也会结出这么好的李子，于是他就先把核给钻破了再去卖。

估计王戎当年拒收这几百万钱的时候心中一定是抓耳挠腮，像有把火在烧一样的痛苦，可是那时要博得一个好的名声，不得不这样做。等日后他官越做越大之后，吝啬的本色也日渐显露。

这个拒收万金的举动还是骗了不少的人，包括钟会。钟会越来越觉得王戎是个可塑之材，平时对他很是不错，二人心照不宣，在等待着一个合适的机会，将王戎推到一个有实权的位置。

同是竹林七贤这个团体，虽说日后人们提起个个都是称赞不已，但是就像人们常说的那样，一家之中尚且有好有坏，有成才之人，也有不成器之徒，在竹林七贤之中也是如此。嵇康的为人、品行都让人赞叹不已，而王戎却是逊色不少，提起他来，也没有什么过赞。其实，王戎的选择更贴近一个普通人的选择，仔细思量，一个人为自己打算并没有什么错，况且嵇康死后，他对嵇康留下的孩子也有颇多照顾，算是顾念着当初的交情。

第四节 毌文之乱，司马暴亡

朝廷之上，李丰、夏侯玄之乱的阴霾刚刚过去，血腥之气还在萦绕四周，令司马师没有想到的是，又一场叛乱开始了。

公元255年（正元二年），扬州刺史文钦和镇东将军毌丘俭在寿春起兵，二人的由头便是朝廷之上，有人惑乱上听，因此要清君侧，矛头直接指向了司马师。文钦和毌丘俭与李丰、夏侯玄交好，又感念魏明帝之恩，不满意司马师废黜曹芳，因此起兵讨伐，算是为了曹魏政权最后一搏。

司马师听到这个消息心中大怒，他以为处理上次叛乱的时候已经给天下谋反之士做了个很好的榜样，让他们知道了胆敢谋反的下场，可还是没有料到，不过短短一年，就又有人敢继续谋乱。虽然心中恼怒，身患着重病，司马师仍然不敢掉以轻心，文钦和毌丘俭领兵十余万，实力强大，来势汹汹，不可小觑，司马师亲自率兵点将，带兵出征。

这场战斗异常激烈。为了得到支持，毌丘俭把自己的四个儿子都当成人质送到东吴，向东吴主孙亮讨好，却并未得到东吴的大力支援，无奈之下，只有苦苦作战。本打算渡过淮河由寿春向西进发，直取洛阳，奈何兵少将寡，洛阳防范严密,走到了项县就停住了。而司马师则继承了司马懿军事上的才能,盼咐监军王基带领前锋部队对毌丘俭、文钦监视,另派诸葛诞带领豫州的兵,进攻寿春;又派胡遵带领青州、徐州的兵,断绝毌丘俭、文钦从项县回归寿春的路。司马师自己亲率主力,屯据在汝阳。一切安排完毕,各方就绪,司马师开始准备主动引毌丘俭和文钦出来作战。和邓艾商量了一番,定下了计谋。邓艾做出不堪一击的样子,果然毌丘俭就叫文钦来打邓艾,这时司马师就指挥大股骑兵,从后面袭击文钦,文钦大败。听到文钦大败的消息,毌丘俭这时才知道原来以为司马懿死了,司马昭不过尔尔,自己还是把司马师想的过于简单了,慌忙弃项县城而走,却在走到慎县的时候,躲在河旁的草丛里被平民百姓张属射死。文钦则吓得一口气逃往了东吴。

这场反叛很快就被镇压了下去,特别是毌丘俭的死,更是引人唏嘘。按理来说,毌丘俭是为了皇家的尊严而战,但是从他被一个普通百姓射死来看,他并没有得到人们的支持。也许是司马师赏金千万,说杀了毌丘俭的人可封官加爵,确实张属也封了侯。可这也从一个侧面反映了司马师掌管之下的朝政清明、稳定,民间也未见动乱,可以安居乐业。其实,对于百姓来说,只要能够吃得饱、穿得暖,谁当政又有什么区别呢?反而是毌丘俭好端端的发动什么战争,打扰了百姓正常的生活,两相比较之下,自然就是恨起了毌丘俭,至于毌丘俭打着的为了皇室而战的旗号,在百姓的心中实在是不值一提的。在司马家族的治理下,兵强马壮,百姓的心也就在不知不觉之中偏了过去,司马家族成功地渗透到了人们的心中。

战争虽然胜利地结束了,可是司马师也赔掉了自己的性命。本来就是重病之中带兵出战,再加上打仗之时,文钦之子文鸯带兵袭营,司马师惊吓过度,眼睛上又患有瘤疾,经常流脓,致使眼珠震出眼眶。这一年的一月二十八日竟然活活痛死于许昌,终年不过是四十七岁。司马家的第二代接班人就这样走完了他的一生。和他父亲的长寿相比，司马师去世的时候还很是年轻。撇开他对权力的渴求之心和残忍的手段不提，司马师和他的父亲一样，其实是一个很有才干的人。这样的人，如果是放在盛世之中，有明君的驾驭，定能够成为一代忠臣；可是生在乱世，手握重权，自然被人诟病，说其有不轨之心，长此以往，定将谋逆。也许如果他不是去世的那么早，真的有一天，以他的才能和野心会做出篡位的事情，但是，可以肯定的是，无论做出了什么样的选择，他定会有能力把魏国这个国家带到一个新的高度！

司马师的去世，真是几家欢喜几家愁。司马昭接到哥哥去世的消息，心中很是伤痛，当初哥哥一定要带病出征时他就曾劝阻过，没想到不幸还是发生了，他立刻去了许昌。

"我这一去万一不能打胜，你也不必惊慌，朝中现在大半都是我们的人，即使是输了，也不会有人敢让我们交出兵权，打我们兵权的注意。但是还是要谨慎防范，以免有人起异心。特别是那些个几朝老臣，面上看乖着呢，不知道心里怎么想的。"司马师嘱咐司马昭道。

"我知道。哥哥此去定能得胜归来，只是您的病一定要千万小心，不到万不得已不要自己亲自出兵。"司马昭担心地说道。

"大概是我命不久矣吧，最近做梦老是梦到父亲召唤我。"司马师郁郁地说道，最近一直患病的他心情颇为糟糕。

"怎么会呢。"司马昭勉强笑了一下，说道，"哥哥离父亲的年纪还差了一大截呢。"

"唉，万一有个三长两短，我相信你完全有能力掌控。好了，不说了，我明日启程，你给我盯好了粮草，别让人动了手脚。"

人即将离开这个世界的时候，大概心中已经有所感知。司马师果然在这场战役中离开了人世，司马昭也的确没有让他失望，他迅速地接管了司马师留下的势力，成功成为新一任的曹魏最有权势的男人。对待这场叛乱，他沿袭了父亲和哥哥处理的方法，杀光了文钦和毌丘俭留在魏国的亲人，以儆效尤。

而曹髦还没有从还有人愿意继续替曹魏政权高声呐喊，奋力厮杀的欢喜中缓过神来，就亲眼见证了这场战争如何在司马师的强力镇压之下迅速失败。但是当司马师不幸在凯旋途中死亡的消息传到了曹髦的耳中，他迅速地意识到这是夺权的好机会，于是一面下诏命司马昭留守许昌，反而让尚书傅嘏"率六军还京师"，准备借机得到兵权。可是得到司马懿和司马师真传的司马昭岂会上当，一眼就看出了曹髦的想法，再加上尚书傅嘏的配合，还是亲自率领军队回到了洛阳。这样一来，曹髦的计划落了空。为避免引起更严重的祸乱，他只得接受既定事实，失望之余，还是乖乖地封司马昭为大将军。从此，司马昭独揽大权。一次宝贵的翻身机会，就这样与曹髦失之交臂。

虽都身处司马家族的阴霾之下，曹髦和曹芳仍然是做出了完全不同的选择。曹芳完全是随波逐流，曹爽当政的时候，他就全身心地依赖曹爽，曹爽一旦倒台，司马家开始执政，他也完全没有反抗，继续做自己的闷声皇帝，贪图享乐，丝毫没有打算逐渐培植出自己的势力，将来也好抓住机会来与司马家族对抗。而曹髦则是不同，仅仅是弱冠少年的他，初来京城洛阳就表现出不一样的气度，举止不凡，重要的是面对这样一个朝廷的烂摊子，曹氏势力几乎完全覆亡，而重要的屏障一一被拔除，曹髦仍然没有放弃个人的努力。在他刚刚继位的时候，就削减后宫的开支用度，注意节俭，罢除宫中无用之物。同时还派了身边的一批侍从官员到国内各地巡视，代表天子了解各地的人情世故，宣扬天子威仪，慰问地方官员和平民百姓，同时调查有无冤案和官员失职的情况。

从曹髦一连串的举动可以看出，如果他能够掌管了国家政权，肯定会是一代明君，亲民勤政。可惜，造化弄人，时运不济，他的出现太晚了一些，即使司马师去世了，接任的司马昭手段丝毫不在其父亲和兄长之下，且野心更为膨胀。

朝堂之上继续着阳奉阴违，明明是皇上高高端坐于龙椅之上，可是群臣的目光却投向了站在朝班中的司马昭，唯其马首是瞻。曹髦眼中看着这一切，心如刀绞，社稷倾颓，情势危急，却偏偏无能为力，反而要低头诺诺，才能保得身家性命之安全。

曹髦终日的长吁短叹，心焦不已，这日上朝，突然群臣祝贺，说是在邺城某水井中出现黄龙，真是天大的吉兆，奏请皇上，以示庆祝。不料曹髦却更是绝望了，他哀伤地说道："黄龙本是天上之物，应该自由自在地在天空翱翔的，如今却被困在一口破烂水井中，这又是什么吉兆呢，分明是不好的事情啊！"群臣听了皇上的话语，不敢再说什么。

下了朝之后，曹髦闷闷不乐地回到宫中，想起邺城井中的黄龙，心中更是烦闷，提笔写下了《潜龙诗》：

伤哉龙受困，不能越深渊。上不飞天汉，下不见于田。
蟠居于井底，鳅鳝舞其前。藏牙伏爪甲，嗟我亦同然！

曹髦的诗写得很是直白。他以龙自况，而把司马兄弟比作了鳅鳝，伤龙困于井底，就像是自身困在司马兄弟之手，愤慨见诸笔端。可是，这样一首暗中写就的诗却传到了司马昭的耳朵之中，司马昭意识到也许这位新上任的皇帝其实并不像曹芳那样唯命是从，也暗中对曹髦加强了提防，加快了夺权的步伐。

第五节 上任东平，转任校尉

　　而此时的阮籍依然在司马昭的门下混日子。当年罢黜曹芳，高贵乡公曹髦成为皇帝之后，司马师为了笼络人心，表彰众人没有在此事上多加异议，大肆地封官加爵，就连整天混日子的阮籍也被赐为关内侯，徙官散骑常侍。同时被封的还有钟会。钟会那可是真刀真枪，替司马家跑上跑下才得来的封侯机会，而阮籍每天只知道喝酒，什么也不干还能被封侯，司马师的笼络之心可想而知。可是，司马师还是给阮籍派了一项任务，就是他的新官职散骑常侍。散骑常侍是做什么的呢？其实就是皇帝的顾问，入则规劝进谏皇帝的过失，出则就是皇帝的骑马侍从。这是一份重要的职位，近在天子眼前，很容易就会得到重用。可是现今天子曹髦是一个并无实权的人，而司马师把阮籍放在这样的一个位置上其实就是一件很值得玩味的事情了。他的目的很明显，其实是想让阮籍就近可以监视曹髦的言行，是否是想要乖乖地做个听话的皇帝，同时也想就此检验一下这个如今全国最知名的名士，是否是真心想要归顺司马家族。如此一来，阮籍就被放在了火上，处于权力争斗的最中心。

　　聪明的阮籍怎么会猜不出司马师的心思，他着实不想去蹚这趟浑水，可是刀架在脖子上，怎么会由得你说不，无可奈何，他只有接受了这份任命。就近接触到曹髦，阮籍心中更是纠结，他更清楚地感知到了司马家族势力的强大，皇上的无能为力，也看到了曹髦的聪慧和决心。两相夹击之下，阮籍一日比一日难受，简直是痛苦不堪，这一年，他写下了《首阳山赋》，抒发了自己苦闷的心情。首阳山是当年伯夷、叔齐隐居终老的地方，伯夷、叔齐不食周粮而死，忠良品质在儒家话语体系中备受赞颂，一直是忠臣的代表。而阮籍在《首阳山赋》中却提出了不同的看法，对伯夷、叔齐二人的行为提出了批判，反而提出了道家的"贱名贵生"理论，认为虽然名声很是重要，生命却是更可贵的。与其说阮籍是在批判二人，不如说是在为自己寻找一种解脱。阮籍和伯夷、叔齐二人的处境颇为类似，不同的是他做出了不同于二人的选择，但是做出选择之后又开始抑郁不已，只好用道家的"贱名贵生"来排遣自己，安慰自己说不期望在后世能够得到什么好名声啦，只求能够保住性命而已。看似懦弱的背后，其实是一种深深的无奈感。这是一个乱世中名扬天下的文人尚且不能自我保全，只能任人摆布，在刀尖下委曲求全的心声。

即使写下了《首阳山赋》来自我安慰，在皇帝身边的日子依然让阮籍生不如死，看到年幼的曹髦拿信任的、甚至是期盼的眼神看着自己，阮籍就愧疚不已，那是再多的酒也麻痹不了的痛苦。对着皇帝这边不作为，对着司马师这边阮籍也是不作为，但是同时呢，也不反抗。每当司马师让钟会问阮籍什么关乎社稷上的大问题，阮籍也是装醉不答，继续做自己的无用闲人。如此过去了不到一年，司马师突然死亡，司马昭开始掌权，阮籍一看机会来了，说不定可以摆脱目前的窘境，马上就找到了司马昭，提出了自己的要求。

"我以前去到一个地方游玩，那里风景秀丽，真是让我念念不忘啊。"阮籍对着司马昭从容说道。

司马昭一听来了兴致，忙问道："是什么地方让嗣宗都能够念念不忘?"

"正是那东平国。我有个不情之请,那里的风土人情很是让我赞叹,多次想着重新回到那里。不如我向大人讨个东平国相当当?"阮籍笑着说道。

东平国相也算是地方一级官员了,手中很有权势,地位很是重要,司马昭低头沉吟了一下,想着阮籍从来没有找自己要过什么官职,也就没有推托,爽快地说道:"好吧。那你去吧,做出点成绩来让我看看。"

就这样,阮籍当上了东平国相,即日就可以启程。由此可以看出,司马昭拉拢文人的本事也并不小,对于阮籍的要求答应得很是爽快。他一方面想着看看阮籍的才能如何,一方面也是做给天下文人看,我都能给阮籍这个行为张狂的文人这么重要的官职,你们其他人还在等什么,快点来投奔我吧,我肯定是不会亏待你们的。

拿着官印,阮籍骑着驴就来到了东平国。一路上也没有让人接待自己,轻车简从,独自前往,一切官场上习以为常的铺张浪费那是能简则简。好不容易见到这样一位清廉的官员,百姓心中自然是欢喜不已。到了衙门之后,阮籍又干了另一件事。他命人把衙门周围的围墙全部拆除,这样的话,里面和外面就没有什么可以遮蔽的,这样在里面可以看到外面,外面也可以看得到里面,一切都是一清二楚。这些事做完之后,阮籍没有了新一步的动作,他开始骑着驴随意地乱逛,无事时,就坐在衙门之内,十天之后,板凳还没有焐热呢,官印一丢,他就骑驴原路返回了。

为官十天而返,这要是放在任何一个为官之人身上都是一件可笑的事情,十天的时间能够做什么啊,估计连东平郡的年鉴都没有看完。简直就是荒唐至极。可是一放在名士阮籍身上似乎也就可以理解了,他的张狂行为如此之多,加这一件也不多。但是,为什么十天就回去了呢,并且明明是自己要求去的东平啊,也许他归来之后写的《东平赋》可以提供一个答案。

赋中对于东平大大赞扬了一番它的风土人情,但是也写了东平的穷山恶水，政治混乱，田园荒芜。这样一个穷地方，阮籍当初给司马昭说的时候可不是这样的，其实他的真正目的是这样的。本来阮籍去东平就是想摆脱他散骑常侍的职位的，现在目的已经达到，而阮籍又看到东平衰败，需要长期的治理，他对做官没什么兴趣，也就没有心思多留，就洒脱地走了。虽说他只是短短任期十天左右，当地官员和百姓还是给了他很高的评价，说他是"法令清简"。

这一次奇特的任职就这样结束了，阮籍再次回到了司马昭门下。司马昭吓了一跳，这阮籍怎么刚刚走就回来了呢？这才十天而已啊。

阮籍笑着说道："我去了那东平，才发现原来已经不是我想象中的样子，穷山恶水，又没有美酒等着我喝。这没了美酒不就是要了我的性命吗，想来想去，我就又回来啦。"

司马昭听了他的这一番解释，也就跟着笑了笑，没有多说他什么，其实心里也是有点清楚的，也就让他接着做了司马家的从事郎中。这可是阮籍的老职位了，他一听，心中非常高兴，虽然降级不少，但正是心中所想，欣然答应，又开始心安理得地过自己的颓废日子。

司马昭本以为这下子阮籍该老实一段日子了，没想到，过了没多久，阮籍又提出了自己的要求。这一次，他又是伸手要官职来了。

"我听说步兵营的厨师非常善于酿酒，并且啊，步兵营里藏了三百坛的美酒，干脆您就把我调去那里吧！"阮籍也不在意别人的眼光，对着司马昭说道。

司马昭被他弄得哭笑不得，想了想，反正这个阮籍也是混吃等死，不干正事，摆摆手也就同意了。

这步兵校尉听着是个武职，其实到了曹魏时期，基本上就是文人担任了，也是闲职一个，阮籍对于这个职位非常满意，再也没有找司马昭要什么，在这个职位上一干好多年，直到生命的终点。

有了酒的陪伴，阮籍如鱼得水，终日酩酊大醉，活在酒香里，这竹林七贤中嗜酒如命的刘伶听说了,也经常来找他一起喝酒,两人常常也不讲究什么礼仪,随意地对坐着,开始喝将起来,醉了就往地上一倒,开始沉沉睡去。

这刘伶比起阮籍是有过之而无不及,大概阮籍还知道点分寸,喝高兴了也不会脱光了衣服,换了刘伶,那可是彻彻底底地释放自己,怎么开心怎么来。他要是喝到兴起处,一定是要脱衣散发,与天地赤诚相见,丝毫不羞赧。别人要是替他觉得不好意思,还会劝他讲究点规矩,把衣服穿上。刘伶反而会笑着对众人说:"这天地那就是我的屋子,这室内就是我的衣裤!我哪里还需要别的什么衣裤,至于你们呢,为什么要跑到我的衣裤内来对着我指手画脚!"藐视礼法的精神空前绝后!

与其关注刘伶喝酒喝到兴起时就爱"裸"这个行为,不如去看看这个行为代表的意义。在阮籍等为代表的竹林精神的推动之下,老庄的自由精神越发地深入人心,对于各种礼法规矩的约束也是越来越遭人唾弃,人们开始尝试着抒发来自内心的感受,不再去顾及他人的眼光,这难道不是一件很好的事情吗?以名士为榜样,由性的风潮开始在魏晋推行开来,人们开始尝试着找到本真的自我,这是时代的进步,也是人的意识的觉醒,也是魏晋朝代不同于别个朝代的可爱之处,令人向往之处。

刘伶是自由的,他爱着自由,也喜欢和感到自由的朋友一起相处。阮籍符合了他的要求,两人浑不在意外人的眼光,索性便以天为盖以地为炉,喝个痛快!

第六节 轻狂态度，痛苦人生

这样的人生，阮籍过得肆意又痛苦，小心又张狂。虽然离开了司马府去当了步兵校尉，每当司马府中有宴席的时候，阮籍还是每每不会拉下，必会出席。他需要经常出席这样的场面，给司马昭点面子，也给自己留条后路，表示是真心归顺了大将军。但是他又和那些个正襟危坐，大气都不敢出的官员们不一样，即使在司马府上，他也很是随意，想喝就喝，大醉也不在乎，丝毫不会顾忌司马昭的威严，喝醉了还会兴起长啸，清亮动人，甚是动听。司马昭也不以为忤，笑眯眯地看着阮籍放肆，旁人自然也不会说什么，有时候还会奉承地说上几句好听话，夸夸阮嗣宗。每次听到这种话，阮籍的眼底都掩饰不住地露出几分嘲讽之意，这些个心照不宣的狗东西，心里一定在骂自己呢，还不是看在大将军的面子上，不敢跟自己为难。可是，他又转念一想，自己虽然行事随心，不还是要顺着司马昭的意思，不敢在明面上得罪他嘛。这样一想，自己和这些人又有什么区别呢。叹了口气，阮籍心中知道已经不能再想，还是喝酒吧，一醉解千愁。

日子一天一天地过去，这日又在司马府上饮酒，众人正在酣处，突然一个官员讲了一桩稀奇的案件,请示司马昭应该怎么办,吸引了大家的注意。原来是城中有个人杀了自己的亲生母亲,该如何处置。众人听此议论纷纷,谴责此人大逆不道,应该处以重刑,受尽痛苦而死。没有想到这时,喝得醉醺醺的阮籍来了一句:"哈哈,杀父亲还可以原谅,杀母亲那就是罪大恶极了!"这话一出,即使习惯了阮籍疯言疯语的众人还是被惊了一下,这话可是乱说不得啊。曹魏王朝一直以来都是以"孝"来治天下,本来该是"忠孝"并举,可是曹魏的王朝得的名不顺言不正自然不好意思再说什么"忠",到了司马昭这一代,人心不古,路人皆知,更是不能说"忠",而把"孝"拔到了最高的位置。现在阮籍说这种话,这下连司马昭的脸色都不好看了,他收起了笑意,冷冷地看着阮籍,说道:"嗣宗是不是该解释一下呢?"

阮籍看着司马昭的表情,酒醒了一半,知道自己说了错话,惹得司马昭不高兴了,可还是不慌不忙地说道:"我并没有什么恶意,我是这个意思。我可不是认同杀父亲这种行为,而是觉得人都是母亲生的,如果一个人杀了自己的父亲,那他就是禽兽了;可是他连生了自己的母亲都杀了,那可真是禽兽都不如了!这样的人是万万不可饶恕的。"

听了阮籍的解释,司马昭点了点头,心里嘀咕着算你厉害,知道怎么辩解,这事儿也就算是过去了。阮籍虽然从容应答完毕,还是出了一身冷汗,他知道自己这次是欠谨慎了,幸亏这司马昭还有几分爱惜自己的意思,不然就完了。

平时阮籍都很是谨慎,但凡涉及国家大事、社稷江山他都不会发表自己的意见,打个哈哈也就过去了,即使人家问他什么,他也能凭着自己诡辩的技巧给搪塞过去,就算面对的是司马昭也是如此,日子久了,司马昭也看出来了阮籍的态度,还笑着说过:"嗣宗你讲话真是太小心了,这个世界上最会绕圈子的人你要是认了第二就没人敢认第一啊。"阮籍听闻此语也只是笑笑,以后还是这样。司马昭的心里虽然有些遗憾阮籍毕竟不是真心的归顺自己,但还是舍不得动他，这里面既有政治的考量，也有几分真心爱才的意思吧。

　　转眼之间，阮籍的母亲年事已高，不幸归西。曾经发表过"弑母不可"言论的阮籍又是怎么安葬自己的母亲的呢？特别是他幼年丧父，一路和母亲相依为命，感情自然是非常深厚。当下人来报母丧的消息的时候，阮籍正在和人下棋，对手慌忙地放下了手中的棋子，忙着告辞，以方便阮籍料理后事，不料阮籍却不让对方走，反而拉着他一直等到这盘棋下完。最后一个棋子落了，对手也走了，阮籍方对着仆人说道："给我拿酒来！"接过酒坛子喝了好几大口，阮籍方放下，刚要站起却猛地吐了几口血。他的伤痛原来如此之深。随后的日子，阮籍一直不吃不喝，直到母亲下葬的那一天，他才命人给他蒸了一头乳猪，就着一坛子酒，在母亲的棺材旁，当着众人的面，一边吃喝，一边号啕大哭，哀悼母亲。等到母亲的棺材下了葬，他还呆呆地站在那里，不说话，但是吐血不止，最后体力不支，昏了过去。这般惊世骇俗的行为，俨然是今天的行为艺术，放在今天，都能惹得众人惊诧不已，更遑论是在古代，那个时候，母丧之后都是要守丧三年，只能吃素，阮籍倒好，当天就大吃大喝。不仅如此，当别人来吊孝的时候，阮籍也是不管不顾的，披散着头发，随意地坐在灵堂上，别人哭得伤心不已，他倒是不动声色，面无表情，也不哭，别人也不知道他心里在想些什么。这样别致的葬礼还真是头一次看到。其实阮籍心中也在抑郁不已，他不禁在心中厌烦着，这些人也不见得是真正的为了自己丧母伤心，可是还要拼命地做出难过的样子，为了所谓的礼法，表演着痛苦来给自己看，真是恶心。想到这里，阮籍索性一不做二不休，看到他看顺眼的人来祭拜，他才会高看你两眼，看到看不顺眼的，他直接就翻个白眼给你看，鼻子里还会冷哼两声。

　　这日嵇康的哥哥嵇喜前来吊唁，此人虽然为人圆通了一些，可是也是一热情之人，谁料阮籍根本不给他面子，直接翻了个白眼。随后，嵇康又来，阮籍一见大喜，连忙亲自跑去迎接，两人甚是亲热。嵇喜见到倒是也不以为意，自行走了。嵇康此次前来，还特意带上了琴，于是，在灵堂之上，嵇康随意地坐在阮籍的身旁，弹奏了一曲哀婉的乐章。琴声如泣如诉，声声动人，可是哀而不伤，又似乎有抚慰之意，阮籍听着琴声中表达的感情，心中的丧母之痛也减去了几分，不禁叹道："叔夜，果然还是你懂我，这来来往往的这么多人又有何人知呢？"

嵇康一笑，说道："有我懂你就行了，嗣宗兄，还是保重为上，我这就告辞了。"

世间伤痛的表达有千千万万种，可是这俗世礼法偏偏要做出规定，认为你痛哭流涕，跪坐灵堂，面如菜色便是真正的孝道，真是浅薄至极。看到人哭便认为他是真正的痛苦，看到人笑呢，便认为他是真正的快乐，却没有想到即使一个人面上是在笑着，也许他的心中恰恰痛苦不已，只是强颜欢笑而已。又何必骗人呢？阮籍正是戳破了这层窗户纸，告诉人们即使我一边在吃喝，我的心依然是在流泪，在痛苦着，在难过着，只是你们看不到而已啊。

阮籍的母亲过世了一段时间，这天，阮籍又来司马昭家里赴宴。席间，大家正在吃吃喝喝，突然，一个人对着阮籍发难问道："嗣宗，你在你母亲去世期间，不顾礼法，不守孝道，直接在你母亲的葬礼上吃吃喝喝，有这种事情吗？"

阮籍抬头一看，此人正是何曾，有名的假卫道士。何曾平时生活奢侈，帷帐、车乘和服饰都极尽华丽，吃饭的食器菜肴更是胜过王侯家，甚至有的时候皇上在外接见朝臣，都不会吃宫中太官准备的菜肴，反而向何曾取食。并且此人虽然表面宽厚，但内心非常容易嫉妒和憎恨人，曾有都官从事刘享上奏何曾的奢侈行为，后来刘享在何曾的手下做官，以为他不会记恨私仇，可是没有想到的是何曾却常因为小事而对刘享施杖刑。何曾生平最不爱的就是音乐，毫无情趣可言。这样的一个人，阮籍自然不会青眼以加，他只是顿了顿筷子，没有理会何曾，接着吃自己的。

何曾却没有这么容易放过他，阮籍在母亲葬礼上的那一番作为早已经惹得京城里的卫道士们愤怒不已，现在逮到了机会，自然不会放过，于是接着说道："你难道不知道我们国家是以'孝'治国吗，你知不知道这样做已经触犯了法律？"

阮籍心中烦躁不已，虽然母亲已经去世一段时间了，可是留下的伤痛还在，他还不知道该怎么面对，现在就有人炮轰自己不孝，笑话，难道自己孝不孝是他可以评论的吗？

阮籍还没有开口说话，司马昭就不耐烦地开口了："嗣宗现在因为母亲的去世，身体很是虚弱，你就不要说了。"

没有想到何曾不依不饶，依然说道："阮嗣宗这种人，就是仗着自己有点才华随意胡闹，不把您放在眼里，您就应该严厉地处置他！"

司马昭心中不开心了，好好的一个宴席，碰上这么个扫兴的，再说了我怎么对待他，是你应该管的吗，他语气不善地开口说道："怎么处置他是我的事儿，他现在为了母亲的去世，心中很是不快，你们不想着怎么安慰他，反而处处去挑他的毛病，是何用意！"

何曾听到这里，不敢再说什么，喏喏地退下了。阮籍始终面不改色地听着两人为了自己争论，该吃吃该喝喝。

这就是他的人生，轻狂与痛苦交织，心痛与心碎同在，像穿着刀鞋走路，个中苦楚，唯自己知，不足为外人道。

第七章

贤者避世,独善其身

曹髦不堪司马家族的压迫，奋起反抗，却不幸被杀。阮籍对此不忿，写文讽刺。而嵇康也不满意山涛向司马昭举荐自己的行为，写下了《与山巨源绝交书》表明自己的立场，希望能够得到安宁的生活，不被官场打扰。

第一节 曹髦论政，诸葛造反

对比阮籍逃避世事的人生态度，曹髦则显得更为积极。许是初生牛犊不怕虎，这位少帝表现出来的前所未有的积极态度，让司马昭连连皱眉，心中很不高兴。

公元 256 年，四月十日，曹髦突然来到了太学，向学者们请教。他先问《易经》，反应敏捷，对答迅速，有些问题连学者们都无法解答。问完了《易经》，就接着问起了《尚书》。他先是问起了"尧顺考古道而行之"的意思，又问了孔子说过的"唯天为大，唯尧则之"，接着又谈起尧舜时代四岳举鲧的事情。《尚书》问完了之后又谈起了《礼记》。从曹髦问的问题可以看出，他问的大部分都是古代君王如何勤政举贤的。按理说一个君王问这样的问题难道不是一件很正常的事情吗？可是学者们的应答大概不是很能让他满意，不是说话含糊不清，就是相互推诿。曹髦很是郁闷，太学是国家培养人才的地方，可是这里的学士们却是这样的一个态度，他暗自叹了口气。其实，他也是清醒的，大概那群学者们也会认为自己太不识趣吧，既然已经是一个傀儡了，为何不安分地做自己的傀儡呢，还要装模作样的来到太学去问政，让众人为难。

曹髦躺在皇宫冰冷的大床上，眼睛已经很是疲劳，脑袋痛的快要裂开，却久久不能入睡。他已经很久没有好好地睡过一觉了。本来二八少年，正是人生最美好的时节，曹髦却已经被深深地困在了这皇宫之中，没有喘息的余地。国家、政治、权力、牢笼……不断地在他的眼前晃动，让他头痛欲裂。很久之后，他才闭上眼睛，睡了过去，梦中一个人缓缓地向他逼近，手中握着一把明晃晃的宝剑，剑尖上的鲜血还在往下淌，顺着地板留下一道蜿蜒的痕迹。慢慢地，这个人终于走到了他的面前，一直看不清的脸露出了狰狞的笑，猛地抬起手中的剑，刺向了他的心脏……曹髦大叫一声，陡然惊醒，整个人从床上坐了起来。

"皇上，可是魇着了？"门外响起了太监尖细的嗓音。

曹髦摇了摇头，抹去了头上的汗珠，重新躺了下来，答道："我没事儿，下去吧。"便再也无法入睡。曹髦不由得掩面低声痛哭起来，梦中司马昭狰狞的面容像是一头巨大的怪物向他扑来，可是无论他如何闪避，都无法逃脱，只能被生生撕碎，剧痛而死。这样绝望的日子什么时候是个头啊，曹髦绝望地想着。

翌日下了朝，曹髦刚在书房坐了一会儿，外面就有人通传司马昭求见。曹髦情不自禁地抖了一下，昨日的噩梦还未散去，他有些不敢见这位股肱重臣，可是这哪能由得他啊！有气无力地说了声传，曹髦努力地安慰自己，不用害怕，好歹在明面上还是你是君他是臣呢，只是这其中真实的意味就不好说了，曹髦讽刺地弯了弯嘴角。

司马昭急步走了进来，脸色也是同样的不好看，但是淡定自若的气度比起曹髦不知道好了多少，看到曹髦在畏畏缩缩地看着自己，眼圈下方还是红肿的，司马昭心里蔑视地笑了一下，说道："臣参见皇上。"

"免礼。请坐吧。"曹髦轻声说道。

司马昭也就不客气地坐了下来，径直问道："皇上今天在朝堂之上漫不经心、萎靡不振的，比起那天在太学的风度可是逊色了不少啊！"

曹髦心中一惊，那天在太学自己可有什么越轨之言，并没有说什么过分的言辞啊。

司马昭冷冷地说道："皇上还未及冠，国家大事又琐碎繁多，可要顾及精力啊，有些事情让臣子们代劳就好了。"

曹髦愣了一下，心中知道，司马昭已经对自己在太学问政的事情不满了，现在是变相提醒来了。这司马昭，不仅继承了其父兄在政务上和军事上的手段，野心也是比二人大得多啊。

无力地点了点头，曹髦无精打采地说道："你说的是，我精力不济，你们是要多多分担啊。"

司马昭满意地点了点头，知道曹髦已经懂了自己的意思，也就不多耽搁，告辞离去了。望着他离去的背影，曹髦暗暗握紧了拳头，目光忧愤。

当寝食难安、如履薄冰的曹髦听说诸葛诞起兵的消息时，心中必定是长吁了一口气。诸葛诞是何人？他正是诸葛亮的兄弟，诸葛家族中才干仅次于诸葛亮和诸葛瑾的人物，但是三人志向不同，各自效忠不同的主人，诸葛诞属于魏国颇有权势的人物，和夏侯玄并称，在毌丘俭叛乱之后，因为平定毌丘俭谋反有功，接替毌丘俭任镇东将军。

诸葛诞在离开洛阳都城，任职镇东将军的前一晚，他来到了曹髦的宫中，两人密谈一直到深夜，没有第三个人在场，谁也不知道他们谈了什么，这一密谈在司马昭的心中埋下了隐患，他始终不能彻底地信任诸葛诞。

司马昭的手下有个人物叫贾充，此人心狠手辣，胆大包天，就是他看到了诸葛诞和曹髦的这场密谈，告诉了司马昭。司马昭此时新掌政权，正在担心四方将领是否是真心地顺从司马家族，贾充自动地向司马昭提议应该派人去慰问四方将领，借机试探一下。司马昭一听，认为这是个好主意，也不去找别人，直接就把这个任务派给了贾充。

贾充一路探查，来到了诸葛诞的驻军地寿春，见到了诸葛诞，两人寒暄完毕，吃完饭喝完酒，贾充屏退了手下人，靠近诸葛诞，含蓄地问道："诸葛将军，如今朝堂之上，人心所向，大势所趋，司马昭的威望一天胜过一天，如果以他取代现今的皇上，您看如何呢？"

诸葛诞一听急了眼，连忙嚷嚷道："那怎么能行呢，这不是乱了套了吗？你我二人都是为人臣子的，定要效忠曹魏王朝，千万别做什么不忠之事啊！"

贾充一听诸葛诞这么着急，心中已经有了定论，随便圆了几句，贾充就告辞了。等到回了洛阳，见到了司马昭，贾充添油加醋地说了一通，建议道："这诸葛诞一颗心只向着那皇上，现在他手中又握着兵权，在淮南又很得老百姓的心，我看事不宜迟，还是早点把他召回京城，找个借口处理了吧。"司马昭点了点头，过了不久，诸葛诞就接到了一纸诏书，让他回去洛阳，担任司空的职位。

自从贾充走了之后，诸葛诞就开始惴惴不安，当日冲动地回答之后，他才意识到情况不妙，只怕那贾充回去之后添油加醋说上一通，司马昭肯定是瞄上了自己，不会放过了。接到了要他回京的诏书之后，诸葛诞有一种意料之外的解脱心情，该来的总算是要来了。

公元257年，诸葛诞终于反了。夏侯玄的惨死，司马昭的试探终于让他打出了清君侧的旗号，他征集了淮南将士和一年的粮食据守寿春，又派吴纲领儿子诸葛靓和牙门子弟到东吴请求援兵。来势汹汹的诸葛诞让司马昭丝毫大意不得，他总算是领教了当年父亲和兄长经历的一切，且诸葛诞手中所握的重兵甚至不亚于司马昭手中的兵力，当年他借着东吴有意来犯，曾经向朝廷要了十万的将士，实力甚是雄厚。司马昭心急如焚，暗中恼火，没有想到这诸葛诞反的这么迅速，让自己措手不及。这可如何是好？

司马昭在这边急得上火，曹髦心中却是惊喜万分，他没有想到在司马昭如此的高压政策下，还会有人敢站出来造反，这个人正是自己欣赏不已的诸葛诞，看来确实没有看错他啊！曹髦在心中暗暗祈祷，千万要赢得这场胜利。可是万万没有想到的是，在翌日的朝廷上，司马昭的一道奏折打醒了他。

"皇上，那诸葛狗贼胆敢罔顾王室威严，起兵造反，实在是大逆不道！臣建议皇上和太后何不亲自兵临城下，定能使得士气大振，一举击破那狗贼！"司马昭站在台下，说的义正词严。

曹髦心中一凉，看着司马昭那张伴装着正义的脸，只想狠狠地戳破他虚伪的面具。

"朕又不懂得带兵打仗，过去只会给你们添乱，还是算了吧。"曹髦推辞道。

"哎，话不能这样说。带兵打仗这种事情我们来做就行了，皇上您只需要关键时刻露个面，让天下人知道这大好河山可是您的。"司马昭说道。

在群臣一片的附和声中，曹髦知道看来这趟路自己是走定了。无奈之下，他只有点头答应，但是心里还是抱了一丝的希望，希望太后能够拒绝。

"太后，我不能不答应，可是您不用啊，那司马昭不敢对您做什么的。"曹髦劝道。

郭太后闭上了眼睛，摇了摇头，说道："如今，我已经得罪不起他们司马家族了，这一趟，看来我们是非去不可了。"

于是，司马昭带着自己手中的王牌，曹髦和郭太后，来到了寿春，迎战诸葛诞。那年大旱，天久久不降雨，诸葛诞本想利用水淹的计谋不能施展，被司马昭围困许久，苦苦支撑，最终弹尽粮绝。司马昭又用了钟会的离间计，成功地攻克了寿春城，将诸葛诞斩于马下。

按照惯例，司马昭下令夷了诸葛诞三族。诸葛诞麾下数百将士，杀一人则问下一人是否投降，直到杀光了最后一人，将士们始终英勇不屈。

这一仗之后，司马昭彻底在朝廷之上站住了脚，以和诸葛诞相当的兵马对阵而又大获全胜，威望达到了顶端，众人心中算是彻底服从了他。而曹髦随着诸葛诞的死亡越发地绝望，至此，敢支持他的人几乎全部沦丧，而被司马昭挟持到前线简直就是奇耻大辱，少年帝皇的尊严被踩在了脚下，丝毫不剩。

第二节 叔夜抄经，山涛举荐

洛阳城内一片沉寂，满耳都是虚伪之声，令人沉闷不已。就在这个时候，一位名士来到了洛阳，跌倒了众人的眼球，正是曾经惊艳了洛阳城的嵇康。

嵇康为什么要在这个时候来到洛阳？原来他是对石经产生了兴趣，要来太学抄写经书。何为石经呢？就是古代刻于石碑、摩崖上的经典，也就是《诗》、《书》、《礼》、《易》、《春秋》等。一向喜好玄学的嵇康为什么会突然对儒学产生了兴趣，还要特意来到敬而远之的洛阳抄经？原因今天已经不可考，但是就像阮籍一样，他们两个都是才华洋溢，绝世独立的人，这样的人必定是有着一颗好奇的心，阮籍学儒三十年，一朝入玄，如痴如醉，整个人都投入其中。而嵇康想必也是如此，虽说儒家许多的条条框框很是让人不快，但是它必然也是有许多精华之处值得人去吸取的。所以，嵇康抄写儒学经典就像阮籍学习道家经典一样，都是可以理解的。再加上，这些年来他四处游历，也结识了不少的名士，其中不乏饱读儒学经典之人，相互影响之下，对儒学也有了几分兴趣。

大名鼎鼎的嵇康来到了洛阳，自然是引起了满城轰动。洛阳城的名士全都盯着他，有时间就会去太学找他谈玄论道，可是接不接待就看嵇康的心情了。当他心情好的时候就会在太学随意地来几次讲座，吸引三千太学子弟纷纷前往，只为一睹其真颜，或许有幸还能够听他弹奏一首曲子，那真是不枉此生了。

嵇康的风采压倒了三千太学子弟，无数人跟在他的身后，期望着能够学习他的《广陵散》，做他的弟子。可是嵇康纷纷拒绝了，连阮籍都困惑地问他，难道不希望这首空前绝后的曲子有个人来继承吗？

嵇康叹了一口气，举起了酒杯，说道："当年我得到这个曲子也是机缘巧合，那是在一个晚上，我夜间散步的时候，无意中听到有人弹奏，当时就惊为天人，央求了许久，那人才答应教给我。但是那个人教我弹奏的时候，就让我再也不要传给任何人，我既然答应了他，当然要信守承诺。只是可惜了这么绝妙的一首曲子，怕是要绝了啊！"

阮籍点了点头，说道："那就是憾事一件了，幸亏你比我年纪要小，我肯定会比你先去登仙，至少在我有生之年，曲子还不会绝！哈哈，我何其幸运！来，喝！"

二人高兴地举杯共饮，尤其是阮籍，他在京城事务繁多，山阳竹林之游已经很久没有机会了，现在好朋友来到了这里，岂不开心！

阮籍又说道："叔夜如今在太学里是声名远播了，听说太学的那些孩子们天天跟在你的身后，都恨不得能够拜你为师呢，有没有看中的啊？"

嵇康摇了摇头，说道："是有人说要一生追随我，跟我去修仙问玄，但是，我是觉得他们哪里是真正地看到了我这个人，分明是只看到了名而已！"

阮籍不信地问道："难道真的一个人都没有，还是叔夜你的眼界太高了？"

嵇康犹豫了一下，眼前浮现出一个少年的影子。

"也不是没有，至少还是有一人我看着很是不错。"

阮籍连忙问道："能入得叔夜法眼，定是不俗，他叫什么名字？"

"赵至。"

赵至，字景真。少年的他离开家乡，到当时的首都洛阳的太学求学。一天，看到一个书生正在专心地抄写石经，书法十分飘逸，赵至见之不忘，就一直跟着他不肯离去。以后每日书生来，赵至都会等候在那里。后来，赵至才知道，这个人正是竹林七贤中大名鼎鼎的嵇康。

"他说我风采不似凡人。"嵇康慢慢说道。

阮籍一晒，说道："说叔夜不似凡人的多了去了，我也说过好几次呢。想必他定有什么过人之处了。"

嵇康点了点头，说道："他头小而锐，瞳子白黑分明，有秦代大将白起的风范。"

"那你是准备把他带回山阳了？"

不料嵇康摇了摇头，说道："不准备带。跟着我有什么好的，他在太学定能有不俗成就。"

可是令嵇康没有想到的是，这个赵至甚有毅力，立志要拜他为师。嵇康抄经完毕，离开洛阳之后，赵至找了很多地方，都没有找到嵇康，以至于急得像得了病一样，每日疯疯癫癫的。两年之后，才在邺城与嵇康再次相遇，嵇康被他大大感动，带着他回到了山阳。从此，赵至改名赵浚，字允元，表示新生活的开始。

阮籍和嵇康喝了个痛快，两人许久未见，自然有很多话要说。嵇康笑着说道："我之前一直在拜访一位仙人，名叫孙登。不知嗣宗兄可曾听说过？"

阮籍一听来了兴致，连连说道："没有，没有，叔夜快讲讲，让我也见识见识老仙人。"

"老仙人在苏门隐居。一开始还以为是传说而已，后来我找了许久还终于给找到了。只是他沉默寡言，我并没有问出什么来。"嵇康怏怏地说道，"可惜了，我跟了他很久很久呢。"

"仙人想必也是不一样的，自然不会如寻常人一般整日聒噪不已，肯定有过人之处。"阮籍赞同地点了下头。

"那倒也是。等到我离开的时候，他给了我一段忠告。说'子认火乎？火生而有光，而不用其光。人生而有才，而不用其才。故用光在得斯，所以保其耀。用才在乎识其真，所以全其年。'。"

这段话的意思是说："你知道火吗？火生来就是有光的，但是它不会使用它的光。人也是这样的，有才华的话也不使用。只有这样，才能够保得这光和才。"

阮籍想了一想，说道："怎么听他的话，是让你韬光养晦的意思呢？"

嵇康点了点头，说道："我也是这么认为的。可是我已经这么低调了，平时对于政事躲闪还来不及呢。"

"叔夜平日疾恶如仇，正直果敢，老仙人可能是想让你圆通一些吧。"

"大概吧。只是我这个性，怕是改不了了。"

抄完经之后，嵇康又回到了竹林，挥一挥衣袖，把万千宠爱全部留在了洛阳城内，没有带走分毫。可是，在司马昭眼中，嵇康已经在他的视线之内，他在想着，怎么用一用这个让整个洛阳城为之倾倒的大名士呢。

这日，嵇康正在竹林中看他手抄的这些经文，一个人的到来打断了他，此人正是山涛。

嵇康笑着放下了手中的经文，说道："巨源兄，真是好久不见，平时不是公务繁忙，怎么今日有空来探访我？"

山涛笑着坐了下来，说道："现在每天忙碌着，还真是怀念当时无所事事，只知道饮酒享乐的快活日子。"

"既然巨源兄想的话，那兄弟我是一定要作陪了。"嵇康拿出了酒，准备招待这位老友。

两人摆桌于小桥流水旁，开始对饮了起来，山涛问道："我听说叔夜前一段在洛阳抄经，可是有了想进京做官的意向？"

嵇康摇了摇头，说道："你还不了解我，纯粹的是想抄经而已，可没有什么别的想法。"

山涛徐徐说道："若论这份纯粹，除了向秀，我们大概是无一人能及你了。你说不做官便能不做，我真是佩服你。"

"哪里，只是个人选择不同而已，像巨源兄这样，能够造福万千百姓，也是功德无数。要是我也有你这样的心思，自然就去了。"

"可是……"山涛停顿了一下，接着说道，"你也是知道的，我们这些文人，哪里是只能纯粹地做一个文人而已呢。现在朝廷之上，真正掌权的是司马家族，你前段时间入洛，轰动全城，定然已经入了司马家的眼，他们也不会就这样放过你。照我说，不如自己主动出来入仕，我现在正好可以举荐你，你看要不要？"

山涛刚说完，嵇康就摇头说道："巨源兄，是你想太多了。司马昭现在事务缠身，哪有时间来理会我这样的小人物。至于那做官，是万万不要再提了，我自己清楚，我是绝对不会去的。"

山涛还想再说，这时候，一个下人急匆匆地跑了过来，冲着嵇康说道："老爷，不好了，老太太怕是不行了。"

嵇康脸色一变，连忙向山涛告辞，匆匆忙忙地整理了自己的行装，跟着下人回到了老家。看着嵇康远去的背影，山涛暗暗地叹了口气，看来真是天意啊，说动嵇康为官这件事情怕是不可行了，他不由得替嵇康担心起来。过不几天，嵇康的母亲就去世了。

按照法律规定，母亲去世，自然是不能够再去出仕了，山涛也就打消了举荐嵇康的念头，嵇康也乐得清闲，没有人再骚扰他。只是这丧母之痛，一时半会儿不是那么容易消解的，坐在灵堂内，看着来来往往吊孝的人群，嵇康明白了阮籍当初在丧母时为何面无表情，这些个人群之中，又有多少人是真正地因为一个人的离去而伤心的呢？又有多少人是能够感同身受这种丧母的痛苦呢？如果不能的话，又要违心地做出一副痛苦的样子真是太难为他们了啊。想到这里，嵇康不由得幽幽一笑，随手拿过身边的琴，奏出哀婉的曲子，陪母亲度过最后一段人生旅途。他也学会了阮籍的青白眼，看到顺眼的自然是亲热有加，若是看到那不顺眼的，直接翻个白眼，连声招呼也不打，随便人怎么说，我只管我自己。这种名士的做派也开始逐渐流行起来，成为名士风骨的一个见证。

第三节 大人隐市，飘然欲仙

悠闲的阮籍无事就来到司马昭的府上喝酒闲聊，这几日叔夜的入洛在城中已经成了热门话题，人们都在议论着这位出尘之人，就连司马昭的府上也没有例外。

司马昭本来就对嵇康很是关注，听着底下人的议论，也来了兴致，问身边人道："这样的一位人物，要是能招到我的府上，也是美事一桩啊。"

周边人连忙奉承道："那是，要是能够到大将军的府上，也是他三生有幸啊。"

阮籍本来在闷着头喝酒，听到这里，实在忍不住抬头看了一眼，是谁说出这么无耻的话语，正要开口讥讽两句，却听到司马昭对自己说道："嗣宗，你和那嵇康都是竹林中人，交情想必不浅，何不走上一趟替我做个说客，也算是功劳一件？"

阮籍摇了摇头，说道："叔夜前几天就回到了山阳。他最近在跟着一位名叫孙登的仙人修习，踪迹怕是难寻。"

司马昭点了点头，沉吟了半晌，说道："哦，此人甚是有名，我也略有耳闻。嗣宗也很爱谈玄论道，何不前去拜访他一番？"

阮籍转念就知这司马昭也是附庸风雅，想让天下人觉得自己也是爱道之人，以此赢得个好名声，虽然不想替司马昭办事，但是对于这个差事阮籍还是很乐意的，当初听了叔夜的描述，他就想着去拜访仙人一趟，如今有了个机会，虽然是司马昭给的，阮籍还是高兴地应了下来，隔日就出发了。

和嵇康一样，阮籍很是经历了一番长途跋涉，才到了苏门山。苏门山终日雾气缭绕，远远望去不似人间之境，只觉得是到了仙界之中，那飘来飘去的不就是仙气嘛。阮籍使劲地吸上了一大口气，心胸之中顿时清新丰盈，似乎爬山的疲累瞬间消散不见，浑身又充满了精神。用袖子抹了一把汗，阮籍接着向上爬去，刚行至半山腰，突然一阵长啸传了过来，声音入耳清亮，绵延不绝，与四周的景物相得益彰，天地都在微微颤动，为了给这股让人倾倒的啸声做伴。阮籍不由驻足，侧耳倾听，心中甚是激动，他也是常常吟啸之人，自然懂得个中人之性情。此人啸声纯净透亮，不掺杂一点杂质，完美得没有瑕疵。随着他的啸声，阮籍开始幻想他的风姿，半晌之后，却又自嘲一笑，觉得无论是一副什么样子都是对此人的亵渎。

一路跟着啸声，阮籍终于找到了仙人孙登隐居的地点，见到了本人。原来世上还有比叔夜更飘逸的人物，阮籍暗暗心惊，那是怎么绝顶的一种风采啊！阮籍只叹道果然不虚此行，怪不得嵇康要跟着他修习这么久呢！既然好不容易才能够见到，阮籍当然要抓住机会，好好地讨教一番，可是也和嵇康遭遇的一样，孙登始终面容带笑，一言不发。阮籍说起古代贤王为政之道，孙登一声不吭；又说道玄学如今大行其道，还是没有反应；再讲到修身养性，孙登还是没有说话。阮籍无可奈何地停下了话语，心中甚是失望，可惜不久就要归去，又不能像嵇康一样时常伴其左右，不然一定能够得到一些指教吧。

心中的沮丧之情让阮籍也不再开口说什么，随意地席地一坐，想起中途听到的啸声无比美妙，不由得来了兴致，也长啸了起来。其实他心中还是存了点小心思，想着既然仙人喜爱长啸，自己也爱长啸，说不定能引得仙人说点什么呢。阮籍长啸亦是出众脱俗，声音所到处匀称雄厚，孙登不由自主地停下了手中的动作，面部表情也开始有所变化，一开始似有赞叹之意，听到后面又不由得眉头皱起，抬头看向阮籍，又了然地点了点头。长啸完毕，孙登就接着干起了手中的活，还是没有理会阮籍。

看着天色已经不早了，阮籍最终无可奈何地下山归去，一路上都是叹息遗憾，突然，一声长啸传了过来。阮籍立刻驻足，仔细倾听，却是和自己刚才的长啸一模一样，但是和自己的相比，这个长啸中更是平和，也更大气，像是一个凡人通过自己的努力境界提升，终于摆脱了凡尘，可以一窥仙境的奥秘。啸声持续良久良久才毕，阮籍睁开了闭上的眼睛，感觉全身被洗涤了一遍，无比的纯净。这下他是真正的心悦诚服了，想必当时在山上吟啸的时候，老仙人在自己的啸声中听出了满心的激愤、痛苦，这其实与道家的修身养性大相径庭，因此特意来提点自己，什么才是真正的修仙问道。

阮籍心满意足地下了山，回到了洛阳，写下了举世闻名的《大人先生传》。在文章中对于大人先生他这样说道，不知道这个人是姓什么叫什么，他好像是和天地同生，四海同在，能顺应四时的变化，能感应万物的存在，是天下第一等的潇洒人物！这种人物正是道家经典中随处可见的人物，从中就可见出阮籍的思想，对于道家思想以及修身养性、不耽世事的推崇。

把大人先生描述成一个"天下莫知其所如往也"的神仙人物之后，阮籍笔锋一转，开始了辛辣的批判，他把矛头对准了儒家礼法规则塑造出来的正人君子，丝毫不客气地说他们"服有常色，貌有常则，言有常度，行有常式。动静有节，趋步商羽，进退周旋，咸有规矩。心若怀冰，战战栗栗。束身修行，日慎一日。择地而行，唯恐遗失。颂周、孔之遗训，叹唐、虞之道德，唯法是修，唯礼是克。手执珪璧，足履绳墨……"一套规定好了的行为准则罩在他们的身上，像是装在套子里面的人，一切不过是按照规则来行事，早已经失去了人的真性情。对于这样的人，阮籍借了大人先生的口，说他们实在是不足取也，丧失了做人的快乐。

文章的最后阮籍又用了大篇的笔墨去描写大人先生的各种神奇之处，浓墨渲染，各种飘逸的词语的堆砌，提议大家真真应该去做大人先生这样的人，才能享受到快乐人生啊！

这篇《大人先生传》，表面上看阮籍是塑造了孙登这样一位神仙人物，其实何尝不是借他人之酒杯浇自己心中之块垒呢。笔下人物高兴其实是自己内心的欢愉，笔下人物忧伤其实是自己内心的不快，不过是借他人抒发自己感情罢了。大人先生不正是阮籍对自己的一种寄托吗？他渴望着也能够像孙登一样，自由地遨游于天地之间，与日月同岁，与太阳同辉，没有任何的束缚，可是他又偏偏做不到，种种的束缚捆绑住了他，丝毫动弹不得，只有在文中大肆地挥洒一番自己对儒家礼法的轻蔑之情，也算是舒了心中的一股闷气。特别是文章的最后，说到大人先生潇洒不知所踪，众人难寻其踪迹，其实也是阮籍的一种理想吧，他也想着能够从司马昭的魔爪之下逃脱，过自己真正想要的日子。

《大人先生传》看似文笔纵横、犀利，人物又潇洒无痕，可是细细思量阮籍的处境，也觉得未尝不是一种讽刺。即使他访到了仙人，也从啸声中领悟到了仙人对自己的指点，觉得在仙人的指教中窥到了一个真正修仙成功的人应该有的境界。可是在写这篇文章的时候，他还是收敛不住满腔的激愤之情，特别是写到儒家的礼法规则，更是充满讥诮之情，完全违背了道家讲究的心境平和，可以窥探出他始终是在司马昭的控制之下忿意难平的心境。和他的《咏怀诗》相比，感情激越，悲愤不已。关于《咏怀诗》，历史上有个著名的评价，就是刘勰在《文心雕龙》中所说的"阮旨遥深"，意思就是说阮籍的诗的情感隐藏甚深，不易揣摩。确实，阮籍是诗家圣手，特别是《咏怀诗》更是奠定其文学地位，但是诗中多用典故、意象，委婉曲折地传达苦闷之情，后人如果不是知道其身世，怕是难以理解。形成阮籍这种颇具代表性的风格的原因自然是和其所处的时代有关，在司马政权的胁迫之下，他怎么可能直抒胸臆，只能尽量婉转地表达自身的不满之情。但是《大人先生传》这篇文章，阮籍写的真情流露，感情充沛，文字激昂，特别是对儒家僵死礼法的批判毫不留情，比较直白地表达对司马政权的不满。可见，纵使千般收敛自己，笑意逢迎地面对司马昭，阮籍的一身铮铮傲骨还是不允许自己就此沉沦，始终保持着文人的风骨！

历史上，对于文人的偏见向来很多，什么"清谈误国"，什么刁钻阴险，什么文人之间相互轻视，可是在说这些的时候又何必把文人一竿子打死。在他们放浪轻狂、桀骜不驯的背后始终怀着一颗炽热的心，去关注着他们挚爱的祖国，去用他们自己的方式为这个国家贡献自己的力量。特别是他们之中的佼佼者，用自己无与伦比的才华写出一篇篇动人的诗章，真诚地赞美着这个国家的秀美盛大，赞美着这个国家的子民们的勤劳朴实。从古至今，无数人在这些文人的诗词中，得到力量，确立人生的方向，这是文人独有的影响力所在，也是他们的魅力所在。

第四节 少年气概，鱼死网破

心怀不满，满腔激愤的又何止阮籍一个，身在庙堂最高位的曹髦也同样地再也忍受不了司马昭。这个满心愤慨的弱冠少年在一日又一日无奈的生活中并没有消磨掉自身的锐气，反而更加血气方刚，他准备着，终有一天，要与司马昭一决高下！

时间到了公元 260 年，这一年，曹髦二十岁，距离继承皇位已经过了六年。六年之中有很多东西在改变，也有很多东西仍一成不变。曹髦从十四岁来到了二十岁，这六年间，随着他一天天长大，身边忠于曹魏的势力一天天地被去除，他终于知道了想要从司马昭的手里夺回属于自己的权利是一件多么困难的事情。一天又一天，一年又一年，每年的每一天，他都在司马昭的阴影之下，苟且偷生，心中当初的壮志早已经逐渐消退，他渐渐地认清了自己的处境，也有些理解了曹芳的感受。原来在这个世界上，有些事情不是你想要改变就能够改变的啊。或许换了个人，认清了现实之后就会像曹芳一样选择沉沦下去，但是就是会有人站出来证明自己并不是一个懦弱的人，而是当得起曹氏家族流淌着的那一腔血液，而不是畏畏缩缩的懦夫。

公元260年，五月初六，夜，曹髦密召侍中王沈、尚书王经、散骑常侍王业来到宫中。三人连忙来到了曹髦寝殿，屏退了左右，曹髦看着眼前这几个自己觉得还能够相信的大臣，半晌没有说话。

三人中，王经面色从容，似乎早已经料到会有今天，而王沈和王业则面色苍白，眼神飘忽不定。

曹髦突然执起一旁的宝剑，说道："今日与爱卿在此商议之事，若是走漏了风声，当如此桌。"语毕就奋力向桌案劈去，顿时桌案被劈成两半。见此情景，三人赶忙跪下发誓，声称绝不外泄。

曹髦收起宝剑，声音凄楚，厉声说道："那司马昭之心，路人皆知。如今他权势如此之大，分明是他是刀俎，我为鱼肉，任他摆布啊。如此下去，迟早有一天，他会废掉我自己称帝。既然如此，还不如我先发制人，今日我们一起出去讨伐他！"王沈和王业闻言大惊，连忙跪下劝皇帝三思。王经也跪了下来，劝道："皇上，您现在年纪尚轻，再仔细想一想。古时候，鲁昭公不能够忍受季氏的专权，奋力讨伐结果失败，出走国家之后反而被天下人耻笑。如今形势如此不妙，天下皆在司马昭的掌控之内，朝廷众臣、边境四方都是他的人，可是咱们什么都没有，宫中更是守卫空虚，这样贸然地讨伐，简直就是拿鸡蛋去碰石头啊！您这是想治病反而会让病更加的严重啊！照我的意思，应该是从长计议，细加研究啊！"王经苦苦劝说道。

此时的曹髦已经完全听不进去，他从怀中拿出早已写好的黄绢诏书扔在地上说道："我意已决！纵然是死了又有什么可怕的，何况我有祖宗保佑着，还不一定会死呢！"说完之后，就进内宫禀告太后。可惜，曹髦以为找来的三个人都是自己的心腹，而没有想到的是他们三个之中，两个都是司马昭的人，只有一个人还是忠心耿耿的，这个人就是王经。曹髦走了，留下的三人面面相觑，王沈和王业心中已经打定了背叛的主意，要去报告司马昭，他们二人劝王经说:"皇上想必已经是神志不清,咱们何必跟着他,到时候家人全部受牵连,落得个惨淡收场,不如去报告大将军,也算是功劳一件。"王经轻蔑地一笑,说道:"做臣子的总是要遵守点道义,这告密之事我是不会做的。你们二人要是没了良心,就去做那天打雷劈之事吧。"王经已经打定了主意,要和皇上共进退了。

郭太后的宫中,郭太后看着跪在自己脚边哭诉的曹髦,心中哀痛不已,她何尝不想着能够剪除司马昭的势力,可是,眼下的情势怎么可能呢?

"太后,眼下这江山哪还有咱们曹氏的分毫,我知道太后您平日也很有实力,咱们一起行动吧!"曹髦抱住郭太后的腿,低声哀诉道。

郭太后叹了一口气,缓缓说道:"我虽然有些力量,但是哪能跟那司马昭比。你既然是我选出来的,何不乖乖地去做那太平皇帝,偏偏要想出这种主意呢?"

曹髦的心凉了下去,他以为他们是同一战线的,看来并非如此,他慢慢地站了起来,淡然道:"既然如此,那就只让我一人干吧,不劳太后了。"

说罢曹髦转身冷静地离去,他已经打定了主意,不会再去更改,即使拼到最后一口气,他也不会再在司马昭的阴影下活着了,大不了,不就是一死嘛。看着曹髦的背影,郭太后心中的恻隐之心几乎想要把他拦下,可是想到自己仅存的实力不能浪费在他的身上,狠下了心,郭太后任由曹髦走了出去。

重新回到了密室,王经匆匆地迎了上来,说道:"王业和王沈妄图告诉那司马昭狗贼,臣没有拦住。"

曹髦皱眉说道:"事不宜迟,我们也要快点行动了,要赶在他们告诉司马昭之前,快!"

身着披风,腰系宝剑,曹髦带领着仅仅只有几百人的中宿卫和奴仆们杀出了宫。刚出东止车门,遇到了司马昭的弟弟屯骑校尉司马伷,看到少帝一身戎装,司马伷心中一惊,连忙上前想要询问,却被曹髦左右之人怒声呵斥,司马佈的兵士都吓得逃走了。众人继续前进，不料遇到了中护军贾充从外而入，贾充平时最是阴险狡诈，又是唯利是图的家伙，他拔出长剑，迎面与曹髦战于南面宫阙之下，曹髦丝毫不退却，往日的愤懑今日都化作无穷的力量，招招逼近于贾充，贾充年老体弱，抵挡不住，手下士兵纷纷逃窜。事情紧急，贾充一见自己将要失败，连忙退了回去，骑督成倅之弟、太子舍人成济见此情形连忙问贾充说："事情如此紧急，你说怎么办？"贾充两眼发红，喘息着说道："司马公平日养你们这些人，难道不正是为了今日之事嘛！现在事情已经如此，没什么可问的！"听罢贾充此言，成济立即挺起长戈上前刺杀曹髦，把他弑杀于车下。一代皇帝，顷刻丧生于此。

听到下人的密报，匆匆赶至的司马昭看到曹髦的尸体，当即跪下，呼喊道："上天啊，你怎么能如此待我！"司马昭之虚伪由此可见，如果不是他平时显露出来的不臣之心，贾充又怎么敢让成济杀了曹髦呢？如今对着天哭号，表明自己的心迹，真是贼喊捉贼，让人鄙视而已。同样匆忙赶来的太傅司马孚见此情景，心中大痛，枕前额于曹髦大腿之上，哀声痛哭道："让陛下被杀是我的罪过啊！"

曹髦看着曹芳如此乖顺都会被司马家族找机会废掉，其实已经了然自己的命运，况且如今朝廷之上，经过司马懿、司马师和司马昭的经营，已经都是他们的势力。而曹氏一族，从曹操一直到曹芳，都不知道培植自己的势力，任由司马一家坐大。到了曹髦的时候，纵使他再精明能干，其实已经是无力回天。

于是，年仅二十岁的生命，就这样匆匆走过。他虽然也知道自己的处境，也知道获取成功的机会极低，但他确实做到了以百分之百的努力在力争百分之几的机会。在政治的凌辱和死亡的威胁下，丝毫没有软弱、屈辱和退让，而是敢于直面，奋起抗争，视死如归。曹髦虽死犹荣！生命的价值从来都不在于它的长短，而是在于是否在有限的生命中守护住了做人的尊严，就此来讲，曹髦在整个曹氏家族中，是值得每个人的尊敬！

皇帝死了，以如此不体面的方式，群臣却只有闭口不言。司马昭召集了众人前来商议皇帝的葬礼之事，也是借此来看谁不来参加，有谁对自己不满意。看着殿中的满朝大臣，司马昭很是满意，可是却不见尚书左仆射陈泰的身影。尚书左仆射身份尊贵，基本上领的是宰相的职务。司马昭沉吟了一番，对陈泰之舅尚书荀顗说道："不如您去叫下尚书左仆射。"陈泰看到荀顗的身影，已经了然，淡淡地说道："人们议论说我陈泰可以和您相比，今天看来您不如我陈泰。"荀顗面色红了一下，哑口无言。不料家中的子弟们齐刷刷地跪了下来，陈泰见此情景，无可奈何，不得已只好入了宫。两人来到了小屋之中，见到司马昭，想到曹髦的惨死，陈泰悲恸欲绝，眼泪唰地掉了下来。虽然曹髦平时也没有什么实权，只是任由他们摆布而已，可是他毕竟是皇上啊，骨子里的忠君思想还是让他不忍心看到曹髦的惨死。不料司马昭也对着他流着泪说道："玄伯（陈泰字），现在发生了这件事，您将怎样对待我呢？"陈泰拭去了眼泪，慢慢说道："我能怎么看你，只有杀掉那贾充，才能稍稍谢罪于天下啦。"司马昭闻此言收去了眼泪，考虑了很久才说："你再想想其他办法吧。"贾充是他的心腹，用处良多，此番弑杀曹髦也算是劳苦功高，司马昭日后还指望他，况且这个时候杀掉替他做事的人，也会寒了手下人的心，这贾充是万万杀不得的。陈泰摇摇头，说道："我说的只能是这些了，不知道其他的。"

二人走了出去，看着肃穆的群臣，司马昭不再说话了，他沉思了一会儿，说道："诸位请回吧，我去找太后讨个主意。"

陈泰听到这里，心中知道只怕这一次司马昭又要借用郭太后的名义了，无力地叹了口气，他望向了外面的天空，雷雨大作，黑云翻滚，就像是这曹魏的江山，只看得到飘摇一片。

第五节 黑白颠倒，名士悲慨

司马昭来到了郭太后的宫中，只见郭太后已经正襟危坐于椅子正中，身上一股不怒自威的气势。这个已经历经几任皇帝更迭的女人，也是曹魏颇有权势的一个人，当年就连司马师也无奈地败于她的手下，立了曹髦为皇帝，可是，那又能怎么样呢，现实已经不一样了。

司马昭整了整衣服，躬身拜了下去，说道："请太后节哀，昨晚皇帝不幸去世，真是国之大殇啊。"

郭太后一语不发，半晌之后才慢慢地说道："我已经知道了，可惜啊，这个孩子生错了年代，倘若在盛世，定是不会如此。"

司马昭没有接话，他知道这是郭太后在变相地发泄她的不满，可是现在的他已经完全不会再忌惮这个女人，他已经有足够的实力可以让她乖乖听话。

郭太后接着说道："既然皇上已经去世了，大将军应该去准备皇上的葬礼才是，哀家年岁已高，身体衰弱，就不参加了。"

不料司马昭却说道："皇上去世，怎么能少了太后呢，众臣还在等着太后能下一道诏书呢。"

郭太后闻言一愣，问道："什么诏书？"

"那曹髦素日对太后甚是不恭敬，整日想着怎么除掉太后，太后已经对他心生不满，要不是我在旁劝说，只怕那曹髦早已经不是皇上了……"司马昭有条不紊地说道。

郭太后听了他说的这一番颠倒黑白的混话，整个人气得都要发抖，用手指着这个小人，却说不出半句话来。

"太后还是早点想清楚的好，写下这道诏书吧，众臣还在外面等着呢。"司马昭冷冷地说道。

郭太后垂下了头，心中涌起一股深深的无奈感，自从给司马懿作嫁衣写下那道诏书，从此就被架上了一条不归路，势力一点点被司马家族蚕食，到了如今不得不听命于他们的地步。

拿着郭太后的诏书，司马昭心满意足地离开了内宫。第二日，群臣齐聚殿中，司马昭拿着郭太后的诏书宣布了曹髦的罪状。

曹髦从小喜爱读书，希望他将来长大之后能够成为栋梁之材，因为这个原因，郭太后才立了他为皇帝。但是令人没有想到的是他的性情一日比一日粗暴，人一天比一天凶狠，太后屡次呵斥他都没有效果，于是和大将军司马昭商量着要废掉他改立别人，大将军认为他还年幼，应该有补救的机会，太后就放弃了这个想法，以观后效。但是没想到的是，曹髦竟然得寸进尺，还拿弓箭射郭太后的宫殿，弓箭甚至落在了郭太后的面前。郭太后再也不能忍受，前后数十次让大将军废黜他，曹髦知道之后，阴谋贿赂郭太后的身边人，打算下毒药杀之。后来这件事情败露，就要出兵入西宫杀了郭太后。幸亏大将军及时知道，派兵阻止这件事情，不料曹髦自己混杂在士兵之中，被大将军的将士杀死。如此小儿悖逆不道，而又自陷大祸，应当废为庶人，此儿也应该以平民百姓办葬礼的规格待之。

听完这样一道信口雌黄的诏书，群臣都知道这肯定是司马昭搞的鬼，可是皆敢怒不敢言。把好人做尽的司马昭还虚情假意地叫上几位朝廷之中的老臣一起给太后上疏，称以为可以对曹髦格外加恩，以王礼葬之，太后表示同意。于是葬高贵乡公曹髦于洛阳西北三十里瀍涧之滨。下葬的那一天，虽然车辆数乘，但是均不设旌旗，毫无尊严可言，洛阳城百姓相聚而观之，纷纷议论道："是前日所弑天子也。"有的百姓不禁掩面而泣，悲伤不能自持。可见，曹髦虽然在司马昭打压之下，无太多作为，在百姓心中依然享有威信。

曹髦走了，也带走了曹魏王室中最后一个英勇之人，自此之后的曹氏江山彻底倾颓，继任的曹奂是司马昭名副其实的傀儡，虽是和曹髦一样的年纪继位，都是十四五岁，却没有一丝一毫的反抗精神，暮气沉沉如老年将至。而满朝文武虽慑于司马昭淫威，依然有真心为皇帝之死伤心的人，此人正是陈泰，不久之后，他也忧愤成疾，吐血而亡。

自古以来，弑君一直都是不可饶恕之罪过，虽然有一道假的诏书历数曹髦之罪，可是群臣依然要求惩治凶手，矛头直指贾充。司马昭既然已经下定了决心护着贾充，自然就要找个人推出去，于是下令诛杀成济三族，以平众怒。成济万万没有想到自己落得这样一个下场，他可是在贾充的教唆之下才会杀了皇上的，于是死不服罪，他们兄弟二人光着身子跑到屋顶上，大骂司马昭不仁不义，猪狗不如，刚说了几个字，就被司马昭手下的军士乱箭射死。眼中只看到自己主子，罔顾了道义的人，当被主子抛弃之时，才是他人生最悲惨的事情，成济遭到如此下场又何尝不是咎由自取呢。就连贾充在以后的岁月中，也是被人时不时地用这件事情刺激他一番。他曾经和吴国末代皇帝孙皓闲聊，问道："听说阁下在南方挖人眼睛，剥人面皮，这是什么样的一种刑罚？"孙皓道："如有作为臣子却弑杀自己国家的国君以及奸险狡诈不忠之人，就对他用这种刑罚，以儆效尤。"贾充听后，沉默不语，非常的惭愧，而孙皓则脸色不变。

晋朝建立后，贾充有次和朝廷的士人宴饮，河南尹庾纯喝醉了，和贾充争辩不休。贾充说道："你父亲如今年纪大了，你却不回乡供养，难道是觉得天地神明看不到吗！"庾纯却回答说："那么高贵乡公又在哪里呢？"贾充羞惭愤怒。这已经是他一生中最大的污点，永远跟随着他，洗刷不清，即使后来再位高权重，也是无法弥补。

同时，司马昭以教唆皇上、离间重臣等罪名杀死了不离不弃跟随曹髦的心腹王经。而王沈却因为告密被免去了罪过，还封了安平侯，食邑二千户。命运截然不同。也许一时的得宠会让人得意扬扬，忘记自己犯下的过错，但是公正自会到来，历史的清算不会放过任何一个人。

事平之后，曹奂在司马昭的扶持之下登位，成为曹魏最后一任皇帝，改年号为景元。朝廷上下一片平静，曹髦流尽的鲜血被洗刷干净，不留痕迹。

这时的阮籍却写了一篇文章，名叫《鸠赋》。这不过是一篇百余来字的小文，全文如下：

伊嘉年之茂惠，洪肇恍惚以发蒙。有期缘之奇鸟，以鸣鸠之攸同。翔雕木以胎隅，寄增巢于斋松；禽云雾以消息，游朝阳以相从。旷逾旬而育类，嘉七子之修容。始戢翼而树羽，遭金风之萧瑟。既颠覆而靡救，又振落而莫弼。陵桓山以徘徊，临旧乡而思入；扬哀鸣以相送，悲一往而不集。终飘遥以流离，伤弱子之悼栗。何依恃以育养？赖兄弟之亲戚。背草莱以求仁，托君子之静室。甘黍稷之芳馈，安户牖之无疾。洁文襟以交颈，坑华丽之艳溢。端妍姿以鉴饰，好威仪之如一。聊俯仰以逍遥，求爱媚于今日。何飞翔之羡慕，愿投报而忘毕。值狂犬之暴怒，加楚害于微躬。欲残没以麋灭，遂捐弃而沦失。

阮籍对于创作这篇文章的缘由，这样写道：嘉平中得两鸠子，常食以黍稷，后卒为狗所杀，故为作赋。意思是说自己得到了两个鸠子，经常喂给它们粮食吃，可是不幸被狗吃了，因此写了这篇小文怀念一下它们。文章大意也就是说奇鸟大概是由于受到了寒风的侵袭,不幸地离开了自己的巢穴,而飞到了我的家中。偶然得了奇鸟,心中甚是欢喜,细心地抚育它们长大,没想到却被恶狗所伤,十分伤心,寄情文字,聊表心怀。联想这篇小赋出现的时候,正好和曹髦被杀的时间吻合,可见阮籍不可能只是想写一个"狗食鸟"的惨剧,这背后对于皇帝惨死的悲愤才是他真正想要表达的意思。不能直说的愤怒,都寄托于这篇文中,将司马昭比作恶犬,对着无力挣扎的曹髦毫不留情。

这篇赋传到司马昭耳中的时候,心情想必是复杂的。他不可能不多想,毕竟刚刚做过弑君的事情,看到"狗食鸟"这样的字眼,心中正是发怵。司马昭暗暗恨起了阮籍,看来这个人始终是向着曹魏的,怪不得自己想让女儿和他儿子联姻,这个人竟然能够连着醉上六十天,天天喝得不省人事,只为了不想跟自己攀上亲事。想到这里,司马昭真是恨不得能够立刻杀了阮籍,但是这个时候他又不敢,舆论已经对他议论纷纷。

写了文章之后,阮籍还是照旧到司马昭的府上,该吃吃该喝喝,好像自己什么都没干的样子,司马昭看着阮籍继续装疯卖傻,又拿他没有办法,还不得不买账,心中甚是憋屈。

而就在跟阮籍差不多的同时,嵇康也写了一篇文章,正是那篇有名的《与山巨源绝交书》,他要与相识了数十年的老友山涛正式绝交,这又是为何呢?

第六节 绝交山涛，文以明志

《与山巨源绝交书》大概是中国文学史上最有名的一封绝交书信。双方都是当时闻名全国的大名士，也是相知相交多年，一起在竹林同游的好友，感情十分深厚。这样一封信一出，自然是引得全国关注。

上次嵇康谢绝了山涛的举荐，山涛看嵇康母亲去世也不好再说什么，事情也就不了了之。但是其实山涛一直都没有放弃，如今是在司马昭的高压统治之下，况且嵇康也是誉满全国的大名士，选择在司马昭手下为官是最理想的状态，山涛也是为了老友考虑。如今山涛就要选曹郎调任大将军从事中郎，想让嵇康接替自己原来的职务，也就是吏部郎。吏部郎可是一个不小的官职。吏部掌管着人事的选拔、调任，吏部郎就是负责评定调任官员的业绩、操行，凭着一支笔杆子就掌握了这些官员的前途命运。可是，这样的一顶高帽子，嵇康却是避之唯恐不及。他拒绝了山涛一次之后，没有想到这个朋友又把主意打到了自己的身上。

山涛也知道嵇康的脾气，看似什么都不在意的一个人，其实骨子里是疾恶如仇、正直固执。单凭着他一个人，山涛可是没有把握能够劝得动他。于是，山涛想到了竹林的朋友们，先和他们通过了气，让他们去劝下嵇康，最好能够出来接下官职，也省得惹得司马昭生气。一干朋友听到他的想法纷纷摇头，阮籍首先说道："巨源兄，你又不是不知道他的脾气，这是何苦呢？"

山涛摇头叹息道："我也是为了他好啊。"

阮籍摇了摇头，不再说话，其他人也是如此，人人都知道是为了嵇康好，可是不顾朋友的意愿，勉强让朋友去做不喜欢的事情，谁也不知道怎么开口相劝。山涛心中一叹，只怕这次也是不会顺利了。

事情很快就传到了嵇康的耳朵中，嵇康听到山涛再次想要让他做官，心中很是不悦，他一直觉得山涛是明白自己的，即使不明白，在经过了第一次的拒绝之后，也应该不会再次做这样的事情了，真是没想到，他转身回到书房，坐在书桌之前，写下了这篇闻名后世的《与山巨源绝交书》。

开篇就先交代了要和山涛绝交的原因：过去我曾经跟您说过我不愿出仕的意愿，您那次对我深表赞同。可是我从河东回来的时候，你就打算着要我来接替您的职务，虽然事情最后没有实现，可是我从此开始知道原来您一点都不了解我。您做事懂得变通，对人也总是称赞的时候多批评的时候少；而我却相反，性格率直，心胸又很狭窄，很多事情我都没有办法忍受，跟您交上朋友也只是偶然而已。近来听说您又升官了，我却没有替您感到高兴，反而十分忧虑，害怕您不好意思独自做官，要拉我充当助手，就像厨师羞于一个人做菜，要拉祭师来帮忙切肉一样，这等于让我也手执屠刀，沾上了一身的腥臊气味……

事情已经很清楚，嵇康要绝交于山涛的原因就是山涛想要再次推举他为官。中国有句古话说有福同享有难同当。如今山涛高就了想要拉着嵇康一起，嵇康反而不乐意了，要和山涛绝交，并且信中言辞犀利，话中满是讥诮之意，丝毫没给山涛留面子，纵使山涛如此性情温和之人，相信读到此封书信，也会满脸通红，羞愧不已。

对于山涛的举荐，嵇康又为什么生这么大气呢？无论如何，山涛也是为了他好啊。不想做朋友，说说也就算了，何必兴师动众地去写信昭告天下，嵇康对山涛真的有这么大的怒气吗？如果他是真怒的话，那当他被司马昭杀害的时候，为何又会托孤于山涛，并且对着儿子说道："山公尚在，汝不孤矣。"

其实嵇康未必是想要真正的与山涛绝交，他或许会觉得失望，真心相交的老友其实并没有想象中的了解自己，他明明对官场退避三舍，可是山涛还是要拉着他一起往前面凑。纵使借口是为了自己好，但是勉强违背了真性情，即使位高权重又有什么意思呢？嵇康为山涛不了解自己感到委屈。但是嵇康真正想要抒发的又不只是他对山涛的失望和委屈之情，文章接着写道：

我看古时候的圣贤，如老子、庄子，以及柳下惠、东方朔等，他们都是职位低贱之人，但是他们在失意的时候能够独善其身而内心不觉得苦闷。只要顺着自己的本性，就可以得到心灵的归宿，所以有的人愿意做官，有的人愿意隐居，只要符合自己的本意就好。而我幼年时候就没有读那些修身致仕的经书，性情又比较懒惰散漫，甚至有的时候半个月都不洗脸。这样的一个人，实在是对仕途没有什么兴趣。这就像麋鹿一样，如果在小的时候加以驯服，那就可以听从主人的命令；但是等大了之后再去管理它，让它听从指挥，即使给它最鲜美的饲料，戴上金色的笼头，它想念的依然是原始森林的野性。

看到这里，其实就可以发现，嵇康的矛头对准的不只是山涛，而是山涛背后的司马昭。山涛想让嵇康继任自己的职务，背后不可能不得到司马昭的允许，甚至说不定还是司马昭要求的，而山涛也想着这样对自己的老朋友好，也就接受了。嵇康不可能看不到这一点。这一节中他强烈地表达了自己不愿被束缚，成为他人笼中鸟的决心，对于司马昭这样苑囿自己的做法十分愤慨。表面看怒火对着山涛开炮，其实真正想要轰击的是司马昭。值得注意的是，这篇文章的问世时间恰恰在司马昭刚刚"弑君"之后，天下人敢怒不敢言之际，一向正直的嵇康实在是忍不住心中的怒气，索性借着被征召的机会发泄一番，况且司马昭有心一次次地征召自己，这次婉言拒绝之后，就还会有下次，一次次地，或许有一天就会被迫应召，嵇康想到此处痛苦不堪，干脆就撕破了脸，一了百了，我把我的想法原原本本地写出来，你爱怎样就怎样吧！

进一步的，嵇康列出了自己不适合做官的理由，他有七件不能忍受的事情：

其一：喜睡懒觉。做官之后，就要按时起床当差处理公务，万万不能忍也。

其二：自由行动。嵇康喜欢抱着琴，遇到合意的地方就席地而坐，开始弹唱，或者到郊外钓鱼赏春，做官之后，就不可随意行动，万万不能忍也。

其三：端坐有度。做官之后，就要端端正正地坐着，衣服整齐，表情严肃，迎来拜往，万万不能忍也。

其四：不善官文。做官之后，要处理很多官场事情，公文信札堆满了案桌，如果不去应酬，就触犯礼教失去礼仪，倘使勉强应酬，又不能持久，万万不能忍也。

其五：不喜吊丧。国家以孝来治国，作为官员更要以身表率。可是呢，嵇康偏偏不喜欢出去吊丧，且吊丧形式不同于世俗之人，这种行为被人所怨恨，甚至还有人想借此进行中伤；虽然也觉得这一点不好责备了自己，但是本性还是不能改变，勉强抑制自己本性来迎合世俗，实在是不愿意，因此，万万不能忍也。

其六：不喜世俗。在竹林这种清幽之地待得习惯了之后，就不喜欢吵闹的环境。可是做官之后，就要和众人一起办公，到时人声嘈杂，环境吵闹，万万不能忍也。

其七：不事交际。生来就是不耐烦的性格，与竹林众人的交往也是大家随性而为，可是做官之后，除了要处理不擅长的公文，还要进行世俗的交往，花费很多精力，万万不能忍也。

两件无论如何不可以做的事情：

其一：经常口出狂言，说一些非难成汤、周武王和轻视周公、孔子的话，如果做官以后不停止这种议论，这件事情总有一天会张扬出去，为众人所知，必为世俗礼教所不容，因此这是第一件无论如何不可以这样做的事情。

其二：性格倔强率真，尤其憎恨坏人坏事，说话轻率放肆，直言不讳，碰到看不惯的事情脾气就要发作，一点点都不能忍耐，况且自己还没有什么涵养，容易得罪人，这种性格在官场上是不合时宜的，因此这是第二件无论如何不可以这样做的事情。

至此，嵇康完成了内心剖白，把名士风度挥洒得淋漓尽致。最后说道："我现在但愿能过上平淡清贫的生活，教育好自己的孩子，随时与亲朋好友谈谈家常，喝一杯淡酒，弹一曲古琴，这样我的愿望就已经满足了……我的意思就是这样，在此和你告别，嵇康谨启。"

书信就此结束，嵇康的厄运也由此开启。这样一封信到了司马昭的手中，他看到嵇康把当官贬得一文不值，尤其是当他司马昭的官，脸色铁青，气得手都要抖了。本来就心虚的他，觉得嵇康是指着他的鼻子大骂了一通，开始对嵇康怀恨在心，伺机准备杀了这个祸害。

曾经的好友，一同痛饮过，互相倾诉过人生理想的山涛和嵇康，却在政治的倾轧之下，无奈地选择以这样一种方式表明己志。山涛收到信的心情已经不得而知，想必也是五味杂陈，但是日后嵇康不幸被杀，山涛始终遵从其遗愿，照顾好他留下的一对子女，女儿风光出嫁，儿子在朝为官。他们始终并未绝交，只是在错误的环境之下，做出互相为对方好的选择，山涛举荐是为了嵇康免受司马昭的伤害，而嵇康绝交不也是为了免得山涛为难，一次次地违背着良心受司马昭的逼迫来举荐自己。大概这才是真正的朋友吧。可是，遗憾的是，山涛始终不是真正的和嵇康心灵契合的密友，他并不知道在嵇康的心中，本性能不能够得以保存远远大于生命是不是能够存在的价值。为了维护本性的纯真，嵇康不惜以生命来抗争！

第八章

广陵绝响，竹林无游

嵇康不合作的态度惹恼了司马昭，借着吕安兄弟的事件，给嵇康判了死刑。阮籍也在司马昭的胁迫之下，写了《劝进书》，之后不久身亡。阮籍和嵇康的去世，标志着竹林之游的彻底凋落，从此之后，竹林也开始退出历史舞台。

第一节 兄弟失和，累及叔夜

祸事朝嵇康一步一步逼近，在他勇敢地写出那篇《与山巨源绝交书》之后，他的性命已经不再属于他自己，而是被司马昭死死地盯上，一旦得到了机会，就要对他下手。不久之后，嵇康就遇到了这样一件事情。他的好朋友吕安，也是竹林交游的重要人物之一，虽然没有列为竹林七贤之中，但是也和竹林之人感情深厚，每当思念他们的时候，即使远在千里之外，也会立刻前去拜访。他和向秀还有嵇康三人，嵇康打铁，向秀鼓风，吕安种菜，一派和谐，三人性情相投，相交多年。吕安有个美貌的妻子，明艳照人，风采绝伦。这样一位有魅力的妻子自然会引人窥探，只是让吕安没有想到的是，这个人竟然会是自己的亲哥哥吕巽。吕巽是吕安同父异母的哥哥，司马昭身边的长史，和嵇康也是好朋友。看到如此美丽的弟媳，吕巽色心大起，终日朝思暮想，有一天再也把持不住，灌醉了吕安的妻子徐琅后，将其迷奸。徐氏酒醒之后，发现自己竟然被吕巽强奸，羞愧难当，自缢而亡。

吕安听到这件事情，匆匆归家一看，竟然是如此惨剧，哥哥对自己的妻子图谋不轨，妻子愤而自杀，吕安满腔悲愤，一纸文书，要把吕巽告上官府。初始的狂乱过去之后，吕巽的头脑稍微冷却了一些，知道自己已经酿成了大错，特别是知道徐氏不堪侮辱，自杀明志后，吕巽心中明了事情坏了。尽管他苦苦地哀求自己的弟弟，怒不可遏的吕安还是丝毫不留情面地把他告上了法庭。吕巽非常害怕，思来想去，想到了嵇康，吕安平时最是敬重嵇康，况且嵇康也是自己的好朋友，如果能够让嵇康来劝上一劝，应该会有点效果。

事不宜迟，吕巽马上就找到了嵇康，把事情原原本本地告诉了他，说的是声泪俱下，连连声称自己是罪该万死，只是一时鬼迷了心窍，做出此等羞辱家门的丑事，本来是应该万死不辞的，可是这种事情如果传扬出去对吕家门风是一种玷污，所以才来请求嵇康，劝阻吕安，可以私下解决这件事。

乍一听此事，嵇康觉得简直不可想象，没有想到这个平时还对自己胃口的吕巽竟然对着自己的兄弟做出这样的事情，他鄙视地看着吕巽，实在是不知道该怎么对他，按照他的想法，他是支持吕安的，这样一个人应该得到制裁。

吕巽看嵇康似乎不为所动，马上哭得更大声了，他哀号连连："叔夜啊，你就是不为我们家门着想，你也要为吕安想想，这对他的名声就好啊？"

嵇康皱了皱眉，直替吕安感到不值，他叹了一口气，说道："我把仲悌（吕安字）叫过来，试着劝劝他吧。"

接到了嵇康的来信，吕安虽然心中仍是愤怒，还是来到了山阳。到了竹林嵇康所居地，吕安竟然看到吕巽也在这里，扭头就要走，嵇康连忙一把拉住了他，让他坐了下来，开始苦苦相劝。

嵇康虽然性喜淡薄，最爱的是求仙问道，看上去对什么都是淡淡的，但是他也是正直之人，喜爱结交朋友，对朋友从来都是热忱相待。这样的一个人，外表看上去是冰，其实内里却是一团热火，可以瞬间融化你。

对待吕安和吕巽的嫌隙，嵇康当然知道是吕巽的错，吕安要把他告上官府是正当的，可是这样一来，世间对这位老友的议论肯定也会是众说纷纭，说什么的都有，明明是别人做错了事，可是这位老友却要忍受众人异样的眼神，嵇康不忍心让吕安承受这样的压力。听着嵇康的徐徐劝说，吕安的情绪渐渐地平静下来，再看看旁边吕巽可怜的眼神，吕安的心中有些不忍之情。如果上报给官府，吕巽肯定是要被革职的，家门也要被人嘲笑，古人最是重视门第之风，这样一想，吕安的心中开始动摇起来。吕巽一看吕安的眼神，心中知道他是被说动了，又开始了自我辱骂，自我诋毁，连连道歉。

吕安打断了他的话，长叹了一口气，说道："既然你说动了叔夜来劝我，我也就放过你一次。只是我与那徐氏感情深厚，情投意合，我平时多不在家中，她也没有什么抱怨，待我一如既往。可是如今因为你，我们竟然天人两隔，如今，连给她报仇的想法我都要压下来，以后还要硬着脸皮，和你这样的禽兽称兄道弟，真是奇耻大辱。吕巽，今日之事虽然就此揭过，可是我祝你日后每次饮酒之时，都会记得那徐氏怨恨的眼神！"说完转身离去。

吕巽全身一个激灵，看着吕安远去的背影，心中生出一股恨意。嵇康收回了视线，看着吕巽说道："仲悌一向说到做到，他既然答应了放你一马，以后你也就把这件事放下吧。"

吕巽点了点头，没有作声。

嵇康摇了摇头，起身追上了吕安，叹息道："我知道你心中不好受，可是……"

"叔夜不要再说了，既然答应了你们，我自然不会再吐露分毫，只是那可怜的徐氏，是我无能，对不住她。"吕安沮丧地说道。

原本以为事情就会这样过去，兄弟两个虽说再也回不到从前，但是好歹还没有撕破脸面，勉强继续生活在一起。可是意想不到的事情发生了，吕安没有想到自己反而被告到了官府，理由更是可笑，竟然是不孝之罪，告状人竟是吕巽。

曹魏以"孝道"治国，不孝当然是大大的罪过，吕安顿时就慌了神，他没有料到自己的兄长竟然是这样的一个人，不惜置自己于死地。

"你怎么会这样！我已经选择了原谅你，忍下了这口气，你！"吕安愤怒的眼睛几乎迸出眼眶，他没有想到这个世界上还有这么无耻的人，这个人还是自己的兄长，更令他没有想到的是，他竟然输给了吕巽，要被流放到边郡。

"对不起了，我还是不放心，只有把你弄进去，我才能保证这件事情永远不会被人知道。你就原谅哥哥心狠吧。"吕巽阴狠地说道。

"你别忘了，这件事情叔夜也是知道的，他肯定会出来给我作证的！"吕安心中恼怒不堪，他实在是看错了人，早知道这样，当日无论如何都要把吕巽告上官府，如今，反而落得这种下场。现在唯一可以为他作证的就是叔夜了，他相信叔夜的为人不会让他失望的。

嵇康也果然没有让他失望，收到了吕安要求他来为自己作证的消息，事不宜迟，马上就动身来到了洛阳，准备替吕安作证。

知道了嵇康到来的消息，吕巽心中有些惊慌，毕竟嵇康是大名士，说出来的话还是有很高的可信度的，到时候事情出现了反转就不好看了。吕巽思量再三，还是求到了钟会的门下，钟会听他一五一十地说了整件事情，心中思量半晌方道："你先回去吧，这件事情我会看着办的。"

看着吕巽离开了之后，钟会马上就来到了司马昭的府上，拜见了司马昭。

"钟大人今日到我府上可是有何贵干？"司马昭问道。

"大将军可曾读过嵇康的一篇文章，《与山巨源绝交书》？"钟会问道。

司马昭点了点头，面上已是不悦："这个嵇康，迟早我要收拾了他！"

"那嵇康是有卧龙之志的人，这样的人如果不能为我们所用，最好的结局就是让他死！现在就有一个机会，不知道大将军要不要听一听？"

司马昭高兴地说道："说来听听。"

钟会把吕巽的事情从头到尾复述了一遍，接着又说道："如今那嵇康要来替吕安作证，到时候我们就说嵇康作的是伪证，同时治他一个不孝的罪名，再加上他平时行事放浪，多违礼法，这都是抓他的把柄，您看如何？"

司马昭哈哈一笑："果然还是你有办法。话说当年你还去过那竹林呢，如今也是半分不手软啊。"

"我一向以大将军的利益为第一位的。"钟会恭敬地说道。

走出大将军府，钟会得意地一笑，当年遭嵇康不理不睬的憋屈终于能够一扫而空！那年的窘态他一直耿耿于怀，心心念念着要找个理由整治一下嵇康，如今终于得到了机会！

嵇康碰到吕巽和钟会这样的人着实是生命的一大不幸。到了洛阳，见到了吕巽，嵇康怒气简直要冲破胸膛，他生气到了极点，当初那个死乞白赖地求着自己的人，如今这样不讲一点点为人的道义。他当即就和吕巽理论了起来，可是吕巽得到了钟会的保证，根本就不和嵇康纠缠。嵇康无可奈何，觉得自己真是瞎了眼，怒而写下了史上另外一封有名的绝交信：《与吕长悌绝交书》。

和《与山巨源绝交书》不同，这封信中只有一种情绪充斥其中，那就是不屑，言辞之间极为冷静，最后更是说道"君子不口吐恶言，我们就此再也不是朋友"。事到如今，嵇康已经不想再浪费自己的感情，只有鄙视之情。

得到了司马昭的首肯，钟会很快就行动起来。嵇康的证词非但没有得到采纳，反而使得自己身陷囹圄，也被关到了牢狱之中。可怜的嵇康大概还没有搞明白，怎么会被关了进去，明明自己就是作证而已啊！可是，事情就是这样的诡谲，明明犯了错误的人反而可以在外逍遥，原谅他人的却要在牢里忍受痛苦，真是一个黑白颠倒的世界！

第二节 忧愤牢内，从容刑场

坐在肮脏潮湿的牢房里，嵇康格外地想念山阳的那片竹林。他闭上眼睛，仿佛耳边穿过了竹叶轻轻摆动的声音，沙沙沙，沙沙沙，慢慢地，轻轻地，缓缓地。他又想到了他的妻子，长乐亭主，如今怕是正焦急地等待着他回家吧，还有一双儿女，已经好几天没有见到他们了，不知道他们生病好了没，有没有想自己。自嘲地一笑，嵇康睁开了眼睛，什么时候自己也变得这么的优柔寡断了，美好的图景从脑中消退，眼前只剩下一片黑暗。

不知道什么时候眼角竟然流下了几滴眼泪，嵇康心中想着我明明什么都没有做，只是给人来作证而已，为什么就被关在了牢里，我还有这么多的牵挂，还有这么多的知识没来得及学习，这么多的名士没有去一一拜访，难道就要这样死去了吗？不甘心的情绪在他的心中蔓延发酵，迫使着他要倾诉，他一跃而起，就着牢中昏暗的灯光，写下了著名的《忧愤诗》：

文章的开篇嵇康回顾了自己的一生。自小丧父，由母亲和哥哥抚养长大的，蒙受关爱，也养成了桀骜不驯的性格和喜爱老庄的志向。接着他又开始反省平生行事，自责在吕安事件上的疏忽，由于不太懂得人情世故，又不善于体察他人诡计，只是凭着一颗爱朋友的心去行事，不料中了他人的奸计，嵇康对此再三沉痛自责。这件事情之所以最后会是这般结果，嵇康认为完全是由于自己性格导致的。最后，嵇康连连哀叹，心情沉痛不已，明明是向往着像老子、庄子一样逍遥游的人，却是落到这般境地，实在是可怜可叹。

这首诗歌充满了忧伤、自责、自怜的情绪，和嵇康平时的作品风格截然不同，在历史上也颇有争议。其实，当一个人在面临死亡的时候，心中定然是慌乱的，即使是嵇康这样的人物也不可避免。特别是这场灾祸完全是在他没有任何思想准备的情况之下降临，当一个人突然被宣判了死亡的时候，绝望之情笼罩了他，很容易让他对自身产生怀疑。因此，嵇康反复地诉说，是因为自己性格不知变通才走到了如今的下场。但是，嵇康毕竟和一般人又是不一样的，他虽然自我抱怨，自怨自艾，可是他始终没有改变这种性格的打算，而是再次申明他的"志在守朴，养素全真"的本性。

嵇康这时大概还是没有想到自己落到这般田地，少不了钟会和司马昭的作用，他这边还在慨叹着由于自己性格的原因导致这样的下场。可是渐渐地，他心中开始朦朦胧胧地清楚了，或许是有人故意要让自己死。看来，真的要到了跟这个世界告别的时候啦！

隔着一个牢房，同样被关押起来的吕安听说嵇康因为自己的缘故也被关了起来，心里也很不是滋味，他觉得是自己连累了这样一位老朋友。可是这一切又要去怪罪吕巽，如果不是他先犯下迷奸弟媳的大罪，又怎么会有后来的一系列事情呢？其实这个时候再去想是谁的罪过已经是一件不重要的事情，重要的是司马昭已经找到了一个借口来诛杀嵇康，嵇康注定必死无疑。

嵇康是再朴实不过的人，他有着一颗这个世界上最珍贵的赤诚之心，如今却落得这般下场，自然让人替他心痛。山涛、阮籍等一干平时与他相交的老友，听闻此事，纷纷震惊不已。一向隐居山林，不予过问世事的嵇康竟然要被处死。

这天晚上，阮籍拎着酒找到了山涛，两人都是心事重重，相对无言。半晌之后，山涛方说道："唉，虽然叔夜是给我写了封绝交书，但是我内心是清楚他的，他并不是真的……"山涛没有再说下去，只是默默地叹了口气。

阮籍猛地灌下了一口酒，说道："不如明日咱俩一起去找大将军，求他能够给叔夜一条生路，哪怕是流放也好啊。"

山涛摇了摇头，说道："只怕是没用啊，大将军怕是下定了决心。"

"真的不行吗？"阮籍绝望地问道，山涛一向最有主意，如果连他都说不行，大概是真的不行了。

山涛没有再回答，两人再没有说话，只有沉默。

次日，两人还是来到了司马昭的府上，得到了见嵇康最后一面的机会。晚上，山涛和阮籍来到了牢狱之中，见到了嵇康。在他们的印象中，嵇康从来没有这么狼狈过，牢狱生活让他的精神很是萎靡不振，深陷的眼窝很容易就看出他根本没有好好休息过。二人乍一看到这样的嵇康，心中一酸，说不出话来。嵇康倒是还好，神情平淡，看到二人如此替他伤心，淡淡一笑说道："既然好不容易来了这一趟，就别耽误了，知道你们肯定给我带来了美酒，快来满上吧。"

三人坐了下来，山涛叹了一口气说道："对不起，是我无能，最终还是没能保全你。"

"这怎么能怪你呢，你一向待我很好，反而是我时常不领你的情，还写了封绝交信给你，亏得你有肚量，没有怪罪于我。"嵇康安慰道。

"别说那封绝交信了，我知道你的意思……事到如今，你还有什么没有完成的事情，交给我，我肯定不负你所托。"山涛郑重地说道。

嵇康面上现出了忧伤之情，慢慢地说道："我那一对儿女，尚未长大成人，我着实放心不下，日后就要靠巨源兄多多关照了。我知道，有你在，他们是不会有事的。"

山涛点了点头，说道："放心吧，你的孩子就是我的孩子，我定会护他们周全。"

嵇康痛快一笑，说道："那我就再也没有什么牵挂了，来，干了这杯，嵇康就此谢过。"

放下了酒杯，嵇康笑着看向阮籍，说道："嗣宗兄怎么一直都不说话，怕是今天过后，我们就再也没有机会了。"

阮籍低下了头，掩饰心中的难过，说道："你不要再说了，叔夜，叔夜，只恨我不能随你一起离去……"

嵇康看着这位心灵之交，心中一阵暖流涌过，他笑着说道："有你这份情就已经很好了，嗣宗兄，认识你真是我的荣幸。你都不知道我有多高兴能够跟你在一起交游竹林，一起谈玄论道，一起喝酒，一起长啸……巨源兄、嗣宗兄，这一段时间我经常想起那几年我们一群人天天游荡竹林，自由自在的日子，不知道是不是我快要死了，怎么这般留恋我们的过去呢？"

阮籍再也没有忍住，眼泪掉了下来，心如刀绞，自己这般珍视的朋友就要死了，可自己却没有一点点办法，只能看着他死去。

用袖子拭去了眼泪，阮籍端起了酒，说道："是啊，我也时常会想起那段竹林交游的日子，只可惜好的日子总是长久不了，如今你又要离去了，这竹林怕是要真的冷清下来了。以前你在的时候，总是觉得，只要我去，你都会在那里等着我，然后我们一起喝，一起唱，一起痛快。怕是以后，我再去那竹林，即使看到了同样一片景色，可是那里再也没有了叔夜，哪里还是什么竹林呢。这杯我敬你，为了我们的过去！"

二人一饮而尽，嵇康看着阮籍，笑着说道："嗣宗兄，哎，怎么越说越伤感了呢。二位好不容易能够来看我，索性我们就不谈这些伤心的事儿，你们也别当我在牢内，就当我还在那竹林之中，咱们再来喝上一场痛快！"

三人喝了一碗又一碗，时间一分一秒地过去，天色一点一点明亮起来，新的一天到来了，嵇康离去的日子也即将要到来了。

经过了激烈的争论，嵇康的死罪终于确定，罪名就是言论放荡，乱群惑众。坐在牢狱脏乱的地板上，嵇康已经知道了自己的结局，也确定了是司马昭要让自己死了，怎么挣扎估计都没有作用了，与其苦苦求饶，不如坦率直面，还能赢得更多的尊重。夕阳西沉，金黄的阳光透过牢房铁窗的孔中射了进来，洒在嵇康的脸上。嵇康贪婪地感受着这久违的阳光的味道，面容平静安定，没有过多的情绪。

钟会看到这一幕，轻轻地放慢了进来的脚步，这个人即使是到了这个关头，还是能够不动声色啊。他暗暗地摇头叹息，看来自己是一辈子都比不上了。想到这里，钟会有些灰心，可是又转念一想，最起码自己还活着，而他却要死了。这样一想，钟会又重新得意起来。嵇康感受到了人靠近的气息，睁开了眼睛，却发现是有过一面之缘的钟会，他收回了目光，不想把最后的时间浪费在这个人身上。

钟会感受到了他的漫不经心，怒从心中起，快步走到他面前说道："嵇康，如今你落到这般下场，总算是受到教训了吧。"

嵇康淡淡地扫了他一眼，平静地说道："我无论落到何种田地都不关你的事儿吧？我当年可以不理你，现在我一样可以不理你，你还是早点离开的好。"

"哼，不知道你瞎得意什么，听听你的罪名，言行放荡，祸乱群众。你自诩的名士风度不过是今日你被杀的借口而已！"

"至少当日我如何行事是我自己真心想要为之的事情，我这样痛痛快快地过半生也好过他人约束着自己，什么都不敢干，无趣地过一生要好吧。"说完这番话，嵇康不再言语，自顾自地背对着钟会睡了过去。

钟会站在那里半晌没有说话，很久之后终于拂袖而去。他一生都爱慕名士，希望有朝一日能够成为和他们一样的人，受人敬仰。可是，他的胸怀又始终注定着他是不可能的，当他尊敬的人不理会他，他的自卑心理开始让他瞬间变成了另外一个人，由爱生恨，置这些名士于死地，满足他的畸形心理。在他的心中，对于名士的倾慕根本就不是真心，他只是想借用名士对他的认同来获得对自己存在的认同，以此来证明自己也是个了不起的人。

第二天的朝阳升起的时刻，嵇康被押赴刑场，准备行刑！

第三节 三千同哭,广陵散绝

这是很平常的一天,却又是很不平常的一天。对于每日匆匆忙忙讨生活的老百姓来说,这一天不过是又有一个人被杀头了,唯一的区别就是今天死的人名气可能会大一些。他们依然过着不算安稳的安稳日子,洛阳城内的血气他们已经司空见惯,只要没有殃及他们,日子就是还可以忍受的。可是对于读书人来说,今天很不寻常,他们的精神领袖,扬名天下的竹林之首嵇康要被司马昭杀头了!

三千太学生骚动了,当初嵇康来到太学抄写石经的场景还历历在目,他的神采飞扬还留在学生的记忆之中,转眼之间,他就要被问斩了,理由更是可笑,言辞放浪,蛊惑群众。三千太学生愤怒了,这哪里是嵇康的罪过,分明是朝廷看嵇康不顺眼,想要杀之而后快。三千太学生行动了,他们纷纷涌上了街头,来到了嵇康行刑处,要求释放嵇康,并且邀请嵇康做他们的老师。

在无数重臣官员不敢高声反对司马昭的时候,竟然是一群手无寸铁的学生勇敢地站了出来,意欲保护这位当世数一数二的大名士,他们精神勇气之可嘉,令无数人相形见绌。

三千太学生浩浩荡荡地走在街上，口中喊着口号，向着刑场奔去。擦身而过的洛阳百姓好奇地停下了脚步，在风声鹤唳，舆论紧缩的洛阳城内，许久没有看到这样一幅北阔的景象。人们不由得好奇起来，纷纷跟着这群学生潮流来到了刑场之上，等着看今天被斩首的是什么人，能够引起这么大的轰动。大家等了一会儿，囚车内嵇康被押解而来，他神情从容，与平日并无二致。下了囚车，看到面前密密麻麻的学生，嵇康睁大了眼睛，看着一张张还是稚嫩的脸庞，个个悲愤不已，嵇康心中一阵酸楚，说道："各位还是请回吧，我嵇康何德何能，劳烦你们在此为我高声呐喊，我又何尝怕死呢？"

为首的太学生早已按捺不住，说道："嵇先生是世间人仰慕的人物，怎么可以这般被草率处决，我们一定要抗议到底！"

"对，抗议到底！"三千人同时发声，隆隆震耳。

嵇康欣慰地点了点头，大声说道："我嵇康能够得到各位小友的认同已经足够，心中已经欢喜不尽，至于其他的，就随他去吧！"

行刑官见此场景，惊恐不已，连忙派人快马加鞭，报给了司马昭。

司马昭阴着脸听着下人回报，特别是听到三千太学生给嵇康求情的时候，脸色更是铁青。他没有想到嵇康的被杀会引来这么多人反对，还是将来的栋梁之材太学生们。

钟会在一旁连忙说道："这样更是留不得啊。"

司马昭点了点头，说道："没想到他在学生中的影响力会如此之大，留着他终是个后患，如此，就别怪我的刀快了！必须杀了他以儆效尤！"

行刑官收到了司马昭的命令，当即下令继续行刑。嵇康并不惊讶，他心中早已知道，今日决不会逃过一劫，司马昭是一定要杀了自己而后快。

看了看日影，他从哥哥手中拿过了跟随自己多年的古琴，说道："还有时间，不如我给你们弹奏一曲？"

他端端正正地坐了下来，最后一次轻轻地拂拭心爱的古琴，慢慢地调好了音，弹起了那首广陵散。

音乐乍起，喧哗之声顿去，嘈杂的人群一刹那间鸦雀无声，天地之间好像只剩下了嵇康和他的琴弦发出的铿锵之音。音乐由慢到快，感情由愤怒到激越，只见嵇康神情专注，手下越来越快，面容肃穆，神情庄重。这是他最后一次弹奏这首心爱的曲子，在大众面前，从他偶然得之，就时时演奏，到现在却是到了不得不告别的时候。众人听得聚精会神，只听琴声悲愤不已，似乎要承载不了弹奏者的感情，随时都会崩断琴弦。

终于，最后一个音符已经完毕，嵇康的手在空中停留了半晌，方依依不舍地放在了琴弦之上，轻抚了许久，方缓缓说道："只怕今后这广陵散是要绝了啊！当年我遵守约定，谁求都不答应教，如今想来还是遗憾啊，我是要走了，它不应该跟着我一起走啊。"

日头升上了最上空，到了要砍头的时候了。嵇康从容地闭上了眼睛，等待着屠刀划过脖颈的声音。三千太学士齐声痛哭，不只是为了嵇康，也是为了自己。嵇康能够因言获罪，将来的他们又没有嵇康如此的名气，那是更加不能说话了。

这是曹魏历史上最黑暗的一天，也是读书人心中最黑暗的一天。这日的天空虽有太阳高照，可是在太阳在人的心中却是黑的，只感觉到一片的阴冷。

嵇康去了，今后的每一天，太阳会照常升起，河流仍然流动，日子仍然会一天一天地过去，可是，有些事情再也不会一样。

阮籍再次驾车来到山阳竹林之中，他茫然地环顾着这片竹林，郁郁葱葱，枝繁叶茂，苍翠欲滴，可是再也没有了那个人，笑着来迎接自己，亲切地说道："嗣宗兄，你可是来了！"

阮籍心中一片悲恸，他慌忙地驾着毛驴车，离开了这片伤心之地，原来当心中的那个人不在了之后，这个原来以为的世外桃源只是个伤心之地而已，他一边随意地赶着自己的毛驴车，一边往嘴里灌着酒，又行到了穷途末路，却再也没有了那个好意安慰自己的朋友。阮籍再也忍不住，对天长哭，哭声惊飞了山鸟，撼动了日月，却再也唤不回嵇康熟悉的笑容。

是的，嵇康去了，时年三十九岁。正是好时节，却是已亡人。他是竹林七贤之首，因了他，一帮志同道合的人才能够找到根据地，是他提供给了他们一片清幽之地，在这里，他们可以畅所欲言，发挥自己对中国文化孔子、老子、庄子等人的理解，也可以随意地谈论政治，讨论国家。他给他们准备美酒，弹奏音乐，做他们最为赤诚的朋友。因了他，山阳竹林的名声才能够越来越大，引得越来越多的名士聚集其中，在正始名士被司马家族屠杀殆尽之际，是嵇康代表的竹林之士力挽狂澜，用自己的才学、性情接过了玄学的大旗，并把它推到了一个新的高度，为中国哲学的发展贡献力量；也是他教会了世人什么是真正的名士风骨，生前他的所作所为引人效仿，死时他的不卑不亢，置生死于度外的风度引人赞叹。他活着是一个标杆，死后更是一面大旗，永远都会让人赞服。

嵇康同时也成了竹林七贤中最先赴死的人。没有了他，当初盛极一时的竹林之游顷刻之间如大厦倾颓，没有了人迹，只剩下一片茫茫。不同于正始名士，竹林名士的下场不尽相同。但是，司马昭首先拿嵇康下手，已经证明了他的狼子野心，他不能够忍受有人还敢在明面上不跟自己站在同一战线上，还有人敢忤逆自己。所以杀嵇康也是警告天下读书人，不要以为有了知识就可以随意乱说、乱做，一切都要在他的许可之下。司马昭料理文人的本事不在话下，对于嵇康他是毫不留情地杀之，而对于阮籍他则是睁一只眼闭一只眼，一抓一放，张弛有度，既不会显得过分残暴，又让人有忌惮之心，这就是政客的策略，在他的心中没有什么对于才学的尊敬，眼中看到的只有利益。

料理完了嵇康，司马昭野心勃勃地开始对西蜀发起了进攻。他需要不断的功勋来巩固自己在朝廷之上的权势，也可以在民间让个人的威望达到顶峰，为将来的篡位不断地积累政治资本。于是，公元263年八月，大军浩浩荡荡地从洛阳开拔，向西蜀进发。

第四节 向秀思旧，阮籍劝进

曹魏攻蜀的将士一路高歌猛进，势如破竹。司马昭重用钟会，封他为镇西将军，可是钟会仍不满意，他想一人专权，于是密报司马昭说诸葛绪畏缩不进，司马昭大怒，命令钟会将诸葛绪装上囚车送往朝廷，这样一来，大军都由钟会统领了。钟会率领着大军到了剑阁，却被姜维绊住，久攻不下。多亏得邓艾想出计谋，奇袭得手，击杀了诸葛瞻。西蜀皇帝、刘备的窝囊儿子刘禅率众投降，西蜀正式灭亡。姜维得知消息后，归降于钟会。

司马昭大胜而归，满朝恭贺之声，皇帝任命他相国之职统摄朝政，并晋封为晋公，加九锡。按照例行公事，由曹魏傀儡皇帝曹奂下诏加封晋爵，司马昭谦让一番，然后再由公卿大臣"劝进"，如此相互谦让一番，最后再接受。司马昭做梦都想着能够让自己的权力再大一点，最好大到能够接近那个最顶端的位置，但是为了面上的那层遮羞布，还是竭力做出一副推辞的样子，真是让人倒足胃口。

"这劝进书众人属意让阮籍来写，他是当朝的大名士，若是他写的话，您在读书人心中的地位就大不一般啦。"司马昭手下的门客建议道。

司马昭叹了一口气，说道："我对嗣宗一直是维护有加，不知道宽恕过他多少次，如今他也确实应该给我做点什么了，好，就找他吧。"

次日，公堂之上，众人果然众口一词，一致推举阮籍写这"劝进书"，还在家中日日醉酒的阮籍没有想到，自己还是没有能够逃过。

这一年，竹林七贤中的另外一位也开始出来做官，嵇康的被杀打破了他的平静生活，这个人正是向秀。他的两个至交好友嵇康和吕安被杀害之后，向秀还没有来得及收起悲伤之情，就被郡上推举为郡上计。郡上计是佐理州郡事务的官吏。到了洛阳之后，向秀受到了司马昭的接见。

司马昭见到乖乖前来的向秀，心中很是得意，故意问道："怎么子期如今愿意前来做官了？"

向秀忍着心中翻滚的不悦，面上还要做出一副恭敬的态度，回答道："那是因为以前没有遇到大人这样的人物啊，如今遇到了，自然就来了。"

司马昭听了向秀恭顺的回答，很是高兴，任命他做了散骑侍郎。向秀为官更是无奈，和嵇康一样他的志向根本就不在官场，而是酷爱庄子，为了做好《庄子注》更是费尽心思。这样的一个人最好的归宿自然是和嵇康一样在那竹林之中，做做学问就好。可是，在司马昭的高压政策之下，他也不得不勉强出来做官。三国时有"徐庶入曹营，一言不发"，向秀亦是如此，虽然身有官位，可是从来不做事，况且他一向崇尚的是老子的"无为而治"，更是不会费心去在官场之上钻营，得了空闲就去钻研庄子，写出一篇篇的思想文化结晶。

日子这样一天天地过着，向秀从嵇康被害的伤痛之中走了出来，越发觉得庄子为人之道的可贵，万事纠结不已，不如一切看淡，也省得将来伤心不已，他的心境越来越澄澈明净。一日，他从嵇康山阳竹林旧居路过，打算正式到洛阳上任，忽然听到远处有笛声传来，不知道是谁在吹奏，为了什么事情吹奏，却是那样的情深意切。缠绵动人，向秀不由得听得痴了，在笛声中他仿佛又看到往日的一切，回到了那个快乐的时候。晚上回到家中，向秀就写下了那篇有名的《思旧赋》，以悼念亡友。

《思旧赋》开头写下了写作这篇文章的缘由，"我和嵇康、吕安二人行止相近，相互交好，他们都有旷世不羁的才情。嵇康的志向高远而疏阔，吕安的心胸旷达而豪放，可是之后因为一些事情而同时被杀。嵇康精通所有的技艺，对于音律的理解尤其高妙。临刑之前，他回头看了看太阳的影子，就要过琴来弹奏。现在我将要西行去洛阳，路过我们旧日的居所，夕阳西沉，太阳慢慢落下，渐渐地迫近它的沉落之地，寒冷的冰霜越发显出凄凉的样子。不知邻里何人正在吹笛，笛声悲戚，听闻此声，我不由得追怀起往昔一起游玩宴乐的情景，可是如今竹林荒凉，旧日不可追，这笛声深深地触动了我，不禁深深叹息，所以写下这样的赋"。

全赋如下：

将命适于远京兮，遂旋反而北徂。
济黄河以泛舟兮，经山阳之旧居。
瞻旷野之萧条兮，息余驾乎城隅。
践二子之遗迹兮，历穷巷之空庐。
叹黍离之愍周兮，悲麦秀于殷墟。
惟古昔以怀今兮，心徘徊以踌躇。
栋宇存而弗毁兮，形神逝其焉如。
昔李斯之受罪兮，叹黄犬而长吟。
悼嵇生之永辞兮，顾日影而弹琴。
托运遇于领会兮，寄余命于寸阴。
听鸣笛之慷慨兮，妙声绝而复寻。
停驾言其将迈兮，遂援翰而写心。

寥寥数行，向秀的各种情感都混杂其中，写的情真意切，感人至深。不妨来试着翻译一下这篇怀念故友的佳作。"我奉命前往那遥远的上京，又返身向北而去。一路泛舟渡过浊浪滚滚的黄河，路过了昔日在山阳的故居。举目只看到荒凉的旷野，在城脚下停下了我的车舆。重蹈着二人留下的遗迹，经过深巷中的空屋。感慨《黍离》的歌声深切地哀悯西周的宗庙，悲伤《麦秀》的调子飘荡在殷朝的废墟周围。抚摸着古老的哀愁而怀念故去的人，我的心徘徊而忧伤。梁栋屋宇虽历历存在而毫无损毁，故人的容貌和精神已远去不知所踪。当年李斯受罪被杀，为着不能再牵黄犬出上蔡门打猎而恋恋不舍，叹息长吟。我哀悼叔夜将要永辞世间的最后一刻，回顾日影再一次弹奏鸣琴。人生的缘分遭际寄望于瞬间的领悟遇合，剩下的美好生命托付给哪怕只剩一寸的光阴。我听到那笛子的声音如此爽朗慷慨，仿佛叔夜绝世的清音得以重临。我驾车即将启程离去，于是执笔写下此刻的心情。"

人最可悲的事情莫过于站立在昔日生活过的同一片土地，却发现早已是物是人非，当年熟悉的人都已经消逝不见，只剩下一模一样的景色提醒着当初的时光你们是在一起度过的。站在原地，向秀眼前又浮现出往昔的情景，嵇康在屋中打铁，自己在一旁鼓风，吕安在菜园子里浇菜，三人有时有说有笑，有时又沉默不言，但丝毫不会觉得尴尬，因为他们的心灵是相通的。抹去眼角不知何时流下的眼泪，向秀回到了现实，眼前再也没有了那两个人，只剩下自己独身一人，默默地继续前行。

收起悲伤的情感，向秀来到洛阳，更加潜心于《庄子》的研究。在嵇康"越名教而任自然"的基础上，阐发出自己的想法，使儒道贯通，将道家往实际的政治功用的方向推进了一步。虽然郭象最后盗用了他的《庄子注》，写上了自己的名字，但是郭象把向秀琐屑的理论进行一番整理，变的条理分明，也算是功劳一件。自从向秀的玄学理论一出，后来的名士们虽然还是推崇和认同嵇康、阮籍的名士行径，欣赏他们的名士派头，但是在为政上，还是偏向于儒道兼宗，两方调和。所以说，在竹林玄学的发展进程上，向秀着实功不可没。仅凭着这一件功绩，他被列为竹林七贤之一当之无愧。

再说说被众臣推举写《劝进书》的阮籍。接到这个任务，阮籍自然是不愿意的，平时的他就已经是痛苦不已，如今又要让他写这样一封劝进书，如若可以，阮籍一定是要坚决拒绝。可是，他没有权利这样做。跟以往一样，他终日喝得酩酊大醉，特意跑到袁准的家里躲了起来，希望不要被找到。袁准也是当时的一位大名士，当初嵇康在就刑之前，抚琴叹息道："当初袁孝尼想学这首曲子，央求我很久都没有答应，如今怕是要失传了。"这个袁孝尼，说的就是袁准。二人相对而坐，整日把自己灌得烂醉如泥，想以此来摆脱司马昭。可是这次却没有奏效。这样的日子过了没多久，司马昭的手下郑冲派人找了过来。阮籍醉醺醺地被人叫醒，看到来人，倒也没有惊奇，直接执笔一挥而就，扔给了来者，接着呼呼大睡。之前没有任何准备，写的时候也完全没有修改，不得不说阮籍确实有才。文章全名为《为郑冲劝晋王笺》，以郑冲的名义来写的，一般的劝进书都是满纸的歌功颂德，阮籍迫于压力写的自然也不会例外，对于司马昭也是竭力地夸赞，说的要多好有多好。这样一封《劝进书》到了司马昭的手里，他看了之后连连称赞，心中自然是非常满意的。有了这封《劝进书》，司马昭心安理得地当上了晋王，离权力的巅峰又近了一步，并且虽然说是以郑冲的名义写的，但是全天下人都知道是阮籍写的，也等于是让阮籍公开表态支持司马昭，一石二鸟，目的达到，司马昭得意扬扬。可是，这对于阮籍来说却又是另外一番心境了，他的至交好友嵇康的被杀让他知道，如果不顺从司马昭的心意，那是必死无疑，所以这封劝进书他是非写不可，无从逃避的，可是写了之后呢，这就成了他人生中最大的败笔。在和司马昭的斗智中，他还是败了下来，被司马昭好好地利用了一次。

第五节 仙人归去，竹林寥落

被迫写《劝进书》这个打击对于阮籍来说是致命的，写完了《劝进书》之后，阮籍整个人很快地消沉了下去，开始更加的暴自弃，饮酒也越发的无度起来，谁劝也不听，整个人都沉默起来，一两个月之后，就与世长辞，终年五十四岁。

如果说嵇康的离去，击垮了他的神经，那么这个《劝进书》就成了压垮他的最后一根稻草。一个人的童年经历过什么，很大程度上决定了他的一生。幼年的时候，曹丕在阮籍心中埋下的那颗种子缠绕了他的一生，让他始终坚定地认定自己是曹魏的人，自己是属于曹魏的，即使后来受到司马昭的征召，在司马昭的手下讨生活，迎合他的喜好，阮籍还是靠着装疯卖傻，珍藏起自己的灵魂，不肯轻易地把它卖给司马昭。可是，一封《劝进书》算是彻底把他划到了司马昭的阵营中，给他烙下了屈辱的印记。他再也无法忍受，这等于是把他逼到了绝境之中，他奋力挣扎，还是深陷泥潭，留下了污点。长期的过度饮酒，再加上精神上的自我折磨，阮籍终于熬不住了，撒手人寰，他亲手把自己送到了坟墓。

阮籍与嵇康不同，如果说嵇康是那天空之上闪亮的太阳，那阮籍就是苍茫夜色之中皎洁的月光。嵇康一生慷慨做人，率真行事，连死都是如此的大义凛然，在他的字典中没有委曲求全四个字，对于他不高兴的事情从来都是仗义执言，不会委屈自己。这样的一个人，不正像是太阳吗？在他的身上，没有死角，他外在表现出来的就是他内心的样子，光明磊落，他当得起这四个字。可是阮籍呢，一生都在煎熬之中，前半生郁郁不得志，后半生郁郁寡欢，在众人面前又偏要做出一副不在意的样子，即使是哭，也要独自驾车到空旷无人处，才会放声大哭，一吐心中的郁结。他活着的每一天，都像是在经历着一场凌迟的酷刑，特别是后半生在司马昭手下的日子，整日的强颜欢笑之下，谁又能体会到他内心的苦楚。这样的一个人，不正是那月光，只有在寂静夜色中，才可以体察到他内心的那种傲气。

你是嵇康还是阮籍？你愿意痛苦地活着还是潇洒地死去？今天看似无关紧要的一个选择题，在那个黑暗的时代，却是必须做出的选择。你无从逃避的就是站队，特别是对于嵇康和阮籍这样的大名士。名声这时成了他们的负累，因为这样的名声，他们的承担也就远远重于普通人，统治者绑架着他们，利用他们的影响力来为自己谋利，却无人是真心替他们着想。一旦不合统治者的心意，就要面临被杀掉的风险。无论是嵇康还是阮籍，他们都是才华横溢之人，就像是天上的仙人不小心掉落到人间，在人间只是游历一番，最后还是要重新回到天上。可他们留下的精神，确实影响了无数的文人志士，当人们再次提起那魏晋风骨，嵇康和阮籍肯定是必须提到的人物，没有了他们的存在，魏晋风骨什么都不是。

随着嵇康和阮籍，这两位竹林之游实际的精神领袖的相继离去，曾经盛极一时的竹林之游正式地宣告结束了。就像是向秀站在曾经居住过的山阳旧地写下那篇著名的《思旧赋》以怀念旧友，哀悼往昔快活日子的不再。后来无数遥想竹林盛况的人又何尝不是摇头叹息，叹惜自己晚生了那么多年，没有机会亲眼见识那一场盛景！

不妨闭上眼睛再来想一想那番景象：阮籍信步闲庭地漫步于竹林之中，听着风吹竹子发出的沙沙声，会心一笑，悠然随性而坐，放声长啸，整个竹林为他的啸声伴奏，共同演绎出一曲华美的乐章；嵇康赤裸着上身，舒展双臂，用力地抡起手中的大锤，向着刚从炉中取出来的铁器用力地砸去，汗水顺着他的额头流向下巴，隐入铁器之中，结实的肌肉尽显阳刚之美；向秀面容安详，安静地坐在放在院中的书桌之前，翻开面前的《庄子》，全神贯注其中，周遭的一切全都不在他思想之内；山涛还是一贯的宽厚相，时而来到阮籍面前听他高声长啸，时而看嵇康打铁，欣赏他的仪态，时而和向秀讨论一番庄子精神，或者默默而坐，什么都不干，享受清风拂面的惬意；刘伶一如既往的大醉，酒壶倒在他的周围，整个人都已经进入到了醉梦之中，还不忘时不时地摸着酒壶喝上一口，嘟囔两句；阮咸在摆弄他的琵琶，细心地边擦拭着边苦思冥想着怎么为它找到一个合适的音调，时不时地拨弄着，发出一两个音符；而年龄最小的王戎大笑前来，对着阮籍说道"我又来败坏你的兴致了"，阮籍也哈哈大笑，迎接着这位小友的到来……

七个人，七种神态，却再也难觅。失去了阮籍和嵇康，竹林再无领路人。竹林交游也彻底没有了存在的必要，纵使大家再齐聚一起，其中最核心的人已经不在，又有什么意思呢？徒然地坐着，相对无言，不知道该说些什么，仿佛一抬眼就能够看到已经逝去的人在对着你笑，心里只剩下了酸楚而已。竹林荒芜了。

竹林虽然再也无游，可是竹林代表的精神却永远地流传下来，他们从正始名士手中接过玄学的大旗，以另外一种方式完成了对它的继承。正始名士的热心于政治，依靠着依附曹爽集团，掌握政治权力去实现自己哲学思想的抱负。

虽然最后被司马集团一网打尽，彻底退出了历史的舞台，但是还是留下了浓墨重彩的一笔，他们对于国家的关心始终告诉人们他们是有抱负的一群人。即使是最后的死，也是引人无限唏嘘。而到了竹林名士，政治环境已经发生了很大的变化，和正始名士相比，他们失去了最后的可以自由说话的权利，不能不或者选择依附司马家族，或者选择沉默。当失去了参与政治的权利之后，他们能做的只能是在思想上无限地拓宽玄学的内涵，而在政治上尽量地选择规避。因此，在另一个向度上，他们为玄学作出了属于他们自身的独特的贡献，这种意义是哲学上的，是一个更高层次的。

而和正始名士相比，即使在残酷的政治高压下，竹林名士也是毫不逊色。在为人上，他们桀骜不驯，潇洒风流，阮籍行事大胆放浪世人无不为之侧目，即使在正始时期也无人可以与之比肩，而嵇康更是率真独特，风采无人能及。这两位名士就是两座高峰，他们的诞生让之前的人黯然失色，也让后来的人遥想不已。

在传世的作品上，竹林名士更是独一无二。阮籍的《咏怀诗》或隐晦婉转，或直抒心迹，"言在耳目之内，寄情八荒之表"，是诗人苦闷心理的最直接表达，每每诵之，无不给人以"陶性灵，发幽思"的人生启悟。后世的知识分子每到苦闷、绝望之时，读到阮籍的咏怀诗，都觉得心有戚戚，在几百年之前的阮籍身上得到慰藉，抚慰那颗受伤的心灵。阮籍之后，后世诗人争相仿效其作，影响极为深广。而嵇康的散文写得风生水起，读之畅快不已，令人拍案叫绝，文人风骨自然蕴含于其中。作品就像文人的二次生命，在一次次的阅读之中，体察到他们品性的高洁，思想的深邃。

除此之外，竹林七贤之中，向秀的《庄子注》，阮籍的《大人先生传》，阮咸的琵琶等等，留下的宝贵财富不可胜数，在方方面面惠及后来之人。

其实，就像俗话所说的水满则溢，月满则亏，任何事物发展到鼎盛之后就会走下坡路，正始名士是这样，竹林名士也是这样。随着两位精神领袖的倒下，竹林正式开始消散。明末大学者王夫之曾说道："孔融死而士气灰，嵇康死而清议绝。"意思就是说孔融的被杀让士人开始灰心丧气，士人不以言论获罪的时代宣告终结；而嵇康的被杀则让延续数十年的玄学清谈之风灭绝，嵇康之后再也无人可以超越于他。以嵇康和阮籍为代表的竹林名士，是魏晋最为风流，也是抗争的最巅峰。即使后来元康名士狂放，江左名士飘逸，也盖不过竹林名士的锋芒，真正震撼人心的，还是那压抑、苦闷的《咏怀》，飘散风中的《广陵散》，悼念旧友的几行《思旧赋》。

第六节 机关算尽，反误性命

时间来到了公元264年，司马昭遭遇了自己执政生涯中的最后一次叛乱。这次让他没有想到的是，这个人竟然是钟会。

对于钟会，当年司马昭伐蜀的时候，就有人对司马昭进言说："钟会有野心，怕是想要谋反。"当时的司马昭淡淡一笑，说道："现在这个时候去攻打蜀国简直是易如反掌，但是众人都说不可，只有钟会与我的意见是一致的。蜀国灭亡之后，中原将士人人思归，蜀之遗民还留有恐惧之心，钟会即使有叛逆之心，也不会成功的。"事实证明司马昭所言果然不虚。

成功攻打下蜀国之后，钟会果然反了。他的野心膨胀到想要越过司马昭直接称皇称帝，走向权力的最顶峰。他开始谋划起来。

攻打蜀国的时候，是邓艾的妙计赢得了战争的胜利，后来邓艾入了蜀国的都城成都，刘禅率领太子、诸王、群臣六十多人绑缚自己、抬棺至军营拜见。邓艾接受投降，宽恕了他们。并且邓艾约束好自己的部下，进城之后，严禁烧杀抢掠，受到蜀国人的拥戴。

但是，邓艾仍然不够谨慎。在巨大的胜利面前，他擅自以天子的名义，任命了大批官吏。他任命刘禅为骠骑将军，蜀太子为奉车都尉，诸王为驸马都尉；对蜀国的众臣，则根据他们以往职位的高低，或者任命他们为朝廷官员，或者让他们去领受自己属下的职务。除了在人事任免上，在军事上，将战争中死亡的将士和蜀国的死者一起埋葬，修筑了高台作为京观，以此来宣扬自己的武力。而在为人处世上，邓艾自满于已有功劳，常常口无遮拦，逢人就夸耀不已。他曾对着蜀国士大夫们说道："你们应该庆幸啊，幸亏是遇到了我，还能保住性命官职，如果是遇到了吴国的，今天恐怕是已经死了。"他还说道："姜维不过是有一时之能，和我那是完全不能比，所以我才能打败他。"那些做事谨小慎微的有识之士见他如此毫不矜持地夸赞自己，背地里往往嘲笑他。

这样的话被野心家钟会听在耳中，记在心中，他默默地思索着怎么向司马昭告状，以陷害邓艾，排除异己，独揽在蜀国的军事大权。在邓艾给司马昭的上表中，钟会悄悄地加以修改，使得邓艾显得格外的傲慢无礼。在他自己寄给司马昭的书信中，对于邓艾的行为是添油加醋。远在洛阳的司马昭看到这样的信，自然是愤怒不已，让监军卫瓘告诫邓艾说道："事情需要向上面汇报，不可以自己擅自行动。"邓艾听到这样的警告，心中一惊，知道言行已经引起了司马昭这个多疑之人的注意，他连忙上书自剖心迹，说道："我现在奉命出征，灭掉了蜀国，完成了任务；至于给蜀国旧官员安排官职，只是权宜之计。现在蜀国已经听从我们的命令，蜀国靠近南海，东边又靠近吴国，最好能够早点安稳下来。如果等待着皇帝的命令再决定应该怎么处理蜀国事务，恐怕路途遥远，耽误了时间。《春秋》上说道，将士出兵在外，如果有可以利于国家，安抚社稷的方法，可以自我做决定。现在吴国与蜀国联系在一起，如果因为等待上面的指令，反而害得本来已经归顺了的蜀国又再次失去了，臣觉得并不稳妥。晋公可以放心，我邓艾的操行虽然比不上古人，但是对待国家并不敢有二心。"

看到邓艾这样一番毕恭毕敬的解释，司马昭的怒气并未消散，多年政坛上的你奸我诈让他的疑心病非常的重，宁肯错杀一千，也不肯放过一个。无论邓艾怎么解释，他并没有打算放过。正在这个时候，钟会向司马昭诬告邓艾准备谋反，司马昭当下就决定派监军卫瓘逮捕邓艾父子，用槛车将其送到洛阳来。邓艾这时再仰天长叹说自己是忠臣，已经晚矣。

排斥掉有大功的邓艾，钟会此时麾下有魏、蜀军队达二十余万人。有了数量庞大的军队，又有了蜀国作为根据地，钟会遂密谋反叛。

听到有人要谋反的消息，这个人还不是邓艾，而是自己一直相信的钟会，司马昭阴沉着脸，盯着密报，怒不可遏。虽说做过即使钟会造反也不会成功的推测，当钟会真的反了的时候，司马昭又是另外一种心境。再加上钟会手上的军队，司马昭丝毫没有掉以轻心。这天晚上，他派人把山涛叫到了府上。

山涛快步来到了司马昭府上，说道："晋公，您找我？"

司马昭看着山涛，握住了他的手，说道："钟会反了，他领兵二十万，我不能轻视，过几天我就会亲自带兵征讨。"

山涛慌忙说道："晋公此去一定要小心。"

司马昭点了点头，说道："我知道，放心吧。只是我去了西边之后，后方的事恐怕就要让你多多费心了，特别是曹魏诸位宗室的动静，更要时刻注意。"

"我省得的，大将军。"山涛答道。

几年的时间过去，山涛已经颇得司马昭的信任。他确实是做官的良才，不会想着争权夺利，又是正经做事的人。这样的人，官场很是需要。

料理了朝廷之事，有了山涛的保证，司马昭放心地带兵出征。其实司马昭对钟会怀有野心早就有所戒备，先行遣中护军贾充率一万步骑入蜀进占乐城，随即亲率十万大军来袭，使钟会措手不及。

钟会没有料到司马昭来得如此之快，顿时慌了手脚，长期在司马昭的阴影之下，只要听到司马昭的名字，钟会就有点战战兢兢。他当机立断，扣押了魏军所有的将领，并打出废黜司马昭的所谓郭太后遗诏，以此抵抗司马昭。郭太后，这个曹魏最有权势的女人，最终还是没有抵得过时间，在公元264年去世，可怜的是即使死了，还是被钟会拿来当枪使了一把。蜀国的降将姜维怂恿着钟会干脆诛杀被扣将领，省得他们想反抗，其实姜维是预谋趁机杀掉钟会，恢复蜀汉。听了姜维的计谋，钟会迟疑不定，犹豫不决，迟迟不能做决断，一旁的姜维很是心焦，生怕走漏了消息。可惜消息还是被泄露了出去，各将领知道钟会想杀了自己，纷纷自救，等到十八日中午，护军胡烈之子胡渊率部众擂鼓呐喊而出，各营官兵为了营救本部将领也一起响应，蜂拥杀入蜀宫，被拘宫内的将领们听到动静，一拥而上，冲出去与其部众会合。双方在宫城内外展开激战，钟会和姜维寡不敌众，被将士乱箭射死。

这个时候的钟会再想反叛，其实已经注定了失败的结局。虽然他拥兵达二十万之众，可是司马昭这些年在军队中的苦心经营，已经使得曹魏将士牢牢地听命于他，钟会即使掌握了军权，没有得到人心，一样是失败的下场。这个阴险的，喜欢躲起来算计人，心眼比针眼还要狭窄的人，终于是机关算尽，死于非命。

没怎么费力气，司马昭赢得了这场战役，扫清了他夺权路上的最后障碍。魏元帝曹奂于公元264年再次下诏拜司马昭为相国，封为晋王，加九锡。封王一般都是本宗室才享有的权利，司马昭以异姓封王，达到了他的父亲和哥哥都没有达到的高度，他开始谋划着为自己的下一代铺好道路，谋权篡位了，至于他本人，也和他的父亲以及哥哥一样，恐怕是没有机会坐上那个宝座了。

山涛此时已经成了他的左膀右臂，官拜相国左长史，统领别营兵，成为竹林七贤之中官位最高之人。司马昭既看中山涛的政治才干，又敬重他在乡间中的德望，一有事情，就喜欢找他商量。而山涛对于司马昭的感情也很是复杂，一方面司马昭给了他官职，实现了他在官场上的抱负，可是另一方面，司马昭对他朋友所下的毒手也让他保持着一份警惕。在他的为官生涯中，始终是谨慎小心，清廉守礼。当初，陈郡人袁毅以贿赂公卿而求得美誉，也曾经送给山涛丝百斤，山涛不想接受，但是又不能显得与周围的人不同，于是收下、封存好藏在阁楼上。后来袁毅的事被揭发，凡受贿的人都被检举。只有山涛取出藏于阁楼之上的丝交给了办案的官吏，丝上已经积满尘土，封条印章丝毫未动。

司马昭曾经将儿子司马攸过继给司马师，因为司马师无子，司马昭平日又很看重司马攸，有让他做世子的意思。于是问山涛道："我的兄长开国建业，可惜没有成功就因病而亡，我只是继承了他的事业而已，所以想要立司马攸为世子，以此归功于兄长，你认为如何呢？"

山涛沉吟了一番，回答道："我理解您感念兄长的心情。但是自古以来，废长子转立少子，违背礼制，这是不祥的。您要慎重啊，国家的安危将由此事来决定呢。"

司马昭听了他的话，才下定了决心，立司马炎为世子，司马炎感激不尽，为此事亲自向山涛拜谢。

第九章

风云四起，魏晋禅让

司马炎逼迫曹奂禅让皇位给自己，曹魏正式灭亡，晋朝建立。山涛和王戎日后都当上了三公，成为竹林中人结局最好之人。刘伶、阮咸、向秀不得志地过完一生。竹林七贤的故事正式落幕，日后风流人物再出，但是他们的风采依然令人遥想。

第一节 以晋代魏，曹奂禅让

公元265年，司马昭中风而死，他的长子司马炎接过了父亲手中的权力，继承相国、晋王位，掌握了全国的军政大权。司马氏一族，从司马懿到司马炎都是不折不扣的野心家，只可惜司马懿没有机会实现，而司马炎经过了祖父、伯父和父亲的苦心经营，已经做好了精心的准备。

他暗中谋划着，想仿效曹丕代汉的故事，为自己登基做准备。当年，曹丕的亲信华歆率领文武百官联名上书，劝汉献帝把帝位让给魏王曹丕。为了保住性命，汉献帝只能十分不情愿地把皇帝的玉玺交给曹丕，就这样曹丕建立了曹魏的江山。如今，历史又要重演，只是这一次，却是曹魏被人取代。在司马炎接任相国后，就有一些人受司马炎的指使劝说魏帝曹奂早点让位。跟曹髦相比，曹奂就是一个模糊的影子，他生来就是傀儡，也从来没有想过反抗。听到如此建议，他毫不反抗，不久，曹奂就下诏书说："晋王，你家世代辅佐皇室，实在是劳苦功高，四海之内都蒙受司马家族的恩泽，现在上天要我把皇帝之位让给你，请你顺应天命，不要推辞！"目的已经达到，皇帝诏书已下，司马炎却假意多次推让。司马炎的心腹太尉何曾、卫将军贾充等人，带领满朝文武官员再三反复劝进，司马炎又多次推让之后，才假装违心地接受了魏帝曹奂的禅让，并封曹奂为陈留王。

演完了这场戏，魏国也终于走到了尽头。从曹丕称帝到曹奂禅让，曹魏走过了四十五年的岁月，这个从别人的手中强行夺来的帝国又被别人从手中强行夺去。在这四十五年中，除了曹丕和曹睿可以自己做主，随后的几任皇帝其实都已经成了司马氏的傀儡，不是被废，就是被杀，下场都不算圆满。这曹魏帝国，早已是千疮百孔，成为强权者的囊中之物，供人玩弄。

公元265年，司马炎登上帝位，国号大晋，史称西晋，改元为泰始，晋王司马炎成了晋武帝。可是，此时的司马炎心里并不轻松，他很清楚，虽然他已经登上帝位宝座，但这个帝位注定是不轻松的。

改朝换代从来都不会是一件容易的事情。在司马炎登基的第一年，就下诏让已成为陈留王的曹奂依然保留着天子旌旗，郊祀天地礼乐制度皆如曹魏时的旧礼制，上书可以不称臣，以显示对魏帝的尊重。

在政治上，曹魏时期虽然相对稳定，各种谋逆造反事件仍然层出不穷，司马氏以铁血手腕进行镇压，也在国民心中留下了不好的阴影，为了尽早地使国家从动乱不安的环境中摆脱出来，司马炎刚一上台就采用了无为与宽松的立国之策。这是典型的道家治国思想，在一个国家刚刚建立，一切都根基不稳的时候采用这种思想是很有必要的。不去过多地打扰老百姓的农耕，减免赋税，节俭求实，有利于恢复农业，农业一旦得以恢复，人心安定，自然国家会一天一天地强盛起来。

而在外交战略上，西蜀虽然已经平定，东吴的威胁仍在，虽已经是不足以与晋朝抗衡，但还是一个心患。为了巩固政权，进而完成吞并东吴、统一中国的大业，司马炎努力巩固统治集团本身的凝聚力，采取怀柔政策，给已经投降的刘禅以优待，安定了蜀汉人心，进而又赢得吴人的好感，进一步解除外患之忧。

不得不说，司马炎确实是当皇帝的料子。当年，除了山涛，司马昭还问了裴秀的意见，裴秀摇头说道："从面相上来看，司马炎不是该去当臣子的命。"关于司马炎的长相，面相学上说是奇相，并且他的手臂过膝盖，头发能拖到地上，这可是大富大贵的象征。司马昭仍不放心，还去问了何曾，何曾也说道："司马炎手臂过膝，头发拖地，不能去当臣子。"连续听了几个人的意见，司马昭才下定了决心，立了司马炎当世子。登位之后，司马炎果然也没有太让人失望，在政事方面也算是勤勉有加，有所作为。

至此，晋朝算是完成了平稳的过渡。曹奂被迫禅让，迁往金墉城的时候，满朝文武没有一人表示反对，只有司马孚前往告别，他握着曹奂的手，哭的几乎不能控制，颤抖着说："臣到死的那天，也是纯粹的曹魏之臣。"因为司马孚是国家老臣，司马炎也没有对他怎么样，反而更加的敬重他，显示自己的宽宏大量。在老臣的啼哭声中，曹魏就这样结束了，留给后世的只有短短几十年，可这几十年中，依然如此的让人刻骨铭心，没齿难忘。

在这几十年中，曹魏壮大了自己的实力，政治上相对清明，军事上兵强马壮，虽然战事不断，百姓基本上可以安居乐业，才吞并了西蜀，压制了东吴。

在思想上，经过正始名士和竹林名士两代文化名人的不断努力，玄学思想不断地发扬光大，在儒家学说之外走出了另一片天地，流传魏晋以后数百年。

更重要的是，它留下了许许多多的风流人物，日后，每当提起魏晋，首先能够想到的就是那一个个活生生的人，阮籍、嵇康、向秀、山涛……

时代改变了，朝代改变了，国号改变了，可人还是要活着。晋朝建立之后，竹林七贤中剩下的人们依然在继续着自己的生活。

第二节 心灰意懒，进退维谷

山涛因为拥立司马炎有功，等到了司马炎当政，建立晋朝之后，自然得到了重用。

山涛的第一个官职就是大鸿胪，司马炎命他护送着废帝曹奂到邺城定居。邺城是曹魏家族的大本营，当年是曹操修建营造，如今曹奂作为曹魏家族的最后一个君王重新回到当年起家之地，就像是个历史的轮回，从哪里来到哪里去。护送曹奂到邺城是一个很重要的事情，途中一定要保护好曹奂的安全，如果曹奂死了，这个借口被有心之人利用，就会成为起兵造反的借口，所以将这个任务派给山涛，可见司马炎对山涛的信任。山涛果然也不负其所托，平安地将曹奂送到了邺城，等从邺城回来，山涛接到了朝廷的任命书，晋升为奉车都尉，晋爵为新沓伯。奉车都尉是皇帝身边掌管御车马的人，虽然职位不算高，但是能够天天跟皇上接触，也算是能说得上话的人。

本来以为这样的日子会安稳一阵子，没有想到的是一件事情的发生，让山涛被外放了。当时裴秀受到弹劾，为了维护老朋友，山涛挺身而出，跟权臣激烈地辩论，因此得罪了贾充。贾充对于司马家族的重要性可是远远超过山涛的，晋朝建立之后，贾充头上一堆官衔，权势滔天。得罪了这样一个人，山涛很快地就被外放了，出任冀州刺史，加宁远将军。由此可见，山涛虽说是个很会顺应时势的人，但是骨子里的一身正直之气那是不会变的，对待朋友是肝胆相照，如果朋友有了危难，一定会赴汤蹈火在所不辞。山涛还是那个山涛。

冀州就是今天的河北，在当时可是一个鸟不拉屎的地方，俗话说"燕赵多慷慨悲歌之士"，这里的民风很是彪悍，且受文化教育的程度低，行事多鲁莽。每一任到了这个地方任职的官员都是苦不堪言，现在山涛到了这样一个地方，他会怎么办呢？山涛上任之后，首先闭门不出，仔细地研究了一下冀州的所住人口。几天之后，他就颁布了一个文件，表彰任命三十个贤人，使他们名声大显。有了这些人做表率，冀州人士的态度也就发生了转变，意识到了文化和品德的重要性，于是也就纷纷效仿起来，山涛因此受到百姓士人的仰慕推崇，当地风俗也为之大变起来。

在冀州的这几年，山涛大展手脚，发挥了自己在政事上的才能，干得是风生水起。三年之后，他再一次被调动职位，这一次司马炎任命山涛为北中郎将，去邺城任职。之前已经说过，邺城是曹魏的老家，如今改朝换代了，曹魏宗室的人也都去了邺城生活，可是，疑心病很严重的司马炎还是放心不下，生怕有个什么异乱，思来想去，还是决定派个人去看看，就派了之前去过邺城的山涛去坐镇。

其实，司马炎完全是多虑了，在司马家族多年的苦心经营之下，曹魏已经奄奄一息，完全没有再翻身的可能性。山涛的工作是轻松的，也是忧伤的，毕竟他也是做过曹魏臣子的人。漫步在这个古老的地方，当年曹操修建的宫殿还是如此的辉煌，可是他建立的王国此时已经被另外一个姓氏取代。山涛心中起伏联翩，他联想到当年曹魏的辉煌，再对比如今的颓唐，心中顿时生出一种虚空之感，即使是当年的君临天下，如今不也是废君一个。再想到自己，半生已过，朋友零散，还在官位上奔波着，不知道哪一年又到了什么位置，山涛的心突然伤感了起来。他本来就对老庄思想很是喜爱，如今加之环境的作用，更是体悟到老庄思想的高妙，他开始询问自己，这个官做得有什么意思吗？即使是真得到了官位，将来说不定又是什么样子呢，又何必再辛辛苦苦地汲汲于名利呢？这样想着，山涛对于官场也就没有那么热心了，开始寻思着怎么辞职。

就这样过了一段时间，恰逢朝中缺了一位要员，空出个重要的职位，司马炎就想到了山涛，于是召山涛入朝为侍中，迁尚书。与之前的职位相比，这可是个有实权的位置。可是山涛这一次，却递了一封辞职信。理由是现在自己的年纪已经是六、七十了，已步入暮年，而母亲的年岁更高，所以想要抓住最后的时光，好好地孝敬一下，这个尚书就不干啦。山涛这个时候经历了官场的屡次更迭，已经没有了再干下去的心思，可是司马炎下诏说："你虽然想要奉养母亲，然而职务有上下公私之分，家中早晚有人侍奉就可以了，你应该顾全大局，割舍情感，为国家效劳才是啊。"

这一次的山涛没有退让，他决心退出官场，于是表疏上了几十次，司马炎拖了很久，看山涛都没有退让，于是就答应了他的要求，授议郎衔恩准他返回府第。山涛虽然为官多年，但是一直清廉自持，家中环境也并没有因为他做官改善多少，司马炎看他清贫俭约，甚至都无法供养家人，于是特别供给每日膳食，加赐床帐被褥。

山涛虽然决心退出官场，司马炎却没有放过他，一段时间过后，又再次征召他为太常卿。山涛再次拒绝了，还没等着司马炎有进一步的表示，山涛的母亲去世了。当时山涛已年过七十，本身就是一个老人了，但是守丧的时候超过常礼，亲自背土堆坟，亲手种植松柏，终日哀戚不止。

本来以为司马炎会就此算了，没想到他竟然下诏说："我之所以能够行教化于天下，是靠着授贤者以官职。当今风俗衰败，人人心中都想着竞争，应当分明善恶，以退让之风来镇压。山太常虽在居丧期间，意志不可勉强改变，但是当今国家任务繁多，怎能顺从自己的心愿呢！所以现在任命山涛为吏部尚书。"

山涛叹了一口气，还是不想去赴任，就以母丧身病为由辞让，表章情意恳切，但是司马炎不允许，最终还是无奈地回到了洛阳，担任了吏部尚书。

司马炎一再的不肯放过山涛，也是有原因的。当时看似平稳的政局其实并不如表面的那么平静，各方势力争斗不休，而山涛这样不偏不倚真正做事的中间派也是很需要的，山涛做事谨慎，不慕私利，又是大名士，并且资格老，放在朝中再合适不过。

可是山涛本人算是过够了这样的日子，他现在可以理解他的老朋友阮籍他们了，既然无法拒绝，等重新回到了朝廷之后，山涛变得越发的谨慎，不轻易发表自己的看法。他所在的这个位置十分重要，是一个掌管着官吏选拔的部门，山涛也不发表看法，而是直接把备选人呈给司马炎，让他自己做主。

在这个位置上干了几年之后，山涛又升职了，可是因为和权臣贾充的冲突，山涛愤而辞职。上面不批准，他也不在意，直接撂挑子回家去了。有人不满意他的行为，向司马炎告了一状，司马炎也不以为意，反而说道："山涛已经向我辞职了，是我不同意，他没有办法，才这样做的，以后就不要追究这件事了。"

辞职不久，司马炎又下旨征召，山涛不得不从，又再次回到官场。就这样，来来回回十几个回合，山涛在出仕和入仕之间挣扎不休，进退维谷。以前没有机会的时候，做梦都想着有个能够引荐的人，现在是位高权重，皇上不放人，却想着能够隐居山林，再也不踏入官场一步。他的前半生和后半生成了截然相反的两种境况，可是山涛本人却越来越难受，他清楚地感知到了自己的无力与无助。

公元283年，山涛病逝，享年七十九岁。皇帝赏赐无数，风光大葬。山涛是竹林七贤中结局比较好的,当年他向着妻子说道:"日后我必为三公!"也果真如他所讲,他确实成了三公之一。在他去世的前一年,司马炎任命他为司徒掌管教化,与司马、司空并称三公。他算是完成了自己的夙愿。但是他又是不快乐的,虽然后半生辉煌显赫,得人敬重,可在与朝廷十几次征召与反征召的拉锯战中,山涛已经明了的自己的志向,他已经不再留恋官场了,他更愿意回到当年和阮籍、嵇康一起生活过的日子,那时候至少还是快乐的。比如今的强迫出仕,成为朝廷之中的一个摆设要好过几百倍。可是,天不遂人愿,世事就是如此的讽刺。

山涛的人生已经落幕,关于他的争论一直未休。有人因为他做了晋朝的臣子,并且声名显赫,对他鄙视不已,也有人因为嵇康的那一封《与山巨源绝交书》认为他人品有问题,可是也有人看到了他的不容易,他为了维护清流名士做出的努力。人已逝去,后人再说什么都听不到了,人生百年事,得失寸心知,只有自己心中才是最明了的那个,又何足为外人道呢?

第三节 功名尘土，宦海沉浮

说完了山涛，再来看看王戎。当年他依附钟会得到了吏部郎的职位。后来，钟会率军伐蜀，在出师前王戎来与他道别，钟会想着王戎一直聪慧过人，且有远见，于是询问王戎有什么灭蜀的计策。王戎说道："道家有句话叫'为而不恃'，意思是说成功并不难，保持成果就难了。"次年，钟会因为叛乱失败被杀，大家都认为王戎果然有远见。

到了新朝，王戎正值三十壮年，拼事业的好时机。因了有个好家世，再加上竹林的名声，他很快就到了皇帝身边，做起了散骑常侍。一直顺风顺水的他，到了公元276年，出任荆州刺史的时候，因为派遣下属私自建院宅而被人告发，按照法律，应该是被罢免的，但是司马炎却下诏允许赎罪处理，也就是罚款一些钱，职位还继续做。司马炎对待王戎很是宽容，认为人犯点错误都是难免的，不必将人一棍子打死。

王戎对钱财的爱慕真是超过了一切，据说他和他的妻子最大的爱好就是手执象牙筹计算财产，日夜不休，他和妻子的关系始终和睦，也许就有这个缘故吧。后来有个词叫"卿卿我我"，就是出于王戎夫妇。

王戎的爱财不仅是针对外人，对待自己家的人，他也是如此。他的女儿嫁给裴頠的时候曾经借了王戎的数万钱，但是很久都没有归还。后来女儿回来省亲的时候，王戎不但不高兴，反而流露出不悦的神色，直到女儿把钱还清之后才高兴起来。还有一次，王戎的侄子要成婚，王戎只送了一件单衣，更奇葩的是，完婚后又向侄子要了回来。他的这种行为时人议论纷纷，后来东晋人戴逵评论道："王戎是因为时局动乱，为了免于忧患，所以才采取了这种明哲保身的方法。"今人余嘉锡则认为，王戎其实就是天性鄙吝，戴逵所言，是因为王戎是名士的关系，才为他辩护。

　　其实，从王戎的这种吝啬行为来看，说不定这真的是他的本性而已。但是人不可能是完美的，并不能因为王戎的这种吝啬就把他整个人看低。当初，他年方弱冠，就被阮籍这种大家看中，从而参与竹林之游，并不是没有他的过人之处。

　　而他本人也很是怀念竹林之游。在他任尚书令的时候，有一次身穿官服，乘坐着轻便的小马车，偶然从一家黄公酒垆旁经过。近看酒垆，却发现似曾相识，原来是以前一起喝过酒的那个。王戎心中感慨，回头对后面车上的人说："我从前和嵇叔夜、阮嗣宗一起在这家酒垆痛饮过，那竹林之游的时候，我也有幸参与过末席。自从嵇公叔夜早逝、阮公嗣宗亡故以来，我就为时事所拘束，再也没有兴致玩乐。如今再经过这里，看到这酒垆虽然很近，却又像隔着山那么遥远。"

　　恍如隔世。那一段时光人人都想永远留住，可是也只剩下了回忆可以提醒自己。日后，王戎的仕途仍然一路坦荡，也当上了司徒，成为三公之一，同山涛一样，他当上了司徒之后，也是不再问政事，把事情都推给别人去做，自己换上了百姓的装束，每日骑着小马在洛阳城内溜达，看看人情，观观风物，就这样过完了一生……

第四节 死不悔改，纵情达观

西晋建立许多年之后，阮咸才靠着家族的名气得到了一个小官，但是因为性情放浪，一直都没有得到重用。当年，山涛想举荐阮咸，可是司马炎却认为他崇尚虚浮之谈、嗜酒如命，因此未加以任用，山涛为此还愤而辞职。

阮咸确实是如此性情，他为人放诞、不拘礼法。阮咸曾经暗中私会过他姑母家的鲜卑婢女。二人情投意合。后来阮咸的母亲去世了，阮咸需要服丧，他的姑母也要回夫家去，自然也要带走自己家的婢女。这下阮咸急了，他连忙找到姑母，要求留下这个婢女，他的姑母一开始也答应了。但是，后来思来想去，觉得这件事情对自己侄子的声誉并不好，离开的时候就决定偷偷地带走这个婢女。当时阮咸正在服丧期间，接待客人，听到了这件事情，大惊失色，竟然借了客人的马去追，追上后还穿着丧服与婢女共骑一匹马回来。两人日后还生下了一个孩子，名字叫作阮孚。这种为了爱情，不顾母丧的事情，被世人一直拿来嘲讽，但是也从侧面说明了阮咸确实是个放荡不羁的人，不守礼法的行为比起自己的叔叔阮籍那更是青出于蓝而胜于蓝。

但是也因了这个原因，他以后即使做官，也只是小官而已，始终不能位列高官。可是他终究是有才的，特别是在音乐上的造诣为世人所知。后世的颜延之说他："达音何用深，识为在金奏。"即是赞扬他在音乐上的造诣很高。当时，朝廷任用著名的音律学家荀勖掌管宫廷的乐礼。每一次，荀勖都会亲自校准器乐的五音，人们都以为他是准确的，他自己也是这样认为，但是阮咸就发现其实是有偏差的。荀勖心中很不高兴，借故将阮咸调出了京都。后来，一位老农发现了周朝用来衡准天下音律的玉尺，荀勖拿来一量，发现阮咸讲得果然没错，自己校对的确实不准确。能压过天下有名的音律专家，阮咸的音乐功底可见一斑。

阮咸平淡地过完了一生，他不及山涛和王戎，在官场上能够做到三公的高位，但是他应该也是始终不在意的。他就像是他最喜欢的叔叔一样，真正的志向估计永远是在山林之中，过着快乐的日子，但是他又没有阮籍那样的纠结，他更纵情，也更达观，只要有了他钟情的琵琶，他就有了一切，至于别的，就让一切随风去吧。

第五节 醉生梦死，杜康指点

刘伶同阮咸一样，也是一生郁郁不得志。也许他比阮咸更为落魄，阮咸好歹还有个不错的家世，有个声名远扬的叔叔阮籍，刘伶什么都没有。

在仕途上，晋朝建立之后，为了选拔人才，司马炎以"对策"的方式取士。"对策"是汉文帝开创的一种选拔官吏的方式，主考官提出问题，要求应试者对答，根据答得是否有文采来决定应试者的名次。这种考试虽然看似开放，但是也有很大的弊端，如果不符合主考官的好恶，是很容易就被刷下去的。到了刘伶的时候，他好一顿大放厥词，说了一大通的无为而治。虽然司马炎确实采用的是无为而治的方法来让百姓休养生息，但是他并不高兴听到刘伶这样说，谁不希望自己手下的官员勤勤勉勉呢，刘伶这样的自然不符合他的心意，很快地，同辈的人纷纷升职，做了高官，只有刘伶因为无能被罢免了官职。

就这样，刘伶很快走完了他的官场生涯，彻底地浪迹江湖，隐居山野。他四处游荡着，寻找着好酒和那能够共醉的人。他打听到伏牛山北麓杜康仙庄的杜康酒味道醇厚，香郁浓重，曾作为宫廷御酒专供朝廷饮用，只要能喝上一口，那真是不枉此生了！

刘伶迫不及待地出洛阳过龙门，朝杜康仙庄一路问来。好不容易找到了杜康仙庄，行至街头的时候，看见一家酒肆，门口贴着一副对联，这样写道："猛虎一杯山中醉，蛟龙两盏海底眠。"刘伶一看，不禁愣住了，这是什么样的酒，说话这么大口气，也不怕闪了舌头。他按捺不住心中的好奇，上前一问，原来便是那杜康酒肆。刘伶知道了是那有名的杜康酒肆，心中仍然是不以为意，他喝过的酒没有一千也有八百，自然不会被这几句话唬住，心道："我倒要好好领教领教酒力如何！"这么想着，刘伶迈步径直进去。酒肆这个时间并没有客人，只有一老翁正在等客，只见他面色红润，精神矍铄，问过姓名，正是杜康。

杜康见刘伶进来，忙笑嘻嘻地起身迎问："客官是吃酒吧？"

"吃酒，吃酒。你店里好酒有多少？"

"不多，不多，一坛而已。"

"一坛？一坛够吃？"刘伶吊起了眼睛，几乎想骂人了。

"一坛酒还要供好多人喝哩，你能喝多少？"

"能喝多少？倾坛喝光也不会够的！你就连坛给我搬来吧！"

那杜康一听刘伶夸下的海口，连忙说道："客官，凡是来我酒肆喝酒的，都是一杯，酒量再大，也不过两杯，你执意要多喝，请给我写个字据，出事了，我可不会负责的。"

刘伶一哂，道："你个老儿，那好，拿笔来！"

杜康忙拿出笔墨纸砚摆放停当，只见刘伶写道："刘伶酒如命，倾坛只管饮，设或真醉死，酒家不相干！"下款署名刘伶。写罢交给杜康，杜康一笑，也不再相劝，取出一坛酒放于刘伶面前，任他喝去。

刘伶喝酒可是有名的海量，当年竹林之游时那可是从未落于人下的，好酒不知道喝了多少，但是从来都没有醉倒过。刘伶从坛中倒出了第一杯酒，尚未入口，就觉得香气四溢，简直要醉倒在其中。这刘伶一看，就知道是好酒，整个人馋得简直口水都要流出来了，迫不及待地往嘴里一倒，半天才回过神来，果然是名不虚传啊！

喝完了第一杯，他马上又倒了第二杯，又往嘴里一送，只觉得酣畅无比。可是两杯下肚之后，头脑已经有点昏昏沉沉，不听使唤了。这下刘伶算是领教了杜康酒的厉害，这第三杯是万万饮不得了。

可是又转念一想，自己已经夸下海口了，如今才喝了两杯就要露怯，这个面子可是丢不起。他强忍着不适，手抖着愣是端起了第三杯喝了下去。喝完之后，扔下杯子，夺门而出，慌慌张张地往家里赶。

刘伶跟跟跄跄地赶到了家里，往床上一倒，便不省人事。一连三日，摇着不动，喊着不应，连医生看过都说是救不回了。家人无奈，只好备了棺木，合家老幼，号啕哭抬，抬出去埋了。

其实这个故事更是人们的一种美好愿望。刘伶是魏晋时候的人，而杜康据传是三皇五帝时候的人，两个人差了那么久，杜康怎么可能会用酒醉死刘伶呢？人们更希望的是这位酒痴即使是死也是因为酒而死吧，这样才是他最好的归宿。

这个故事还不算完，杜康不但用酒醉死了刘伶，还用酒唤醒了刘伶。原来杜康醉死刘伶是受了王母娘娘所托。刘伶以前是王母娘娘的一个书童，在天宫嗜酒成癖。一次，又按捺不住冲动的酒瘾，就偷喝了王母娘娘"蟠桃宴"上的"御酒"，绊倒了王母的玉石酒杯，王母盛怒，贬他下界投胎，到沛国刘门之中，取名曰伶，字伯伦。这就是刘伶的来源。刘伶虽然自幼聪颖，勤奋好学，后成为"竹林七贤"之一，但酒性不改，整日以酒为乐。

而王母娘娘算了算日子，书童下界已到归期，就叫来了杜康，交代了他几句，让他下界去点化刘伶。此时，刘伶醉死已经三年，该是唤醒的时候了。杜康就来到了刘伶的家中，找到了刘伶的妻子，装着要讨酒钱。刘伶的妻子一听简直是怒不可遏,我夫君就是因为喝了你的酒死的,还有脸来找我要酒钱。两人就争吵了起来,那杜康就说道你夫君明明没死,就是想赖我的酒钱。那刘伶妻子也很愤怒,我夫君都死了几年了,怎么会是没死呢。杜康趁机要求开棺验尸,刘伶妻子一时恼怒,答应了他。两人打开棺材之后,刘伶妻子惊讶地发现丈夫的样子和当初下葬的时候完全没有变化,简直是一模一样,杜康笑眯眯地走上前,在刘伶的额头上轻轻一拍,说道:"时候到啦,王母娘娘有旨,该跟我回去啦!"只见刘伶缓缓坐起,竟真跟着杜康腾云驾雾而去。众人惊异不已,只看到地上留了一张纸,上写道:

刘伶本非凡夫子,原是王母一书童;
因酒遭贬归下界,今已罪满回天宫。

刘伶的故事到此结束,他在人们的愿景中升仙到了天庭,结局美好无比。虽说这只是一种希冀,神话故事也没有什么可信之处,有了人们的希望,就能带来无限的安慰。

第六节 风流人物,大江东去

  属于竹林七贤的时代已经过去了,他们彻底地留在了过去的时光里,晋朝以后的风起云涌已经和他们没有了太大的关系。虽然山涛、王戎、阮咸、刘伶、向秀还在继续着他们的生命,可是最好的时光已经过去了。

  嵇康的儿子嵇绍刚到洛阳时,有人看到之后,告诉王戎说:"昨日在人群中曾见到嵇绍,只见他气宇轩昂,恰如野鹤立在鸡群中。"王戎说:"你还未见过他父亲呢。只有见过了嵇康的风采,方能知道什么是鹤立鸡群。"

  在嵇绍年满三十岁的时候,山涛推举他为官。看着面前高大的嵇绍,山涛缓缓地说道:"为君思之久矣,天地四时,犹有消息,而况人乎?"

  为你思量很久啦,天地四时犹有变化,更何况是人呢,言下之意,该做什么就去做吧。山涛是在对着谁说这话呢?嵇绍还是嵇康?都已经不再重要,山涛已经尽了自己的责任。当年想说给嵇康的话,他没有接受,反而回了如此一封绝交信,如今到了嵇绍,希望他听到了心里。人活这一生到底是为了什么呢?最好是能保住性命吧,这样,日后有了机会,还能坐在一起,相谈人生,不然只能到记忆中去追寻过去的样子。

大江东去，浪淘尽千古风流人物，到此，竹林的故事也正式地告一段落了。如人饮酒，冷暖自知。他们在那个时代到底经历了怎样的人生历程，品味过了怎样的酸甜苦辣，即使后世再去如何揣测，终究是飘散在风中，像谜一样，不可触摸。当我们再回看的时候，只能在字里行间去抚摸着他们的伤痛，感知他们曾经经历的种种，在各种复杂的情感之中，努力着去拉近彼此的距离，再靠近他们一点点。

这样一点点拉近的距离，会让我们永远地记住，有过这样一群人，他们有的高爽正直，有的器量宏厚，有的清新雅致，有的放荡不羁，有的……他们是一群心灵自由的人，他们更是一群真性情的人。时间超度无数，在岁月的废墟上，这样一群人永远在发光发亮。